nouvelle édition 2021

W0223121

1re

cahier de Français

Lucille Arnaud
Professeure certifiée de Lettres classiques
Lycée Saint-Paul, Angoulême

Anne-Caroline Lissoir
Professeure agrégée de Lettres modernes
Lycée Nikola Tesla, Dourdan

Sabine Fayon
Professeure agrégée de Lettres modernes
Lycée Colbert, Paris

Sabine Mélone
Professeure agrégée de Lettres modernes
Lycée Descartes, Antony

Bénédicte Gaillard
Grammairienne, lexicographe
Membre du Conseil international
de la langue française

Sophie Pariente
Professeure agrégée de Lettres classiques
Lycée Louis Barthou, Pau

Marie Janin-Sartor
Professeure agrégée de Lettres modernes
Lycée La-Folie-Saint-James, Neuilly

Catherine Saenz
Professeure agrégée de Lettres modernes
Lycée Les Fontenelles, Louviers

Romain Lancrey-Javal
Professeur agrégé de Lettres modernes
Lycée Fénelon, Paris

Isabelle Zimmermann
Professeure agrégée de Lettres modernes
Lycée Félix le Dantec, Lannion

Alexandra Zonabend
Professeure certifiée de Lettres modernes
Lycée Georges Brassens, Paris

Les cahiers de français

bordas
éditeur

Sommaire

PARTIE 1
Maîtriser la langue pour bien s'exprimer à l'écrit et à l'oral

PARTIE 2
Maîtriser les outils d'analyse des textes et des images

PARTIE 3
Situer les œuvres dans leur temps

© BORDAS/SEJER, 2021 • ISBN 978-2-04-733824-7

PARTIE 4

S'approprier les objets d'étude, maîtriser les œuvres intégrales, s'entraîner pour le Bac

PARTIE 5

Fiches Méthode bac

LES RESSOURCES NUMÉRIQUES DE VOTRE CAHIER

➜ **Quiz**

300 exercices autocorrectifs pour tester votre **maîtrise de la langue**

80 exercices au tocorrectifs pour tester vos connaissances en **histoire culturelle et littéraire**

➜ **Tutos oral**

3 tutoriels pour préparer l'oral du bac : vidéos et fiches d'exploitation pdf

3 MOYENS D'ACCÈS
- **QRcode®**, sur smartphone ou tablette
- **mini-liens**, sur tablette ou ordinateur
- **site compagnon** : lycee.editions-bordas.fr

Pour accéder aux ressources par QRcode®, c'est simple :
1. Téléchargez gratuitement l'application QRcode®.
2. Scannez le QRcode® en plaçant votre appareil au-dessus de la page.
3. Accédez directement à la ressource.

Test

Corrigés p. 137

➥ FICHE 1 Identifiez les modes et les temps des formes verbales en gras et précisez leur valeur d'emploi.

1. Nous désirerions que Thomas **goûte** au moins notre plat.

....

2. Je savais que cela **finirait** tôt ou tard.

....

....

3. Elle **dégustait** son café lorsqu'on **sonna** à sa porte.

....

....

4. Je me **sens** plus gai au retour du printemps.

....

➥ FICHE 2 a. Soulignez la bonne réponse.

1. Il a mit / mis du temps à vous demander en mariage.
2. J'aimerais / aimerai que tu voies / vois vite Léo.
3. Je ne pourrai / pourrais / pourai venir que demain.
4. Il veut que vous le remerciez / remerciiez par vous-mêmes.

b. Conjuguez les verbes suivants au passé simple à la troisième personne du singulier.

ranger, revoir, recevoir, retenir, redire.

....

➥ FICHE 3 Les propositions des phrases sont-elles juxtaposées, coordonnées ou liées par subordination ? Précisez la nature et la fonction de la proposition subordonnée.

1. Même si elle vient d'arriver, elle repart aussitôt.
2. Elle vient d'arriver mais elle repart aussitôt.
3. Ni vu ni connu, elle arrive, elle repart aussitôt.
4. Elle est pressée : elle repart tout de suite.

....

....

....

➥ FICHE 4 Donnez la nature et la fonction des groupes de mots en gras dans les phrases.

1. Je pense **qu'il va revenir**.

....

2. La déesse **élégante** et **souriante** avançait vers lui.

....

3. Le mieux serait **d'arrêter**.

....

4. L'idée **que tu m'exposes** est brillante.

....

5. **Malgré son talent**, il n'a pas réussi sans travailler.

....

➥ FICHE 5 Réécrivez chaque phrase pour qu'elle soit correcte.

1. Dans ce roman, on y retrouve l'atmosphère du XIXe.

....

2. Tu te demandes où tes clés sont-elles passées ?

....

....

3. Je cache ma carte pour pas que tu devines la solution.

....

....

4. Après que tu aies fait la sieste, on ira à la patinoire.

....

5. Formé d'une vingtaine de romans, Zola a écrit le cycle des *Rougon Macquart*.

....

....

➥ FICHE 6 Accordez les participes passés et justifiez leur accord.

1. Les contes philosophiques sont connu......... dans le monde entier. ....

2. Les tyrans ont toujours refusé......... la tolérance.

....

3. Irrité......... par toute contestation, les rois pratiquaient allègrement la censure. ....

....

4. Les thèses que Voltaire a défendu......... sont à présent admises par tous. ....

....

5. Mme du Châtelet a écrit......... un essai, *L'art d'être heureux*. ....

....

➥ FICHE 7 Barrez les mots erronés.

On n' / On a pas encore entendu tous leurs souvenirs d'enfance tels / telle que l'histoire des grenouilles. Lors des dîners familiaux, Lucile et Théo passent pourtant tout / tous en revue patiamment / patiemment. Quant / Quand à leurs / leur escapade en pleine nuit, s'est / c'est presque de notoriété public / publique. Quelquefois / Quelque fois, un enfant leurs / leur coupe la parole. La discussion lui semble durer depuis une éternité / éternitée.

➥ FICHE 8 a. Quels sont les types et formes des phrases ?

1. Ne discute pas avec moi !

....

2. N'avez-vous pas retrouvé ma carte d'identité ?

....

3. C'est vraiment Léo qui a fait cela.

....

b. Transformez ces phrases à la voix passive en gardant le même temps.

4. Ma mère avait découpé la dinde.

....

5. Le jury retiendra ta candidature.

....

➥ FICHE 9 Sur quel lien logique les phrases sont-elles construites ?

1. Tu parles si bien l'italien que tu m'aideras à Rome.

2. Je mange du chocolat tous les jours parce que j'aime cela.

3. Certes, je n'ai pas réussi, mais j'y étais presque.

4. Tu avais dit que tu viendrais, or tu n'es pas là.

5. S'il vient, je partirai immédiatement avec lui.

➥ FICHE 10 Donnez la nature et la fonction des propositions subordonnées essentielles.

1. Je veux que tu partes.
2. Mon intuition est que tu vas réussir.

3. Elle a vu le soleil se lever.
4. Je me demande si le père Noël existe.

5. Il est indispensable que tu aies des papiers d'identité.

➥ FICHE 11 Dans ces phrases, les propositions interrogatives sont-elles directes ou indirectes, partielles ou totales ?

1. Je m'interroge : « Comment as-tu fait cela ? »

2. Je me demande comment tu as fait cela.

3. J'ignore s'il veut venir dîner avec nous.

4. « Voulez-vous venir dîner ? »

5. J'ignore où il est.

➥ FICHE 12 Donnez la nature et la fonction des propositions subordonnées non essentielles.

1. Le jeu que tu m'as offert est vraiment amusant.

2. Le temps aidant, il a progressé.

3. Nous sommes très fiers que tu sois heureux dans la vie.

4. J'ai préparé le repas pendant que tu travaillais.

5. Je t'aiderais seulement si tu fais un effort.

➥ FICHES 13, 14, 15 Précisez la circonstance exprimée dans chacune des propositions subordonnées entre crochets : cause, conséquence, but, condition, opposition ou concession.

1. Elle l'a trop attendu [si bien qu'elle est partie sans le voir].

2. [Quand bien même tu ne l'apprécierais pas], tu es prié d'être poli avec lui.
3. Conduis-tu vite [pour gagner du temps] ?
4. Ma famille a tout de suite adopté mon chat [tant il est mignon].
5. [Bien que tu sois charmante], je ne céderai pas à tes caprices.
6. Elle parle trop [pour que je l'écoute vraiment].

7. Il va réussir [à moins qu'il ne panique].
8. J'aime tricoter [tandis qu'il préfère jardiner].

9. Je ne sauterai jamais en parachute [même si on me payait].
10. [Sous prétexte qu'il voulait me faire une surprise], il m'a fait très peur.

➥ FICHE 16 a. Encadrez le mot qui complète l'adverbe *ne*, quand il y en a un, et précisez sa classe grammaticale.
b. Surlignez la négation explétive et soulignez la négation exceptive.

1. Je n'ai nulle intention de lui obéir.
2. Personne n'écoute.
3. Jean ne se tait que lorsqu'il dort.
4. Tu n'as jamais raconté ton enfance.
5. J'ai peur qu'il ne neige.

➥ FICHE 17 Construisez un champ lexical ……………… d'au moins cinq mots, parmi lesquels : un mot et son antonyme ………………, un mot mélioratif ………………, un mot pris dans son sens figuré ……………….
Rédigez quelques phrases en exploitant ce champ lexical.

➥ FICHE 20 Nommez la figure de style utilisée.

1. Il nous a quittés après de longues souffrances.
2. Je contemplais les voiles au loin.
3. Un homme aux traits laids et attirants l'observait.

4. Soudain, la Beauté faite femme surgit devant lui.

5. Léa rit là-bas, ici pleure Thomas.

➥ FICHE 21 La Fontaine, « Les Deux coqs », *Fables*, VII, 1678.

> Deux Coqs vivaient en paix : une Poule survint,
> Et voilà la guerre allumée.
> Amour, tu perdis Troie ; et c'est de toi que vint
> Cette querelle envenimée.

Précisez la tonalité comique employée dans cet extrait. Justifiez votre analyse.

1 L'emploi des verbes

EN AUTONOMIE Testez vos connaissances avec des exercices numériques autocorrectifs
https://bordas.media/733824_001

RETENIR

Les systèmes des temps

- Les **temps verbaux** ➥ p. 141 permettent de situer un fait dans le cours du temps (présent, passé, futur).
Pour qu'un texte soit cohérent, il faut que les temps et les modes concordent.
Dans notre langue, deux systèmes prédominent.

- Le **système du présent**

action antérieure passé composé / imparfait	repère au présent présent	action postérieure futur
Autrefois, je ne savais pas m'organiser. **Hier**, je suis allé au cinéma.	**Maintenant**, je me mets au travail.	Je me reposerai **demain**.

- Le **système du passé**

action antérieure plus-que-parfait	repère au passé passé simple / imparfait	action postérieure conditionnel présent
La veille, j'étais allé au cinéma.	**Le jour dit**, pendant que la maison dormait, je me mis au travail.	Je me reposerais **le lendemain**. (futur dans le passé)

Quand employer le passé simple et l'imparfait ?

- On emploie **l'imparfait de l'indicatif** pour raconter une action de second plan :
Richard **riait** tout seul quand Anne entra.
- On emploie **le passé simple de l'indicatif** pour raconter des actions de premier plan, brèves ou longues qui peuvent s'enchaîner : Elle **surgit** devant lui, lui **parla** une dernière fois, l'**embrassa** puis **disparut** à jamais.

Les modes verbaux

- Les **modes** ➥ p. 141 expriment l'attitude de celui qui emploie le verbe par rapport à ce qu'il énonce.

Le mode **indicatif** est le plus utilisé : il exprime des actions certaines.	Tu **vins** me voir.
L'**impératif** exprime un ordre ou un conseil.	**Viens**.
Le **subjonctif** exprime une action soumise à un souhait, une obligation.	Il faut que tu **viennes**.
Le **conditionnel** exprime une action soumise à une hypothèse.	Si tu **venais**, on **irait** manger une glace.

Les valeurs temporelles et modales

- Une forme verbale revêt différentes **valeurs temporelles ou modales**.

Temps	Valeurs	
Le présent de l'indicatif	Le présent d'**énonciation** Le présent d'**habitude** Le passé ou le futur **proche** Le présent de **vérité générale** Le présent de **narration** (raconter un fait passé au présent) Le présent **injonctif** (un ordre)	En ce moment, j'écris. Il me sourit chaque fois qu'il me croise. Il vient de m'appeler. Il arrive dans un instant. Les rhinocéros sont des mammifères. Molière naît en 1622. Tu fais tes devoirs avant ce soir.
L'imparfait	L'imparfait d'**habitude** L'imparfait qui **exprime la durée** L'imparfait **descriptif**	Chaque été, je faisais des confitures. Je fêtais Noël avec eux depuis ma naissance. L'été était là, brûlant.
Le futur simple	Le futur qui exprime une action postérieure Le futur **injonctif** (un ordre)	Je partirai demain. Vous éteindrez la lumière en sortant.
Le conditionnel	Une **hypothèse** ou un fait irréel (valeur modale) Le **futur dans le passé** (valeur temporelle)	L'ouragan aurait fait trente victimes. Il serait gentil, il m'offrirait des fleurs. Il disait qu'il deviendrait marin.

S'ENTRAÎNER

Corrigés p. 137

1 a. Quel est le système des temps employé dans ce texte ?

En 1652, Jean de La Fontaine devient maître des eaux et forêts. Auparavant, il a commencé des études religieuses puis est devenu avocat. En 1647, selon la volonté de son père, il s'est marié, à l'âge de 26 ans, à une jeune fille de 14 ans. Après la mort de son père en 1658, Jean de La Fontaine se sépare de son épouse et part à Paris où il fréquente les grands artistes de son époque. Mais le roi Louis XIV fait arrêter Fouquet, son protecteur, en 1661. Dans les années qui suivent, ses textes connaissent un grand succès. En 1672, Mme de La Sablière le recueillera ; il ignore alors qu'il restera vingt ans auprès d'elle.

Système ....

b. Cinq verbes ne sont pas au présent. À quel temps sont-ils conjugués ? Quelle est leur valeur d'emploi ?

....
....
....
....
....

2 a. Conjuguez les verbes de la biographie de l'exercice 1 pour la présenter au système du passé.

....
....
....
....

b. Quels sont le temps et la valeur du verbe *rester* dans la dernière phrase du texte mis au passé ?

....
....

3 Identifiez les modes et les temps des formes verbales en gras et précisez leur valeur.

1. Si je le devais, **je rangerais** ma chambre immédiatement.
....
2. Je voudrais qu'**il range** son bureau ce matin.
....
3. **Range** ton bureau immédiatement.
....
4. Il lui avait promis qu'**il rangerait** sa chambre avant la fin de la journée.
....
....
5. **J'ai rangé** mon bureau ce matin.
....

4 a. Imparfait ou passé simple ?
Conjuguez les verbes au temps qui convient.

1. L'été *(commencer)* .... quand Tom *(apprendre)* .... sa mutation à Singapour.
2. Il *(se réjouir)* ...., *(régler)* .... quelques affaires et *(préparer)* .... son départ.
3. Dès son arrivée, il *(être)* .... surpris par la propreté de la ville : le métro *(sentir)* .... bon, pas un papier ne *(traîner)* ....

b. Quelle est la valeur d'emploi des formes verbales ?

....
....
....
....
....

5 Identifiez les formes verbales en gras et précisez leur valeur dans les phrases.

1. Tu **iras** te coucher immédiatement après le repas.
....
2. En 1492, Colomb **découvre** le continent américain. La même année, une énorme météorite **tombe** en Alsace.
....
3. Il **ferait** beau, nous irions faire une promenade.
....
4. Elle **commençait** systématiquement sa journée en buvant un demi-citron pressé. ....
5. Léa **vient de lire** un roman passionnant. ....

6 Écrit d'appropriation : rédiger une biographie.
Choisissez deux auteurs de votre programme. Sur papier libre, rédigez en cinq phrases la biographie :
a. du premier, au système du présent (vous utiliserez au moins un passé composé et un futur simple) ;
b. du second, au système du passé (vous utiliserez au moins un plus-que-parfait et un conditionnel présent).

7 Pour préparer l'oral du Bac
Identifiez les temps des formes verbales en gras et précisez leur valeur dans les phrases.

Mme de Lafayette, *La Princesse de Clèves*, 1678.

Cette princesse **était** sur son lit ; il **faisait** chaud, et la vue de M. de Nemours **acheva** de lui donner une rougeur qui ne **diminuait** pas sa beauté. Il **s'assit** vis-à-vis d'elle, avec cette crainte et cette timidité que **donnent** les véritables passions. Il **demeura** quelque temps sans pouvoir parler : madame de Clèves **n'était** pas moins interdite, de sorte qu'ils **gardèrent** assez longtemps le silence.

....
....
....
....
....
....

2 La conjugaison des verbes : les difficultés principales

RETENIR

Le présent de l'indicatif : quelques réflexes à avoir

Attention : – aux **lettres muettes** à la fin de la terminaison au singulier ;	je crie, il crie (criez) ; je souris, il sourit (sourire).
– aux finales des verbes en *-dre* et en *-indre* ou *-soudre* ;	il prend ; il peint.
– aux verbes ayant un **accent aigu** dans leur infinitif qui devient accent grave dans la conjugaison ;	céder, il cède.
– aux verbes *jeter, appeler* et aux verbes de leur famille qui doublent leur consonne si le radical se prononce *è* ;	j'appelle, nous appelons ; je jette, nous jetons.
– aux verbes en *-cer* (ajout d'une **cédille** devant *a/o*) et en *-ger* (ajout d'un **e** devant *a/o*).	nous remplaçons ; nous rangeons.

Le futur simple de l'indicatif : une difficulté à connaître

- Certains verbes tels *courir, mourir, voir* ou *pouvoir* doublent leur *r* au futur simple de l'indicatif comme au conditionnel présent : voir, je verrai.

Le passé simple de l'indicatif : comment trouver la fin des verbes ?

Verbes en *-er* : son « a ».	regarder : il/elle regarda, ils/elles regardèrent.
La majorité des **autres verbes** : son « i ».	partir : il/elle partit, ils/elles partirent.
Quelques verbes tels *courir, pouvoir, croire* : son « u ».	vouloir : il/elle voulut, ils/elles voulurent.
Tenir, venir et les verbes de leur famille : son « in ».	venir : il/elle vint, ils/elles vinrent.

Les terminaisons verbales à ne pas confondre

- Pour éviter de confondre les terminaisons verbales homophones, il faut soit remplacer le verbe qui pose un problème par un autre verbe, soit changer de temps ou de personne.

Si je confonds...	je remplace...	et j'écris...
... les terminaisons des verbes du 1er groupe (*-er, é, ez*) j'ai écouté/er/ez ? je vais écouté/er/ez ? vous écouté/er/ez ?	... par un verbe du 3e groupe (même temps, même mode) j'ai pris. (participe passé) je vais prendre. (infinitif) vous prenez. (présent de l'indicatif)	→ j'ai écouté. → je vais écouter. → vous écoutez.
... les verbes au présent de l'indicatif et au présent du subjonctif J'espère que tu vois/es ? bien ; J'espère que vous voyez/yiez ? bien. Il faut que tu vois/es ? ; Il faut que vous voyez/yiez ? bien.	... par *faire, venir* ou *savoir* J'espère que tu sais ; vous savez. (indicatif) Il faut que tu saches ; vous sachiez. (subj.)	→ que tu vois ; voyez. → que tu voies ; voyiez.
... les verbes du 1er groupe en *-ai* (passé simple) et *-ais* (imparfait) J'appris sa lettre et me la récitai/ais ? par cœur. Je me récitai/ais ? sa lettre par cœur quand il me surprit.	... par le verbe à la 3e personne Elle apprit et se récita. (passé simple) Elle récitait. (imparfait)	→ je récitai. → je récitais.
... les verbes en *-rai* (futur) et *-rais* (cond. présent) La semaine prochaine, je sortirai/ais ? avec toi. Je te promis que je sortirai/ais ? avec toi le lendemain.	... par le verbe à la 3e personne La semaine prochaine, il sortira. (futur) Je te promis qu'il sortirait avec toi le lendemain. (conditionnel présent)	→ je sortirai. → je sortirais.

S'ENTRAÎNER

Corrigés p. 137

1 Identifiez le mode et le temps des verbes en gras. Au besoin, aidez-vous des tableaux de conjugaison p. 141.

1. Il disait qu'il **partirait** dès le lendemain.

....

2. Petits, vous **criiez** souvent.

....

3. Il faut qu'il **se concentre** davantage.

....

4. Tu **auras laissé** ton téléphone chez ton ami.

....

5. **Cessez** vos bavardages.

....

2 Conjuguez au présent de l'indicatif, à la troisième personne du singulier, les verbes suivants.

– relier, dire, colorier. ....

– boire, envoyer, devoir. ....

– fondre, craindre, rendre. ....

– rejeter, rappeler, s'inquiéter, régler. ....

....

3 a. Conjuguez au passé simple les verbes entre parenthèses.

Cette année-là, François *(réaliser)* .... ses rêves. Il *(travailler)* .... à l'hôpital de Tananarive. Les médicaments <u>apport</u>.... dans ses bagages *(être)* .... très utiles et cela le *(réjouir)* .... Plus tard, son ami *(venir)* .... le <u>retrouv</u>.... à Madagascar et ils *(faire)* .... de magnifiques randonnées. Ils *(nager)* .... avec des tortues, *(découvrir)* .... des paysages superbes. De retour en France, il *(pouvoir)* .... <u>partag</u>.... cette expérience avec sa famille et *(se promettre)* .... d'y retourner.

b. Mettez au présent ces mêmes verbes.

....

....

....

c. Complétez les formes verbales soulignées.

4 Soulignez l'intrus dans chaque série. Justifiez votre réponse.

1. nous venions, vous criiez, nous remercions, vous parliez.

....

....

....

2. il rit, tu finis, il prit, tu dis.

....

....

....

3. il croie, je mange, tu danses, elle pense.

....

....

....

5 Identifiez le mode et le temps de chaque forme verbale. Attention, une même forme peut renvoyer à deux temps différents.

1. il subit / il oublie / il fit.

....

....

....

2. je courais / je courrais / je courus.

....

....

3. il choisit / il choisît / il choisisse.

....

....

6 Barrez et corrigez les verbes mal orthographiés. Justifiez vos corrections en vous aidant de la fiche 1 si nécessaire.

La première fois, je rencontrais Mme de Clèves à la cour. Je succombai immédiatement à sa beauté et je me demandais si je pourrai l'aimé toute ma vie ? Il fallait que je la revois rapidement. Je vous suppliez alors de m'aider.

....

....

....

....

....

7 Écrit d'appropriation : rédiger une fable.

Sur papier libre, rédigez une fable en prose qui reprend l'une des morales des fables de Jean de La Fontaine. Votre texte devra contenir un récit au système du passé et des paroles rapportées au système du présent. Vous identifierez les modes et temps des formes verbales que vous emploierez.

8 Pour préparer l'oral du Bac

Identifiez les modes des formes verbales en gras et précisez leur valeur dans les phrases.

La Fontaine « Le Lion, le Loup et le Renard », *Fables*, 3, Livre VIII, 1678.

> [...] Le Prince tout à l'heure / **Veut** qu'on **aille** enfumer Renard en sa demeure, / Qu'on le **fasse** venir. Il **vient**, **est présenté**,

....

....

....

....

EN AUTONOMIE Testez vos connaissances avec des exercices numériques autocorrectifs
https://bordas.media/733824_002

RETENIR

La phrase

- Une **phrase** est un ensemble de mots qui a un sens complet. Elle peut être :

verbale		non verbale
simple (un seul verbe conjugué) « Je demeure au n° 19, chère Madame. »	**complexe** (au moins deux verbes conjugués = au moins deux propositions) « Comme c'est curieux, moi aussi j'habite au n° 19, cher Monsieur. » Ionesco, *La Cantatrice chauve*, 1950.	Attention à la marche ! Bon courage ! *Les Fleurs du Mal* (Baudelaire)

- On peut décliner la phrase verbale selon trois **types** différents **(déclaratif, impératif, interrogatif)** et la faire varier selon des **formes** différentes **(affirmative, négative, active, passive, exclamative, emphatique).** ➥ FICHE 8
- **La phrase complexe** est composée d'au moins deux propositions qu'on associe de différentes façons.

La **juxtaposition** : les prop. sont séparées par un signe de ponctuation (virgule, point-virgule ou deux-points).	[Eugène Ionesco est un dramaturge français] ; [il renouvelle les codes du théâtre].
La **coordination** : les prop. sont reliées par une conjonction de coordination (*mais, ou, et, donc, or, ni, car*) ou un adverbe de liaison (*puis, ensuite, pourtant*...).	[Dans *La Leçon*, il joue sur les propos absurdes du maître] **et** [il fait réfléchir le spectateur sur les procédés éducatifs].
La **subordination** : la prop. subordonnée est placée « sous les ordres » d'une proposition principale à laquelle elle est reliée par un mot subordonnant : *qui, que, dont, où, tandis que, puisque*... ➥ FICHES 10 à 15	**[Même si, au début de la pièce, l'on rit de l'absurdité des situations]**, (prop. subordonnée) [on s'en inquiète progressivement]. (prop. principale)

La classe grammaticale et la fonction des propositions subordonnées

Classe grammaticale	
L'**interrogative indirecte** est introduite par un **mot interrogatif**. Je me demande [comment les auteurs du théâtre de l'absurde ont eu toutes ces idées originales].	La **relative** est introduite par un pronom **relatif**. La pièce de Beckett [que je lis] est dérangeante.
La **conjonctive** est introduite par une **conjonction de subordination** : *que* — Il faudrait [que tu lises *Le roi se meurt*].	*lorsque, parce que, si*, etc. — [J'aime bien lire ces pièces], [parce qu'elles m'intriguent].
Dans l'**infinitive**, le verbe à **l'infinitif** a un sujet différent de celui du verbe principal. J'aperçois Jean se métamorphoser sur scène en rhinocéros.	Dans la **participiale**, le verbe au **participe** a un sujet différent de celui du verbe principal. Les actes s'enchaînant, Bérenger se trouve isolé.
Fonction ➥ FICHE 4	
La proposition peut être **sujet** ou complément essentiel du verbe de la principale : **complément d'objet**, **attribut**.	Elle peut être aussi complément non essentiel d'un terme de la principale ou de la principale : **complément de l'antécédent**, **complément circonstanciel**.

S'ENTRAÎNER

Corrigés *p. 137*

1 **a. Combien de phrases comporte ce célèbre incipit ?**

A. Camus, *L'Étranger*, 1942.

> Aujourd'hui, maman est morte. Ou peut-être hier, je ne sais pas. J'ai reçu un télégramme de l'asile : « Mère décédée. Enterrement demain. Sentiments distingués. » Cela ne veut rien dire. C'était peut-être hier.

....

b. Analysez la construction de chacune des phrases. Que remarquez-vous ? Selon vous, quel est l'effet visé par l'auteur ?

....

....

....

....

....

....

2 Les phrases suivantes sont-elles simples ou complexes ? Justifiez votre analyse.

1. Elle veut que tu partes en vacances.

....

2. Je veux partir en vacances.

....

3. En entendant les pompiers dans la rue, elle prit peur.

....

4. De ma fenêtre, je vois mes voisins partir en vacances.

....

....

3 Les propositions de ces phrases sont-elles juxtaposées, coordonnées ou liées par subordination ?

1. Les textes du XIXe siècle que nous avons lus sont des romans réalistes.

....

2. Il faut cependant nuancer : certains sont des textes réalistes mais d'autres relèvent du naturalisme.

....

....

3. Ainsi, les romans de Balzac sont rassemblés dans *La Comédie humaine* tandis que ceux de Zola appartiennent à la série des *Rougon-Macquart*.

....

4. Je me demande si ces nuances sont importantes.

....

....

5. Zola rêvait sans doute d'une littérature plus proche de la science que Maupassant ne l'avait envisagé.

....

4 Surlignez les subordonnées infinitives et soulignez les participiales, s'il y en a.

1. En s'émancipant progressivement de son éducation, Simone de Beauvoir invente les bases du féminisme.

2. Elle tombe amoureuse de Jean-Paul Sartre mais elle voit souvent le philosophe en aimer d'autres qu'elle.

3. La Seconde Guerre mondiale achevée, l'écrivaine s'engage pour des causes tel le communisme.

4. Écrivaine la plus lue de son époque, elle obtient le prix Goncourt en 1954.

5. J'entends encore ses mots raisonner dans mon esprit : « On ne naît pas femme, on le devient. »

5 Identifiez la classe grammaticale et la fonction des propositions subordonnées. Précisez la classe grammaticale du mot qui vous a aidé.

1. Elle se demande bien comment elle va finir à temps son travail.

....

....

2. Je partirai même si tu n'es pas là à l'heure.

....

....

3. Le livre dont tu m'as parlé est magnifique.

....

....

4. Une fois les chatons nés, il fallut les mettre à l'abri.

....

....

5. Je pense qu'il te faut persévérer.

....

....

6 Observez la construction des phrases. Que remarquez-vous ? Selon vous, quel est l'effet visé par l'auteur ?

G. Perec, *Les Choses*, 1965.

> L'œil, d'abord, glisserait sur la moquette grise d'un long corridor, haut et étroit. Les murs seraient des placards de bois clair, dont les ferrures de cuivre luiraient. Trois gravures, représentant l'une Thunderbird, vainqueur à Epsom, l'autre un navire à aubes, le *Ville-de-Montereau*, la troisième une locomotive de Stephenson, mèneraient à une tenture de cuir, retenue par de gros anneaux de bois noir veiné, et qu'un simple geste suffirait à faire glisser.

....

....

....

....

....

7 Écrit d'appropriation : comparer deux textes.

Sur papier libre, comparez en quelques lignes les deux incipit de Camus (exercice 1) et de Perec (exercice 6).

8 Pour préparer l'oral du Bac

Analysez la construction de la phrase. Que remarquez-vous ? Selon vous, quel est l'effet visé par l'auteur ?

La Bruyère, *Les Caractères*, 1694.

> On parle à table d'un grand d'une cour du Nord : il [Arrias] prend la parole, et l'ôte à ceux qui allaient dire ce qu'ils en savent ; il s'oriente dans cette région lointaine comme s'il en était originaire ; il discourt des mœurs de cette cour, des femmes du pays, de ses lois et de ses coutumes ; il récite des historiettes qui y sont arrivées ; il les trouve plaisantes, et il en rit le premier jusqu'à éclater.

....

....

....

....

....

....

....

4 Classes grammaticales et fonctions dans la phrase

RETENIR

La classe grammaticale d'un mot

- Tous les mots ont une nature : ils sont classés en **dix classes grammaticales** réparties en deux catégories.

Les mots variables qu'on accorde	**Verbe** **Nom :** nom propre, nom commun **Déterminant :** article (*le, un, du...*), déterminant démonstratif (*cet...*), possessif (*mon...*), indéfini (*tout, aucun...*), exclamatif (*quel...*), interrogatif (*quel...*), numéral (*cent...*). **Pronom :** démonstratif (*celui...*), possessif (*le mien*), indéfini (*tous, quelques-uns, rien, personne...*), interrogatif (*qui, que, auquel...*), relatif (*qui, dont, lequel...*). **Adjectif**
Les mots invariables qu'on n'accorde jamais	**Adverbe :** *si, très, beaucoup, gentiment, lentement, puis, enfin...* **Préposition :** *à, dans, par, pour, en, vers, avec, de, sans, sous, à cause de, grâce à...* **Conjonction de coordination :** *mais, ou, et, donc, or, ni, car.* **Conjonction de subordination :** *que, parce que, puisque, quand...* **Interjection :** *Oh !...*

Remarque Le nom, le pronom, l'adjectif et le verbe peuvent être noyau d'un groupe : aucun d'eux (groupe pronominal), fier d'être pirate (groupe adjectival), dans une poubelle (groupe nominal prépositionnel, GNP).

Les fonctions d'un mot

- **Les fonctions autour du groupe nominal (GN = déterminant + nom)**
  - épithète du nom (adjectif) : Ce roman **passionnant**.
  - complément du nom (GNP) : Ce roman de **Flaubert**.
  - complément de l'antécédent (prop. sub. relative) : Ce roman **qu'on a découvert**.
  - apposition (GN, adjectif, etc.) : Ce roman, **un texte de Flaubert**, ...

- **Les fonctions essentielles autour du verbe**

Fonctions : / *Pour le reconnaître :* / Classes :	Sujet du verbe	Attribut du sujet	Complément d'objet — COD	Complément d'objet — COI
	Encadrement par c'est... qui *ou question :* qui est-ce qui + *verbe ?*	*Pronominalisation par* le, cela.	*– Pronominalisation par* le, la, les. *– Mise au passif possible.*	*Pronominalisation par* en, y, de cela, à elle...
Nom ou GN	**Tom** est danseur.	Léa est **bouchère**.	J'aime les **films drôles**.	Il parle **d'un spectacle épatant**.
Pronom	**Elle** est clown.	Ce but n'est pas **le mien**.	Je **t'**ai vu !	Je **lui** parle souvent **de toi**.
Infinitif ou groupe infinitif	**Souffler** n'est pas jouer.	Le pire serait **d'abandonner**.	Je veux **rire**.	Il parle **de revenir en Bretagne**.
Proposition subordonnée	**Que tu rentres** est urgent.	L'urgence est **qu'il retrouve le sourire**.	Tu crois **qu'elle reviendra**.	Je m'attends **à ce qu'il rentre bientôt**.
Adjectif		Tu es **formidable**.		
Adverbe		Les vacances sont **loin**.		

Attention ! Dans les formes impersonnelles, le pronom sujet *il* ne représente rien. Le verbe est souvent suivi d'un sujet réel. Il pleut de l'or.

Rappel Le verbe peut se construire :
- avec un complément essentiel de lieu ou de mesure : La fourmi de Robert Desnos mesure **18 mètres**.
- avec deux compléments essentiels, COD + attribut du COD : Il **le** croit **plus malin** qu'il ne l'est.
- sans complément (construction intransitive) : Tu rêves.
- au passif avec des compléments facultatifs (compl. d'agent) : Le racisme doit être condamné **par tous**.

- **Les fonctions non essentielles : les compléments circonstanciels**
  - **Ils sont très variés :** but, cause, conséquence, condition, concession...
    - Il a tellement couru **qu'il s'est blessé**. (prop. sub. conjonctive, CC de conséquence)
    - **Malgré son envie**, il faut qu'il s'arrête un peu. (GNP, CC de concession)
  - **Pour les reconnaître :** déplacement ou suppression souvent possible ; ajout de *et cela* entre le verbe et le CC.

S'ENTRAÎNER

Corrigés p. 137

1 Complétez les listes suivantes en précisant la classe grammaticale de chaque mot du texte.

Ah, vraiment quelle étonnante rencontre ! Anna savourait une glace sur sa serviette lorsqu'un inconnu curieux mais sympathique surgit devant elle.

Mots variables :

....

Mots invariables :

....

2 Précisez la classe grammaticale et la fonction de chaque mot ou groupe de mots soulignés.

1. Les contes de Perrault sont des contes moraux.

....

2. Je suis contente de les relire et de découvrir leur morale que j'ignorais, enfant.

....

3. L'histoire du petit chaperon rouge, une adorable petite fille, mettait ainsi en garde les jeunes filles contre des inconnus doucereux mais dangereux.

....

3 Après avoir rappelé les procédures d'identification des différents compléments, soulignez les compléments essentiels, barrez les compléments circonstanciels. Précisez la fonction de chaque groupe.

....

1. S'il réussit son examen, nous ferons une fête.

....

2. Je vais toujours à Paris pour découvrir de nouvelles expositions.

....

3. En ce moment, elle construit un nouveau départ parce qu'elle est optimiste.

....

4. Malgré ta peur, tu as courageusement sauté dans le vide !

....

5. On se demande où il ira.

....

4 Précisez la classe grammaticale et la fonction des mots ou groupes de mots soulignés.

1. Il ne se passait pas un jour, dans le sérail d'Usbek, sans que ses épouses ne soient surveillées par les eunuques. **2.** Chacune d'entre elles se distinguait par sa personnalité mais toutes voyaient Roxane comme la plus rebelle d'entre elles. **3.** Pour faire passer le temps, ces femmes se racontaient leurs vies. **4.** Elles inventaient des histoires féeriques sur Paris, la capitale de la France, qu'elles ne verraient jamais.

....

5 Écrit d'appropriation : rédiger une note d'intention.

Imaginez la mise en scène de la scène d'exposition de la pièce que vous avez lue en lecture intégrale dans l'année. Sur papier libre, rédigez une note d'intention. Au fil de votre texte, utilisez au moins une fois chacune des expansions possibles du GN, chaque type de compléments essentiels ainsi que trois compléments circonstanciels différents. Identifiez-les en marge de votre texte.

6 Pour préparer l'oral du Bac

Dans ces deux phrases, expliquez le sens des propos d'Arlequin, le valet d'Iphicrate, en précisant la fonction des mots soulignés et en analysant les fonctions des pronoms de la deuxième personne.

Marivaux, *L'Île des esclaves*, I, 1, 1725.

ARLEQUIN, *se reculant d'un air sérieux.* – [...] Dans le pays d'Athènes, j'étais ton esclave ; tu me traitais comme un pauvre animal, et tu disais que cela était juste, parce que tu étais le plus fort. Eh bien ! Iphicrate, tu vas trouver ici plus fort que toi ; on va te faire esclave à ton tour.

....

5 Les incorrections à éviter dans la phrase

RETENIR

Quelques conseils pour construire correctement une phrase verbale

1. **Respecter la ponctuation indispensable** sans abuser de la ponctuation expressive. Privilégier les phrases plus courtes donc plus claires.	
2. **Éviter les incorrections.**	Le poème est touchant ~~dû à~~ **grâce à** son style.
3. **Éviter d'utiliser le vocabulaire familier.** Le vocabulaire familier et les tournures familières ne sont pas acceptés dans les écrits ou les oraux scolaires.	Mots à éviter : *ça, par contre, c'est nul, genre, rigoler, réaliser, baser sur, voire même, à la base, au final.*
4. **Faire les accords ORTH nécessaires.** ➥ FICHE 6	Chacun d'eux ~~ont~~ **a** recours au registre lyrique.
5. **Éviter les incorrections de pronoms :** – erreur de personne ; – répétition inutile du sujet ; – répétition inutile d'un complément par le biais des pronoms *en* et *y* ; – confusion d'emploi des pronoms relatifs *que/dont*. *Dont* remplace un GN introduit par *de*.	– Il faut vous motiver et non ~~s'~~ **vous** apitoyer. – Colette~~, elle~~ a fait scandale à son époque. – Dans le sonnet, on ~~y~~ mesure le chagrin du poète. Le poète se souvient de sa vie : le lecteur ~~en~~ partage avec lui chaque moment. – J'ai apprécié le dernier livre de L. Gaudé [~~que~~ **dont** tu m'avais parlé].
6. **Vérifier, dans la phrase complexe, l'association d'une proposition subordonnée à une proposition principale.**	~~Le poème que nous allons étudier.~~ → subordonnée relative sans principale. Le poème [**que nous allons étudier**] est en prose. → subordonnée + principale.
7. **Bien utiliser un participe présent ou passé en position détachée** : – vérifier que le groupe participe, séparé du reste de la phrase par une virgule, a le même sujet que celui du verbe principal ; – ou donner au participe son propre sujet, différent de celui du verbe principal.	~~Composé de six strophes, le poète décrit la nature.~~ → Composé de six strophes, le **poème** décrit la nature. → Le succès venant, le poète put enfin vivre de son art.
8. **Veiller à l'ordre des mots.**	Elle cherche quel poème ~~va-t-elle apprendre~~ **elle va** apprendre. ➥ FICHE 11 Il a beaucoup travaillé pour ~~ne pas~~ que sa moyenne **ne** baisse **pas**. ➥ FICHE 16
9. **Bien employer les prépositions et les conjonctions.** Éviter *malgré que* et utiliser *malgré* ou *bien que*.	Il aime sa femme ~~malgré qu'elle~~ lui soit infidèle. → Il aime sa femme **malgré** son infidélité. → Il aime sa femme **bien qu'elle** lui soit infidèle.
10. **Vérifier le mode des propositions subordonnées :** – La subordonnée de condition introduite par *si* est à l'indicatif, jamais au conditionnel. – Certaines conjonctions de subordination appellent mécaniquement certains modes. ➥ FICHES 13 à 14	Si elle **avait** le temps, elle relirait toute l'œuvre de Balzac. ➥ FICHE 14 *Quand, tandis que, après que, parce que* sont suivis de **l'indicatif**. *Bien que, quoique, afin que, pour que, avant que* sont suivis du **subjonctif**.

S'ENTRAÎNER

Corrigés *p. 137*

1 Transformez cette phrase trop longue en plusieurs phrases pour rendre le texte plus compréhensible.

« Ma Bohème » est un sonnet que Rimbaud a écrit à la fin du XIXe siècle quand il était encore très jeune et qui dépeint ses fugues lorsqu'il fuyait la rudesse de la maison familiale et qu'il partait marcher sur les routes de Belgique tout en évoquant son amour pour la poésie, ce qui lui permettait aussi de s'évader de son univers trop conformiste.

....

....

....

....

....

....

2 a. Soulignez les mots ou expressions familières. Surlignez les incorrections. b. Réécrivez le texte en corrigeant les incorrections et en proposant des synonymes courants ou soutenus.

Dans *Le Barrage contre le Pacifique*, la mère à Suzanne, elle essaie de la marier avec M. Jo, un type moche mais trop riche !!! Des fois, j'ai aimé le roman dû à l'histoire d'amour mais à la base, j'ai aussi trouvé ça glauque !! L'atmosphère des passages que je me souviens est hyper lourde. Cette famille, y manquent toujours de fric.

....

....

....

....

....

....

3 Réécrivez chaque phrase pour qu'elle soit correcte.

1. Dans le discours de Victor Hugo sur la misère, on y relève des nombreuses répétitions du pronom *vous*.

....

....

2. Après qu'il ait fini de parler, les députés l'applaudissent.

....

3. L'assemblée unanime était conquise : ils ont tous félicité l'orateur.

....

....

4. J'ai appris ce discours par cœur tellement que je l'ai aimé.

....

....

5. Je me demande si le manuscrit du texte existe-t-il encore ?

....

4 Un élève devait construire des phrases selon le patron demandé. Identifiez ses erreurs et corrigez-les.

1. Proposition participiale + proposition principale : Ayant attaqué les abus de la religion, l'Église dénonça Molière auprès du roi.

....

....

....

2. Proposition principale + conjonctive de but : J'ai discuté avec lui afin qu'il croit davantage en ses chances.

....

....

3. Groupe participe + proposition principale : Arrivés les derniers, les meilleures places étaient déjà occupées.

....

....

4. Conjonctive de concession + principale : Malgré que tu n'aies pas d'argent, tu peux tout de même inventer de jolies vacances.

....

....

....

5 Barrez dans le texte les passages incorrects. Expliquez pourquoi ils ne sont pas corrects et corrigez-les.

Deux amis, Bérenger et Jean, sont à la terrasse d'un café.

1. Profitant d'un beau dimanche d'été, les discussions vont bon train.

....

....

....

2. Lorsque soudain des rhinocéros débarquent en ville.

....

....

3. Si la rhinocérite ne serait pas une affabulation, ce serait une épidémie dramatique pour les hommes.

....

....

4. Un peu plus tard, le spectateur assiste à la métamorphose de Jean en rhinocéros.

....

....

5. On se demande alors pourquoi Bérenger n'est-il pas malade ?

....

....

6. Mais Bérenger est bien le dernier homme survivant.

....

7. Il sort alors sa carabine pour pas qu'il reste sans défense.

....

6 Écrit d'appropriation : rédiger un essai.

En vous appuyant sur vos lectures de l'année, montrez en quoi l'argumentation directe et indirecte peuvent être efficaces au service d'une cause. Vous emploierez au moins une fois les mots : *si*, *malgré*, *bien que* et utiliserez au moins une proposition subordonnée relative et une interrogative indirecte.

7 Pour préparer l'oral du Bac

Observez les propos du puisatier à qui Mme Rose a demandé d'aller chercher son chien au fond d'un puits. Selon vous, que voulait signifier Maupassant en lui prêtant ces paroles ?

G. de Maupassant, *Pierrot*, 1882.

> Il répondit : « Vous croyez que j'vas apporter mes cordes, mes manivelles, et monter tout ça, et m'en aller là-bas avec mon garçon et m'faire mordre encore par votre maudit quin, pour l'plaisir de vous le r'donner ? fallait pas l'jeter. »

....

....

....

6 Les chaînes d'accords dans la phrase

EN AUTONOMIE Testez vos connaissances avec des exercices numériques autocorrectifs https://bordas.media/733824_003

RETENIR

Accord du déterminant et de l'adjectif avec le nom : **Attention :** avec deux sujets (masculin et féminin), il faut accorder au masculin. Les adverbes sont invariables.	La **petite** souris **grise**. **Les grands** animaux **marins**. Un éléphant et une souris **étonnamment amis**.
Accord du verbe avec le sujet : **Attention :** quand le sujet est *on, chacun, aucun, rien, personne* ou un collectif (*tout le monde, la foule...*), **le verbe est au singulier.** Quand le sujet est *la plupart*, **le verbe est au pluriel.**	– **La maison** de mes parents **est** au bord de l'eau. – Dans le fond de leur jardin **vivent des abeilles.** (sujet inversé) – Personne ne parle. On le sait bien : tout le monde peut gagner. – La plupart réussiront.
Accord de l'attribut : – l'adjectif, attribut du sujet, s'accorde en genre et en nombre avec le sujet ; – l'adjectif, attribut du COD s'accorde en genre et en nombre avec le COD.	– Tes **histoires** sont **délirantes**. – Marc trouve cette **histoire** bien **embarrassante**.

Les accords du participe passé

Le participe passé s'accorde...	**... quand il est employé...**
... comme un adjectif	... sans auxiliaire : des histoires imaginées
... avec le **sujet** du verbe	... avec l'auxiliaire *être* : **Léa** est revenue. ... dans un verbe pronominal : – verbe essentiellement pronominal : **Ils** se sont souvenus de leur enfance. – verbe pronominal de sens passif : **Ces immeubles** se sont vite construits.
... avec le **COD** uniquement si celui-ci est placé devant le verbe Si le **COD** est placé derrière le verbe, on ne fait pas d'accord.	**... avec l'auxiliaire *avoir* :** Il **l'**a vite rattrapée. (COD devant) Quand a-t-il vu **Léa** ? (COD derrière) **... dans un verbe pronominal :** – verbe pronominal **réfléchi** : La chemise **qu'**il s'est achetée est bleue. (COD devant) Isa **s'**est rapidement changée. (s' = COD devant) Léa s'est lavé **les mains**. (COD derrière) – verbe pronominal **réciproque** : Ils **se** sont patiemment écoutés. (se = COD devant) Ils se sont longuement parlé. (pas de COD)

Le participe passé reste invariable

– s'il est précédé du pronom *en* : Des raviolis, j'**en** ai toujours mangé !

– si c'est celui d'un verbe impersonnel : Quelle gentillesse il vous a **fallu** déployer pour la supporter !

– pour le verbe *faire* suivi d'un infinitif : Les vêtements qu'il a **fait tailler** sont prêts.

Astuce :

Si je confonds...	je remplace...	et j'écris...
...les participes passés des 2e et 3e groupes au masculin singulier en *-i, -is, -it, -u*, ou *-t*. Il a pri... ? Il a écri... ? Il a fai... ?	...par le participe au féminin. Elle est prise. Elle est écrite. Elle est faite.	 → Il a pris. → Il a écrit. → Il a fait.

S'ENTRAÎNER

Corrigés *p. 137*

1 **a. Surlignez les marques du pluriel des groupes nominaux. Entourez les terminaisons des verbes et soulignez le ou les mots avec le(s)quel(s) ils s'accordent.**

Les écrivains engagés du XVIIIe siècle sont encore soumis à la censure car ils contestent l'absolutisme, remettent en question l'existence de Dieu et prônent l'éducation des peuples. Les philosophes des Lumières inventent alors différents stratagèmes. Leurs différents personnages viennent d'ailleurs, de la lune ou d'Orient. Leurs textes que chacun nomme contes philosophiques sont originaux.

b. Un seul verbe est au singulier, pourquoi ?

....

....

c. Repérez à l'aide d'une flèche un sujet et son attribut et un COD et son attribut.

....

....

2 **Un élève a mal recopié ces extraits des *Lettres persanes* de Montesquieu. Barrez les erreurs et corrigez-les.**

> Les femmes y jouisse d'une grande liberté : elles peuvent voir les hommes à travers certaine fenêtres, […] elles peuvent sortir tout les jours avec quelque vieilles qui les accompagne. (Lettre 23)

....

> Les femmes de Perse sont plus belles que celle de France ; mais celle de France sont plus jolie. […] les une sont plus tendre et plus modeste, les autres sont plus gais et plus enjouer. (Lettre 34)

....

....

3 **Soulignez le sujet de chaque verbe et accordez le verbe qui lui correspond au temps indiqué.**

Le soleil, voilé par d'innombrables nuages qui fil.................. *(présent)* à vive allure, ne réchauff......... *(présent)* plus le fond de l'air. Une rafale de pluie, le vent glacé travers......... *(présent)* mon imperméable. Au loin, derrière la digue, surgi................ *(présent)* çà et là des éclairs. Un peu d'écume de mer se dépo............. *(présent)* au coin de mes lèvres. Beaucoup de bateaux rentr............... *(présent)* précipitamment au port.

4 **Barrez les mots en gras qui ne conviennent pas.**

Voltaire compose des contes philosophiques **biens / bien / construis / construit / construits tels / tel** *L'Ingénu*. Tandis que l'abbé de Kerkabon et sa sœur **pleurt / pleurent** la mort de leur famille **parti / partie / partit** au Canada, **arrive / arrivent** l'Ingénu, un jeune homme huron. Tour à tour, chacun **tente / tentent** de le convertir au catholicisme. Peu de gens **acceptent / accepte** à l'époque une autre religion en France. Par la suite, le jeune Huron, **épri / épris / éprit** de sa marraine, Mlle de Saint-Yves, n'a pas **pu / put** l'épouser car des lettres ont été **écrits / écrites / écrit :** il aurait **comprit / compris** et **soutenu / soutenut** les Huguenots. Le roi l'a fait **emprisonné / emprisonner.** Mlle de Saint-Yves s'est alors **fait / faite** conduire à Versailles pour tenter de le délivrer mais un abbé abuse d'elle et la **trahie / trahi / trahit**.

5 **Complétez les participes passés et accordez-les si nécessaire.**

Beaumarchais et Marivaux ont écr......... des comédies rest......... célèbres. Il leur a fall......... beaucoup de courage face au pouvoir. Ils se sont distingu......... et se sont fai......... connaître notamment grâce à leurs personnages, Figaro ou Arlequin. Derrière la légèreté des intrigues amoureuses, la contestation s'est révél......... et la révolution a été incarn......... par ces valets. Mais Marivaux s'est jou......... de la censure qu'il y a .... contre Beaumarchais en plaçant l'intrigue de *L'Île des esclaves* sur une île invent......... Les deux auteurs en ont-ils discut........., se sont-ils rencont......... ?

6 **Écrit d'appropriation : rédiger une biographie.**

Faites des recherches sur Mme du Chatelet. Rédigez sur papier libre sa biographie au passé composé en utilisant les verbes suivants : *naître / se marier / mourir / étudier / vivre / se lier / traduire / démontrer / s'éprendre / faire* + infinitif / *laisser* + infinitif.

7 **Pour préparer l'oral du Bac**

a. Repérez des indices narratifs grâce à l'accord du participe passé. b. Justifiez la terminaison des participes passés *séduit* et *su*.

Montesquieu, lettre 161, *Lettres persanes*, 1721.

> Oui, je t'ai trompé ; j'ai séduit tes eunuques ; je me suis jouée de ta jalousie ; et j'ai su de ton affreux sérail, faire un lieu de délices et de plaisirs.

....

....

....

....

....

....

....

....

....

....

....

....

....

7 Maîtriser quelques difficultés orthographiques

EN AUTONOMIE Testez vos connaissances avec des exercices numériques autocorrectifs
https://bordas.media/733824_004

RETENIR

L'orthographe lexicale d'un mot est donnée dans le dictionnaire.
Elle est étroitement liée à l'orthographe de la famille du mot. précis / préciser / précision

Les mots invariables

Quelques **mots invariables** fréquents à connaître.	parmi – davantage – malgré – sinon – quelquefois – hormis – certes – d'ailleurs – volontiers.

Les adverbes en *-ment*

En règle générale, ils se forment à partir des adjectifs au féminin auquel on ajoute le suffixe *-ment*.	joyeux / joyeuse → joyeusement (= d'une manière joyeuse).
Les adverbes formés à partir des adjectifs en *-ant* et *-ent* se terminent respectivement par *-amment* et *-emment*.	constant → constamment ; violent → violemment.

Variable ou invariable ?

Même, en tant que déterminant, s'accorde mais est invariable en tant qu'adverbe.	– **Nous-mêmes** écrivons les **mêmes** âneries depuis trop longtemps. – **Même** les professeurs peuvent plaisanter.
Tel s'accorde avec le nom qui suit.	**Telle mère**, telle fille.
Tel que s'accorde avec le nom qui précède.	J'aime les **histoires telles que** les contes.

Féminin - masculin

Les noms féminins en *-té* ou *-tié* ne prennent pas de *-e* à la fin.	la réalité, une amitié. **Exceptions** : *la dictée, la montée, la pâtée, la jetée* et les noms exprimant un contenu (*une assiettée*).

Les sons [k] et [al]

Les mots se terminant par le **son [k]** s'écrivent le plus souvent avec *c* et *qu*.	**Noms masculins** (le bac, un diagnostic) + quelques adjectifs dont sec, public... **Noms féminins, adjectifs, noms masculins issus d'un adjectif :** une époque grotesque, un physique magnifique.
Les adjectifs se terminant par le **son [al]** s'écrivent le plus souvent *-al* au masculin.	un événement banal, une histoire banale. Sauf *pâle, mâle, sale, ovale, bicéphale*...

Les homophones lexicaux voir et voire

Voir (verbe) et *voire* (adverbe) : *voire* s'écrit avec un *-e* quand on peut le remplacer par *et même*.	Léa ira **voir** (~~et même~~) son ami à Paris pour les prochaines vacances, **voire** (et même) les suivantes.

Les homophones grammaticaux

ce et *se*	C'est souvent **ce qui** est incongru qui fait rire. Cette histoire **se** joue entre moi et **ce** kangourou.	– *ce* : devant un nom, devant *qui*, *que* ou le verbe *être*. – *se* : uniquement devant un verbe.
c'est et *s'est*	**C'est** Paul qui **s'est** souvenu de la racine carrée de 20 439 441.	*S'est* est suivi d'un participe passé.
on, on n' et *ont*	**On** n'aime pas la glace au basilic qu'**on** a goûtée. Mes cornichons **ont** disparu.	On peut remplacer *ont* par *avaient*, *on* par *il* et *on n'* par *il n'*.
leur (pronom) et *leur/ leurs* (déterminant)	Elles ont choisi **leurs** fourchettes avec goût. Je **leur** envie **leur** joie de vivre.	*Leur*, pronom personnel invariable, est toujours devant un verbe.
tout et *tous*	Je mange de **tout**, en **toute** occasion. **Tous** les aliments m'intéressent. **Tous** me fascinent. J'aime les insectes **tout** chauds.	– *Tout*, pronom ou déterminant, s'accorde. – *Tout* adverbe est invariable : on peut le remplacer par *très*.
quand, qu'en et *quant*	**Quant à** Siméon, il ne sait pas **quand** il pourra épouser Mireille l'abeille. Il paraît qu'elle ne revient **qu'en** septembre.	On rencontre *quant* uniquement devant *à*, *au* ou *aux*.
quoique et *quoi que* (= quelque chose que)	**Quoiqu**'il écrive des textes absurdes, et **quoi que** tu en dises, certaines associations sont poétiques.	On peut remplacer *quoique* par *bien que*.
quel que (soit) et *quelque*	**Quelles que** soient tes intentions, je veux t'épouser. Après **quelques** jours, tu me remercieras. Après **quelque** temps, tu me remercieras.	On peut remplacer *quel que soit* par *peu importe*. Il faut penser aux accords.

Paronymes courants (sons proches)

périphrase et *paraphrase*	Une périphrase exprime en plusieurs mots ce qui pourrait être dit en un seul. La paraphrase consiste à répéter un texte avec d'autres mots.

S'ENTRAÎNER

Corrigés p. 137

1 Complétez les mots de ce texte en vous aidant d'un autre mot de leur famille que vous noterez à côté.

Je suis impatien.................... et très maladroi........................ J'ai abîmé la carrosserie de votre voiture en la garant. Pourtant, je n'ai pas eu mon permi.......................... de conduire au rabai.......................... Mais l'accè.......................... à votre parking est tout de même trop étroi..........................! Je suis confu.......................... et dans l'embarra..........................

2 Dix-huit erreurs se sont glissées dans ce texte, surlignez-les et corrigez-les.

La *Ferme des animaux* est un apologue que je relirais volontier. On découvre notemment la révolte d'animaux qui aspirent à d'avantage de libertée. Parmis les différentes espèces, les cochons fomentent astucieusemment la révolution. D'ailleur, l'un d'eux, Sage l'ancien, prend courageusemment la tête de la nouvelle démocratie. L'amitiée, la fraternitée, l'égalitée sont des valeurs partagées par toute la communautée animalière. Malgrés tout, ce nouveau système politique est progressivemment subverti. On assiste alors à la montée du totalitarisme. Dans ce cadre, certains animaux osent quelques fois s'interroger prudamment sur les nouvelles règles qu'impose un dénommé Napoléon aux allures princières voir impériales. Il est fort probable, si non certain, que ce dernier revendique le pouvoir.

....

....

....

....

....

....

3 Complétez les phrases : *-c* ou *-que* ? *-al* ou *-ale* ?

1. L'épreuve prati............ d'opti............ du ba............ professionnel des lunettiers était difficile cette année.

2. C'était un vieux magasin abandonné, gigantes.........., colloss........... Quelques mannequins sa......... le hantaient tels les prisonniers d'un terrible univers infern........... et fantasti...........

3. Le biopi....... *Bohemian Rapsody*, reconnu par la criti........... internation.........., raconte la vie du chanteur emblémati.............. du groupe Queen. Il a trouvé bon accueil auprès d'un large publi...........

4 Barrez les mots erronés.

C'est / s'est cette année qu'**on n' / on a** appris que **tous / tout** les poètes surréalistes **abhorraient / arboraient** par-dessus **tous / tout** les images éculées. **Leurs / Leur** inventions **telles / tels** les poèmes de Desnos sont parfois des mystères **telles / tels** que des énigmes à résoudre. Ainsi, certains vers relèvent-ils du **prodige / prodigue** lexical. Les homophones **c' / s'**enchaînent. Eluard, **quant / quand** à lui, **s'est / c'est** fait le chantre de l'amour qu'il **personnifie / personnalise** à travers différents portraits de Gala. **De toute façon / De toutes façons**, ces poètes aiment les mots pour eux-**même / mêmes**. Ils **leur / leurs** donnent une place **originale / originelle**. **Quand / Quant** bien **même / mêmes ce / se** travail est parfois opaque, il est toujours ludique.

5 Complétez les phrases avec l'homophone qui convient.

1. quelque / quel que / quelques : .... étonnant que cela puisse paraître, je me souviens encore de .... passages entiers d'*Exercices de style* de R. Queneau et de .... trouvailles poétiques géniales. .... soit votre avis sur ce texte, vous ne pouvez pas nier son originalité.

2. quand / quant / qu'en : « .... on veut, on peut », c'est ce qu'on vous a appris.......................... vous étiez petits. .... à moi, ce n'est .... essayant que j'ai réussi à surfer à cinquante ans. .... au reste, c'est sans importance.

3. quoique / quoi que : .... un peu jalouse, elle leur dit en souriant : « .... vous fassiez, vous réussissez, ... vous disiez, on vous écoute… C'est épatant ! »

6 Écrit d'appropriation : rédiger un pastiche.

Sur papier libre, à la manière d'un poète surréaliste que vous aimez, inventez un poème qui joue sur les homophones et les paronymes. N'hésitez pas à créer des images étonnantes grâce à des rapprochements incongrus. Intégrez au moins cinq homophones grammaticaux de la leçon.

7 Pour préparer l'oral du Bac

Par quels procédés le poète crée-t-il un rapprochement entre l'amour et la mer ?

P. de Marbeuf, *Recueil de vers*, 1628.

Et la mer et l'amour ont l'amer en partage,
Et la mer est amère, et l'amour est amer,
L'on s'abîme en l'amour aussi bien qu'en la mer,
Car la mer et l'amour ne sont point sans orage.

....

....

....

....

....

....

8 Types et formes de phrases

EN AUTONOMIE Testez vos connaissances avec des exercices numériques autocorrectifs https://bordas.media/733824_005

RETENIR

Les actes de langage

- Nous prenons la parole pour faire réagir ou agir sur notre environnement. On peut ainsi informer ou s'informer, donner un ordre, exprimer des émotions ou questionner. Nos mots déclenchent des actes. On parle d'**actes de langage** qui se concrétisent à travers les différents choix du locuteur. La phrase célèbre : « Je déclare ouverts les jeux Olympiques de... » est un acte qui déclenche le début des jeux Olympiques.
- Ainsi choisit-on les **types et formes de phrases** qu'on emploie en fonction du message que l'on veut transmettre.

Les types de phrases

Phrase déclarative	Information.	Je n'aime pas les discours politiques, c'est ennuyeux.
Phrase impérative	Ordre, interdiction, conseil.	Va vite écouter le discours de Martin Luther King sur Internet.
Phrase interrogative ➥ FICHE 11	Question : – interrogation totale (réponse par *oui* ou par *non*). – interrogation partielle (plusieurs réponses possibles).	– Avez-vous vu la dernière comédie de Woody Allen ? – Comment Van Gogh a-t-il pu peindre autant de chefs-d'œuvre en une vie ?

Attention ! La forme exclamative peut s'ajouter aux différents types de phrases.
Goûtez vite ce délicieux petit chou à la crème !

Les formes de phrase

Forme affirmative ou négative ➥ FICHE 16		– Certains discours ont-ils changé la vie de notre société ? (affirmative) – Certains discours n'ont-ils pas changé la vie de notre société ? (négative)
Forme exclamative	L'accent est mis sur l'émotion, les sentiments décrits.	« Familiale », un poème épatant, merveilleusement simple et terriblement engagé !
Forme emphatique	La phrase met en relief un de ses constituants. On peut ainsi : – Utiliser un présentatif (*c'est, voici, voilà, il y a*). – Détacher un mot ou un groupe de mots, repris ou annoncé par un pronom.	Yves Montand a mis en musique « Le Dormeur du val » de Rimbaud. → **Voici** « Le Dormeur du val » de Rimbaud, mis en musique **par** Yves Montand. → Yves Montand, **lui-même**, a mis en musique « Le Dormeur du val » de Rimbaud.
Forme impersonnelle	L'information est transmise de manière neutre grâce à l'emploi de la tournure : il impersonnel + verbe.	Il est certain que beaucoup de musiciens ont mis en musique des poèmes célèbres.
Forme active ou passive	– Cette opposition formelle ne concerne que les verbes qui admettent un **COD** ➥ FICHE 3. – Dans la phrase **active**, le sujet effectue l'action exprimée par le verbe. Dans la phrase **passive**, il subit l'action exprimée par le verbe. Le verbe peut être accompagné d'un **complément d'agent**. – On construit systématiquement la conjugaison d'un verbe à la voix **passive**, aux temps simples comme aux temps composés, avec l'auxiliaire *être* dont le temps devient celui du verbe à la voix passive.	La pie a volé **l'œuf du merle** niché dans la haie. → L'œuf du merle niché dans la haie a été volé **par la pie**. complément d'agent L'œuf a été volé. – *être* est conjugué au passé composé. – *voler* est conjugué au passé composé de la voix passive.

Attention ! L'emploi de certains types et formes de phrases marque une intention détournée du locuteur : « As-tu l'heure, s'il te plaît ? » n'attend pas comme simple réponse « Oui ». C'est un acte de parole injonctif qui oblige l'interlocuteur à informer le locuteur.

S'ENTRAÎNER

Corrigés p. 137

1 a. Identifiez les types de phrase dans le texte suivant.

Molière, *Dom Juan*, III, 1, 1665.

> DOM JUAN. – Je crois que deux et deux sont quatre, Sganarelle, et que quatre et quatre sont huit.
> SGANARELLE. – La belle croyance que voilà ! Votre religion, à ce que je vois, est donc l'arithmétique ? Il faut avouer qu'il se met d'étranges folies dans la tête des hommes, et que, pour avoir bien étudié, on en est bien moins sage le plus souvent.

1 … 2 phrase non verbale, exclam, affir
3 …

b. Quelle est la forme de la dernière phrase ?

phr complexe, 3 prop. 2 coord, 2 subordonnées, affir

2 a. Quel est le type de cette phrase ?

L'équipe de France a remporté un match capital.

b. Transformez la phrase pour en faire successivement une phrase exclamative, emphatique, impersonnelle et passive.

Phrase exclamative :

Phrase emphatique :

Phrase passive :

Phrase impersonnelle :

3 Réécrivez ces phrases à la forme emphatique en variant chaque fois les procédés de mise en relief.

1. Elle préfère les comédies de Molière.

2. Dans l'acte II de *Britannicus*, Néron espionne Junie et Britannicus.

3. Tais-toi, Alceste va prendre la parole.

4 Observez les types et formes de phrases qu'emploie Cacambo, esclave rencontré par Candide. Comment Voltaire dénonce-t-il la traite négrière ?

Voltaire, *Candide*, chap. XIX, 1759.

> Quand nous nous travaillons aux sucreries, et que la meule nous attrape le doigt, on nous coupe la main : quand nous voulons nous enfuir, on nous coupe la jambe : je me suis trouvé dans les deux cas. C'est à ce prix que vous mangez du sucre en Europe.

5 Transformez les phrases actives à la forme passive.

1. En 2014, on attribua le prix du Festival de Cannes à Xavier Dolan pour son film *Mommy*.

2. Notre professeur étudie des extraits de *Mommy* en classe.

3. Le ciné-club du lycée projettera le film jeudi.

4. Tous les élèves ont unanimement aimé ce film.

6 Soulignez les verbes au passif, précisez leurs temps. Surlignez les compléments d'agent quand il y en a.

Mes parents étaient enlevés à leurs familles par des négriers cupides dès leur enfance. Ils furent réduits en esclavage et travaillèrent toute leur vie dans les champs. Ma mère est morte d'épuisement. J'ai été à mon tour humiliée, j'ai été battue par mes maîtres successifs tant de fois que je me suis sauvée par la mer dès que cela a été possible.

7 Écrit d'appropriation : préparer un discours.

Sur papier libre, préparez un plaidoyer pour une cause que vous voulez défendre. Utilisez au moins une fois tous les types et formes de phrases. Identifiez-les en marge de votre texte.

8 Pour préparer l'oral du Bac

Observez les propos de Cléanthis quand elle imite un dialogue passé avec sa maîtresse Euphrosine. Analysez les types et formes de phrases qu'elle emploie. Selon vous, que voulait signifier Marivaux en lui prêtant ces paroles ?

Marivaux, *L'Île des esclaves*, I, 3, 1725.

> CLEANTHIS. – Madame, au contraire, a-t-elle mal reposée ? Ah ! qu'on m'apporte un miroir ! comme me voilà faite ! que je suis mal bâtie ! [...] Et cela veut dire : Messieurs, figurez-vous que ce n'est pas moi, au moins ; ne me regardez pas.

9 Les relations logiques dans la phrase

EN AUTONOMIE Testez vos connaissances avec des exercices numériques autocorrectifs
https://bordas.media/733824_006

RETENIR

- Les **connecteurs logiques** expriment clairement les **relations logiques fondamentales** qui existent entre deux éléments.

Rapport logique		Connecteurs logiques
Addition, disjonction	Ajouter, séparer une idée, un élément.	*Et, ni, ou, ainsi que, voire, de surcroît, d'autre part...*
Cause	Exposer l'origine d'un fait ou d'une idée.	*Car, en effet, parce que, puisque, comme...*
Conséquence	Énoncer le résultat d'un fait ou d'une idée.	*Donc, au point de, ainsi, alors, de sorte que, tant que, c'est pourquoi...*
But	Indiquer la visée d'un fait, d'une action.	*Pour, afin de, de crainte que...*
Concession	Accepter une idée pour mieux la contester.	*Malgré, quoique, néanmoins, certes, bien que...*
Opposition	Exprimer une idée contraire à la précédente.	*Mais, or, pourtant, alors que, tandis que...*
Hypothèse	Exprimer une idée soumise à une autre.	*En cas de, si, au cas où, selon que, à supposer que...*

Comment argumenter ou réfuter efficacement ?

- **En variant les types d'arguments : l'argument logique, moral, d'expérience, d'autorité...**
  – Éteindre la lumière au sortir d'une pièce permet d'économiser de l'énergie. (argument logique)
  – À l'heure des économies d'énergie, on ne peut plus laisser la lumière allumée dans une pièce inoccupée. (argument moral)
  – Mon père dit qu'on doit fermer les lumières avant de partir. (argument d'autorité)
  Cependant, tous les arguments ne se valent pas : certains sont fallacieux, tel l'argument d'autorité ou l'argument *ad hominem* qui attaque la personne plus que son idée. Mon père nous sermonne sans cesse sur les dépenses inutiles d'énergie.
- **En variant les modes de raisonnement :**
  – **La logique** : on s'appuie sur les relations logiques fondamentales telles que la déduction, le résultat, la cause, la conséquence, le but ➥ FICHE 13, exprimées par les connecteurs.
  – **La réfutation** : grâce aux connecteurs qui marquent l'opposition ou la concession ➥ FICHE 14, on prend en compte les arguments opposés ou contre-arguments pour mieux les contester.
  – **La succession** (cumul des idées) : souvent placés au début d'un paragraphe, les connecteurs énumératifs construisent la progression d'un texte *(en premier lieu, de plus, par ailleurs, somme toute)*.
  – **L'analogie** : les marqueurs d'exemples établissent une comparaison avec d'autres données *(ainsi, en particulier, notamment, de même que, de même)*.

Attention ! Il arrive que la relation logique entre deux éléments juxtaposés soit implicite. Le lecteur doit alors induire le lien logique.
Marguerite travaille trop tard le soir. Elle est fatiguée dans la journée.
(lien de conséquence sous-entendu : *si bien qu'elle*)

S'ENTRAÎNER

Corrigés *p. 137*

1 Remplacez les signes de ponctuation en rouge par un connecteur pour rendre le lien logique explicite. Vous préciserez la nature de ce lien. Attention, plusieurs réponses sont parfois possibles.

1. Chose promise, chose due.
conséquence : c'est [illegible]

2. Nous voilà tranquilles. Il est parti.
Cause : parce que

3. Je vois de la tristesse dans tes yeux... tu souris toujours.
opposition : pourtant

4. Je ferme toujours la porte : les voleurs n'entrent pas.
But
Conséquence
Concession

2 Précisez le sens du connecteur *comme* dans chaque phrase.

1. Comme tu as fini ton travail, tu peux sortir ce soir.
Conséquence

2. Il court comme si sa vie en dépendait. Cause

3. Comme je te parlais, j'entendis une énorme déflagration dans la rue. Conséquence

3 **Surlignez les conjonctions de coordination dans cette réplique de Figaro. Quelle nuance logique apportent-elles ? Selon vous, pourquoi certaines apparaissent-elles en lettres capitales ?**

Beaumarchais, *Le Mariage de Figaro*, III, 15, 1785.

> FIGARO. – Qu'il y a messieurs, malice, erreur ou distraction dans la manière dont on a lu la pièce car il n'est pas dit dans l'écrit : « laquelle somme je lui rendrai, ET je l'épouserai », mais « laquelle somme je lui rendrai, OU je l'épouserai » ; ce qui est bien différent.

4 **Replacez les connecteurs suivants dans le texte : *et, car, mais, donc, pour, malgré*. Précisez entre parenthèses le type de lien logique exprimé.**

Le père Goriot est riche ...car (cause)... il a fait fortune en vendant des vermicelles. ...Mais (oppo°)... ses deux filles veulent faire un beau mariage. Leur père décide ...donc (conséq.)... de se retirer de son négoce peu glorieux ...et (addition)... de mettre sa fortune à leur disposition ...pour (but)... faciliter leur entrée dans le monde aristocratique. ...Malgré (concession)... toute la générosité de leur père, les deux filles l'abandonnent quand il n'a plus d'argent.

5 **Réécrivez le texte de l'exercice 4 en changeant les connecteurs mais en gardant le même lien logique. Privilégiez les conjonctions de subordination chaque fois que cela est possible.**

6 **Pour mieux réfuter les arguments des esclavagistes, Montesquieu leur donne la parole dans « De l'esclavage des Nègres »,** ***De l'esprit des lois*****, 1748. Voici l'un des arguments avancés : « Les peuples d'Europe ayant exterminé ceux de l'Amérique, ils ont dû mettre en esclavage ceux de l'Afrique, pour s'en servir à défricher tant de terres. »**

a. Quelle est la nature de cet argument ? Sur quels liens logiques repose-t-il ?

b. Rédigez l'argument qui le réfute.

7 **Écrit d'appropriation : rédiger un essai.**

Choisissez l'un des sujets suivants : ***Doit-on vivre avec son siècle ? Que penser du progrès scientifique ? Quels rôles la fiction peut-elle jouer dans l'évolution de la science ?***
Sur papier libre, rédigez un court essai qui réponde à la question. Vous évoquerez au moins trois arguments différents dont l'un sera une réfutation et emploierez au moins cinq connecteurs énumératifs, analogiques ou logiques que vous surlignerez.

8 **Pour préparer l'oral du Bac**

J. Verne, *Voyage au centre de la Terre*, 1864.

> Quoi qu'il en soit, mon oncle [...] était un véritable savant. Bien qu'il cassât parfois ses échantillons à les essayer trop brusquement, il joignait au génie du géologue l'œil du minéralogiste. Avec son marteau, sa pointe d'acier, [...] c'était un homme très fort. À la cassure, à l'aspect [...] d'un minéral quelconque, il le classait sans hésiter parmi les six cents espèces que la science compte aujourd'hui.

a. Sur quels liens logiques sont construites les deux premières phrases de cet extrait ?
Justifiez votre analyse.

b. Quels liens logiques sont sous-entendus entre les deux dernières phrases de l'extrait et les deux premières ? Réécrivez la fin du texte en employant des connecteurs logiques explicites.

10 Les propositions subordonnées essentielles

EN AUTONOMIE Testez vos connaissances avec des exercices numériques autocorrectifs https://bordas.media/733824_007

RETENIR

- Les **propositions subordonnées essentielles** ne peuvent être ni déplacées ni supprimées sans rendre la phrase incorrecte ou en changer profondément le sens.

[Je pense] [**qu'il est plus prudent de partir maintenant**].
prop. principale — prop. subordonnée essentielle

- La **fonction** d'une proposition subordonnée essentielle

Sujet	[**Qu'elle ait réussi son concours**] ne m'étonne pas.
Sujet réel d'un verbe impersonnel	Il est urgent [**que nous trouvions une solution**].
COD	Je me demande [**s'il viendra bien demain**].
COI	Je m'attends [à ce **qu'il vienne demain**].
Attribut du sujet	Mon rêve serait [**que cela dure toujours**].

Astuce !
Pour trouver la fonction d'une proposition subordonnée essentielle, on peut la remplacer par *cela*.
Je doute **que la solution envisagée soit réalisable**. → Je doute **de cela**. → COI de doute.

- La **classe grammaticale** d'une proposition subordonnée essentielle

Conjonctive	J'aimerais [**que** ce soit possible].
Interrogative indirecte → FICHE 11	Je ne sais pas [**comment** cette histoire va se terminer].
Infinitive	J'entends [les oiseaux **chanter**].
Relative sans antécédent	Embrassez [**qui** vous voulez].

S'ENTRAÎNER

Corrigés *p. 137*

1 Notez *vrai* ou *faux* pour chacune de ces affirmations concernant les propositions subordonnées essentielles.

1. Elles peuvent être remplacées par *cela*. ....
2. Elles sont toujours COD ou COI. ....
3. Elles peuvent occuper la fonction de complément circonstanciel. ....
4. Elles ne peuvent être ni supprimées ni déplacées. ....

2 Parmi les propositions subordonnées entre crochets, surlignez celles qui sont essentielles.
Vérifiez que vous pouvez les remplacer par *cela*.

Jean de La Fontaine a voulu [que ses fables plaisent et instruisent]. Elles font parler des animaux [qui représentent les hommes]. Mais n'oublions pas [que le fabuliste est aussi un libre penseur]. Ainsi, [que la morale de « La Cigale et la Fourmi » soit implicite] n'a rien d'étonnant. Critique-t-il la cigale [parce qu'elle est oisive] ou plutôt la fourmi [qui est avare et méchante] ?

3 a. Mettez entre crochets les propositions subordonnées.
b. Surlignez celles qui sont essentielles.

D'après V. Hugo, *Notre-Dame de Paris*, 1831.

1. Il semblait au jeune homme que la vie avait un but unique : savoir.
2. Il était méchant [...], parce qu'il était sauvage ; il était sauvage parce qu'il était laid.
3. Tu me suivras, il faudra bien que tu me suives, ou je te livre !
4. Il serait fort possible d'abord que Ravaillac n'eût pas de complices.
5. Ce petit enfant, qui lui tombait brusquement du ciel sur les bras, fit de lui un homme nouveau.
6. Il est évident qu'il y avait une sorte d'harmonie mystérieuse et préexistante entre cette créature et cet édifice.

4 a. Mettez les propositions subordonnées essentielles entre crochets.
b. Soulignez les conjonctives et surlignez les interrogatives indirectes.

J. de La Bruyère, « Les Caractères de Théophraste », *Les Caractères*, 1688.

Il [L'impertinent] apprend à cet inconnu que c'est Damippe qui a fait brûler la plus belle torche devant l'autel de Cérès à la fête des Mystères, il lui demande combien de colonnes soutiennent le théâtre de la musique, quel est le quantième[1] du mois ; il lui dit qu'il a eu la veille une indigestion ; et si cet homme à qui il parle a la patience de l'écouter, il ne partira pas d'auprès de lui : il lui annoncera comme une chose nouvelle que les Mystères se célèbrent dans le mois d'août.

1. Le numéro du jour.

5 Réécrivez les phrases en remplaçant les propositions subordonnées essentielles par un groupe nominal.

Ex. : Le journal a annoncé que le théâtre serait inauguré.
→ Le journal a annoncé l'inauguration du théâtre.

1. Nous prévoyons que la clôture sera remplacée avant la fin de la semaine.

....

....

2. Les économistes prédisent que la situation va s'améliorer prochainement.

....

....

3. Que tu aies réussi ces épreuves prouve tes compétences.

....

....

4. Rien ne s'oppose à ce que cette nouvelle mesure soit adoptée.

....

5. Personne ne doute que la conjoncture internationale soit complexe.

....

....

6 Complétez les phrases avec une proposition subordonnée essentielle de la nature demandée.

1. *(conjonctive)* Attendons ....

2. *(interrogative indirecte)* Les élèves ignorent ....

....

3. *(conjonctive)* Il n'est pas sûr ....

....

4. *(infinitive)* Avez-vous vu ....

....

5. *(interrogative indirecte)* .... reste un mystère pour les paléontologues.

7 a. Écrivez une phrase en suivant les indications données. b. Mettez les subordonnées entre crochets.

1. *(interrogative indirecte, COD)*

....

....

2. *(conjonctive, sujet réel)*

....

3. *(infinitive, COD)*

....

4. *(conjonctive, attribut du sujet)*

....

5. *(conjonctive, COI)*

....

6. *(interrogative indirecte, sujet)*

....

....

8 a. Soulignez les propositions subordonnées essentielles et encadrez le mot qui les introduit.
b. Précisez la nature et la fonction de chaque proposition. Aidez-vous de l'astuce.

Beaumarchais, *Le Mariage de Figaro*, 1778.

1. Je regarde, ma petite Suzanne, si ce beau lit [...] aura bonne grâce ici.

....

2. Je cherchais aussi pourquoi, m'ayant nommé concierge, il m'emmène à son ambassade.

....

3. À moins qu'on ne l'écorche vif, je prédis qu'il mourra dans la peau du plus fier insolent…

....

4. Je ne sais quelle crainte m'a saisi à l'occasion de ce billet.

....

5. Où donc est Marceline ? Il est bien singulier qu'elle ne soit pas des vôtres !

....

9 Écrit d'appropriation : rédiger une réponse argumentée.
Sur papier libre, rédigez une réponse argumentée à l'avis suivant : « Internet est nuisible à la jeunesse. » Utilisez au moins cinq propositions subordonnées essentielles en variant leur nature et leur fonction. Vous préciserez dans la marge cette nature et cette fonction.

10 Pour préparer l'oral du Bac

a. Mettez les propositions subordonnées essentielles entre crochets. Quelle est leur fonction ? b. Quel est l'effet produit ?

Alain-Fournier, *Le Grand Meaulnes*, 1913.

Augustin, si calme en général, était maintenant dans un état de nervosité et d'impatience extraordinaires :
— Ah ! pourquoi avoir fait cela ! dit-il. Mais oui, sans doute, je puis le sauver. Mais il faut que ce soit tout de suite. Il faut que je le voie, que je lui parle, qu'il me pardonne et que je répare tout… Autrement je ne peux plus me présenter là-bas…

....

....

....

....

....

11 L'interrogation directe et l'interrogation indirecte Les paroles rapportées

EN AUTONOMIE Testez vos connaissances avec des exercices numériques autocorrectifs
https://bordas.media/733824_008

RETENIR

Les paroles rapportées

- Dans un récit, on peut rapporter des paroles au **discours direct** ou au **discours indirect**.

Le discours direct	Le discours indirect
On **rapporte directement** les paroles, telles qu'elles ont été prononcées, à l'aide d'une ponctuation spécifique (deux-points, guillemets, tirets). Le président déclare : « La séance est ouverte. »	On **intègre** les paroles au récit le plus souvent à l'aide d'une proposition subordonnée conjonctive ➥ FICHE 10 ou interrogative indirecte. Le président déclare **que** la séance est ouverte.
Les **marques d'énonciation** (pronoms, lieu, temps) sont en relation avec **celui qui prononce** les paroles. Ils me dirent : « **Nous** passer**ons** voir **ta** mère **demain**. »	Les **marques d'énonciation** sont en relation avec **celui qui rapporte** les paroles. Ils me dirent qu'**ils** passer**aient** voir **ma** mère **le lendemain**.
Les marques de l'oral sont présentes. Elle s'exclama : « **Ouf** ! je suis soulagée. »	Les marques de l'oral disparaissent. Elle s'exclama qu'elle était soulagée.

- Le **discours indirect libre** est une forme de discours indirect, mais **sans subordination** et dans lequel les marques de l'oral sont conservées. Il n'est généralement pas introduit par un verbe de parole.
  Il se disait : « Je dois continuer, cela en vaut la peine. » ➝ Il en était sûr : il devait continuer, cela en valait la peine.
  discours direct — discours indirect libre

- Le **discours narrativisé** relate les paroles comme un événement du récit.
  Il lui raconta sa vie pendant des heures.

L'interrogation

- On emploie l'interrogation pour obtenir une **information** (Où vas-tu ?), exprimer un **ordre** (Peux-tu fermer la porte ?), un **doute** (Que m'arrive-t-il ?).
  La **question rhétorique** n'attend pas de réponse et exprime une évidence (N'es-tu pas mon fils ?).

- L'interrogation **directe** et l'interrogation **indirecte** sont le plus souvent introduites par un mot interrogatif (*qui, que, pourquoi, comment, où, quel, lequel*...), mais elles se distinguent par leurs caractéristiques.

L'interrogation directe	L'interrogation indirecte
Elle **pose directement** une question dans une **phrase interrogative** ; une réponse est attendue. **Où va-t-il** ? – Au cinéma.	Elle **rapporte** une question dans une **proposition subordonnée interrogative indirecte**, COD d'un verbe tel que *demander, ignorer*... ; a priori, aucune réponse n'est attendue. Je ne sais pas **où il** va.
Elle se termine toujours par un **point d'interrogation.** Quand aura-t-il le temps de m'aider ?	Elle n'a **pas de ponctuation propre**, puisque c'est une subordonnée. J'ignore quand il aura le temps de m'aider.
Elle **peut se construire** avec *est-ce que* ? Qu'**est-ce qu**'il fait ? Comment **est-ce qu**'il a fait ?	Elle **ne se construit jamais** avec *est-ce que* ? Je me demande **ce qu**'il fait. J'ignore comment il a fait.
Les pronoms *ce* et *on* et les pronoms personnels sujets peuvent se placer **après** le verbe. Est-**ce** vrai ? Peut-**on** le dire ?	Les pronoms *ce* et *on* et les pronoms personnels sujets se placent **toujours avant** le verbe. Je me demande si **c'**est vrai, si **on** peut le dire.

- Une interrogation peut être :
  – **totale** : on répond par *oui* ou *non*. La subordonnée est introduite par *si* (à ne pas confondre avec le *si* de condition ➥ FICHE 14) ;
  Les erreurs sont-elles toutes corrigées ? ➝ Je vérifierai **si** les erreurs sont toutes corrigées.
  – **partielle** : la question porte sur un élément particulier représenté par le mot interrogatif qui l'introduit.
  Où va-t-il ? ➝ Je me demande **où** il va.

S'ENTRAÎNER

Corrigés p. 137

1 a. Encadrez les mots interrogatifs.
b. Soulignez les interrogations directes et surlignez les interrogations indirectes.

Molière, *L'Avare*, IV, 7, 1668.

Au voleur ! [...] on m'a dérobé mon argent. Qui peut-ce être ? Qu'est-il devenu ? Où est-il ? Où se cache-t-il ? Que ferai-je pour le trouver ? Où courir ? Où ne pas courir ? N'est-il point là ? n'est-il point ici ? Qui est-ce ? Arrête. *(À lui-même, se prenant par le bras.)* Rends-moi mon argent, coquin... Ah ! c'est moi ! Mon esprit est troublé, et j'ignore où je suis, qui je suis, et ce que je fais.

c. Relevez les deux interrogations totales.

2 Précisez la valeur de ces interrogations : demande d'information, ordre ou question rhétorique.

1. Pourriez-vous m'apporter un verre d'eau, s'il vous plaît ?
2. Ai-je vraiment mérité cela ?
3. Qui sera le nouveau directeur ?

3 a. Soulignez les paroles rapportées au discours direct, surlignez celles qui sont rapportées au discours indirect et encadrez celles au discours indirect libre.

É. Zola, *Pot-Bouille*, 1882.

Quand on fut parvenu à coucher Saturnin, madame Josserand, exaspérée, déclara qu'il était impossible de le garder davantage. Il finirait par faire un malheur, si on ne l'enfermait pas dans une maison de fous. Ce n'était plus une vie, de toujours le cacher. Jamais ses sœurs ne se marieraient, tant qu'il serait là, à dégoûter et à effrayer le monde.
— Attendons encore, murmura M. Josserand, dont le cœur saignait à l'idée de cette séparation.

b. Transformez le discours de Mme Josserand en une phrase d'un discours narrativisé.

4 Réécrivez les phrases qui sont incorrectes.

1. Je me demande où est-ce que le poète a trouvé son inspiration ?
2. Nous nous appliquerons à expliquer qu'est-ce que le poète a voulu exprimer.
3. Il faut se demander à qui est-ce que le poète s'adresse-t-il ?

5 Transformez chacune de ces interrogations directes en interrogation indirecte.

1. Tous les participants à la réunion ont-ils été convoqués ?
Sais-tu ……
2. Quel jour sommes-nous et quelle heure est-il ?
Dis-moi ……
3. Qu'est-ce qui l'a poussé à agir ainsi ?
J'ignore ……

6 Transformez le dialogue en un discours indirect.

D'après G. Sand, *François le Champi*, 1848.

François demanda à Catherine à quelle heure se levait sa maîtresse.
– Elle ne se lèvera pas avant le jour, fit Catherine.
– Comme ça, il te reste plus de deux heures à l'attendre, et tu ne dormiras pas du tout ?
– Je dors un peu le jour sur ma chaise, ou dans la grange sur la paille, pendant que je fais manger mes vaches.

7 Écrit d'appropriation : rédiger un pastiche.

À la manière de Molière, rédigez une tirade dans laquelle le personnage sera en proie au doute, à l'égarement. Utilisez des interrogations directe et indirecte dont vous préciserez la valeur dans la marge.

8 Pour préparer l'oral du Bac
Analysez les interrogations directe(s) et indirecte(s) de ce dialogue.

Molière, *Le Malade imaginaire*, I, 4, 1673.

ANGELIQUE. – Ah ! Toinette, que dis-tu là ? Hélas ! de la façon qu'il parle, serait-il bien possible qu'il ne me dît pas vrai ?
TOINETTE. – En tout cas, vous en serez bientôt éclaircie ; et la résolution où il vous écrivit hier qu'il était de vous faire demander en mariage, est une prompte voie à vous faire connaître s'il vous dit vrai ou non. C'en sera là la bonne preuve

1. direct, entre ordre/info, partiel
2. info, total,
3. total

12 Les propositions subordonnées non essentielles

RETENIR

- Les **propositions subordonnées non essentielles** peuvent être supprimées et, le plus souvent, déplacées sans rendre la phrase incorrecte ou en changer profondément le sens.
[**Alors que le soleil se levait à peine**], le vieil homme ouvrit la porte [**qui menait au jardin**].

- La **fonction** d'une proposition subordonnée non essentielle

Complément de l'antécédent (relative) **Complément du nom ou du pronom** (conjonctive)	– La pièce [**qui est donnée en représentation**] est de Racine. – Le livre [**dont** tu viens de parler] est très intéressant. – J'aime l'idée [**que nous ne sommes pas seuls**].
Complément de l'adjectif	Je suis très heureuse [**que tu aies réussi**].
Complément circonstanciel (temps, comparaison, but, cause, conséquence, condition, concession) ➥ FICHES 13 à 15	– Nous sortirons [**dès que la pluie cessera**]. (temps) – [**La nuit étant tombée**], nous devons rentrer. (cause)

- La **classe grammaticale** d'une proposition subordonnée non essentielle

Conjonctive (avec *quand, si, comme*...)	[**Si** tu persévères], tu réussiras.
Relative (avec *qui, que, dont, où, lequel*...)	J'ai lu le roman [**dont** tu m'as parlé] et [**que** j'ai acheté].
Participiale	– [Le temps **aidant**], vous retrouverez votre énergie. – [Son travail **achevé**], il put sortir.

Attention !
Il ne faut pas confondre le pronom relatif *que* (il a un antécédent et une fonction dans la relative) et la conjonction de subordination *que* (elle n'a pas d'antécédent et n'a pas de fonction dans la conjonctive).
Son combat dénonce l'illusion [**que** les fanatiques entretiennent]. → *que* a pour antécédent *illusion*, il est COD de *entretiennent*. La subordonnée est une relative.
Il vit dans l'illusion [**que** tout est possible]. → *que* n'a pas d'antécédent ni de fonction dans la subordonnée. La subordonnée est une conjonctive.

S'ENTRAÎNER

Corrigés p. 137

1 Notez *vrai* ou *faux* pour chacune de ces affirmations concernant les propositions subordonnées non essentielles.

1. Les propositions subordonnées non essentielles ne peuvent pas être supprimées. ....
2. Le pronom relatif a toujours une fonction dans la proposition subordonnée. ....
3. Une subordonnée commençant par *que* peut être conjonctive ou relative. ....
4. Les propositions subordonnées non essentielles occupent toujours la fonction de complément circonstanciel.

....

2 Parmi les propositions entre crochets, soulignez les subordonnées essentielles et surlignez les subordonnées non essentielles. Vérifiez que vous pouvez supprimer ces dernières.

D'après G. Flaubert, *Madame Bovary*, 1857.

Mais [puisque c'est notre sort à tous], on ne doit pas non plus se laisser dépérir, et, [parce que d'autres sont morts] vouloir mourir... Il faut [que vous vous secouiez], monsieur Bovary ; ça se passera ! Venez nous voir ; ma fille pense à vous de temps à autre, savez-vous bien, et elle dit comme ça [que vous l'oubliez].

3 a. Mettez entre crochets les propositions subordonnées. b. Surlignez celles qui sont non essentielles.

D'après le comte de Lautréamont, *Les Chants de Maldoror*, 1868.

1. Je saisis la plume qui va construire le deuxième chant.
2. Les articulations demeurent paralysées, dès que je commence mon travail.
3. Ces agents de la police céleste accomplissent avec zèle leur pénible devoir, si j'en juge sommairement par mon front blessé.
4. Tu sais que je ne t'aime pas, et qu'au contraire je te hais : pourquoi insistes-tu ?
5. Allons, Sultan, avec ta langue, débarrasse-moi de ce sang qui salit le parquet.
6. Une fois le parquet lavé, tu mettras ces linges dans la chambre voisine.

4 a. Mettez les propositions subordonnées non essentielles entre crochets.
b. Soulignez les conjonctives et surlignez les relatives.

D'après C. Baudelaire, « Les foules », *Petits poèmes en prose*, 1869.

1. Le poète jouit de cet incomparable privilège, qu'il peut à sa guise être lui-même et autrui.
2. Il entre, quand il veut, dans le personnage de chacun.
3. Si certaines places paraissent lui être fermées, c'est qu'à ses yeux elles ne valent pas la peine d'être visitées.
4. Il connaît des jouissances fiévreuses, dont seront éternellement privés l'égoïste, fermé comme un coffre, et le paresseux, interné comme un mollusque.
5. Il adopte comme siennes toutes les professions, toutes les joies et toutes les misères que la circonstance lui présente.

5 a. Donnez la fonction des groupes en gras.
b. Reliez les deux phrases en une seule en transformant la seconde en subordonnée relative.

Ex. : Elle monta dans le train. Le **train** allait à Lyon. Sujet de *allait*. → Elle monta dans le train qui allait à Lyon.

1. On m'a posé une question. J'ai tout de suite su répondre **à la question**.

....

....

2. Elle parlait à l'enfant avec beaucoup de tendresse. Elle tenait fermement la main **de l'enfant**.

....

....

....

3. Le candidat compte de nombreux soutiens. **Sans ces soutiens**, rien ne lui serait possible.

....

....

4. Le film aborde le thème de l'environnement. **Le film** est projeté cette semaine au ciné-club.

....

....

5. Les avantages sont considérables. Il bénéficie d'**avantages** du fait de sa situation.

....

....

6 Complétez les phrases avec une proposition subordonnée non essentielle de la nature demandée.

1. *(relative)* Jean de La Fontaine, ...
...., cherche à instruire les hommes.
2. *(conjonctive)* Eugène Ionesco a déjà publié *La Cantatrice chauve* ....
3. *(participiale)* ....
Voltaire choisit de publier *Candide* à l'étranger.
4. *(conjonctive)* ....
Julien Sorel parvient à séduire Mme de Rênal.
5. *(relative)* Le roman *Mémoires d'Hadrien* se présente sous la forme d'une lettre ....

....

7 a. Soulignez les propositions subordonnées non essentielles et encadrez le mot qui les introduit.
b. Précisez la nature et la fonction de chaque proposition.
c. Le cas échéant, précisez la fonction du pronom relatif.

D'après H. de Balzac, *Le Père Goriot*, 1835.

1. La maison où s'exploite la pension bourgeoise appartient à madame Vauquer. ....

....

2. La façade de la pension donne sur un jardinet, en sorte que la maison tombe à angle droit sur la rue Neuve-Sainte-Geneviève. ....

....

3. Le long de chaque muraille règne une étroite allée qui mène à un couvert de tilleuls. ....

....

4. Il s'en serait allé s'il n'avait pas été doué de cette ténacité méridionale. ....

....

5. Bientôt la veuve se montre, attifée de son bonnet de tulle sous lequel pend un tour de faux cheveux mal mis. ....

....

8 Écrit d'appropriation : restituer ses impressions de lecture.
Sur papier libre, rédigez vos impressions sur un texte que vous avez lu en lecture cursive. Utilisez au moins dix propositions subordonnées non essentielles en variant leur nature et leur fonction. Vous préciserez dans la marge cette nature et cette fonction.

9 Pour préparer l'oral du Bac
Relevez les propositions subordonnées non essentielles de cet extrait et analysez-les.

Marivaux, *Les Fausses Confidences*, III, 3, 1737.

ARLEQUIN. - Ne sauriez-vous pas où demeure la rue du Figuier, mademoiselle ? [...] Mon camarade, que je sers, m'a dit de porter cette lettre à quelqu'un qui est dans cette rue, et comme je ne la sais pas[1], il m'a dit que je m'en informasse à vous ou à cet animal-là.

1. je ne sais pas où elle est.

....

....

....

....

....

....

....

....

....

13 Les propositions subordonnées conjonctives circonstancielles de cause, de conséquence, de but

RETENIR

■ Selon la conjonction qui l'introduit, une **proposition subordonnée conjonctive** peut exprimer différentes **circonstances**.

	Cause	Conséquence	But
conjonctions	*parce que, comme, puisque, étant donné que, vu que, attendu que, sous prétexte que, non que...*	• *si bien que, au point que, de manière que, de sorte que...* • *que* annoncé par *tellement, tant, si, tel* dans la principale. • *pour que* annoncé par *assez, trop* dans la principale.	*pour que, afin que, de crainte/peur que* (= *pour que... ne... pas*).
exemples	Je ne vois rien [**parce qu**'il fait nuit].	Il fait nuit [**si bien que** je ne vois rien]. Il a **tellement** plu [**que** tout est inondé]. Il fait **trop** froid [**pour que** je sorte].	Je parle fort [**pour que** tu m'entendes]. Tu ne dis rien [**de crainte que** je sois inquiet]. (= pour que je ne sois pas inquiet)
équivalents	• propositions reliées par *car* ou *en effet* : [Je ne vois rien] **car** [il fait nuit]. • GN introduit par *à cause de, du fait de, grâce à, par...* : Je ne vois rien [**à cause de** la nuit]. • participiale : [La nuit étant tombée], je ne vois rien. • groupe participe : [Étant dans le noir], je ne vois rien.	• propositions reliées par *donc, ainsi, par conséquent* : [Il fait nuit] **donc** [je ne vois rien]. • groupe infinitif introduit par *pour* (annoncé par *assez, trop*), *jusqu'à, au point de, de manière à* : Il fait **trop** nuit [**pour** y voir quelque chose].	• groupe infinitif ou GN introduit par *pour, afin de, en vue de, dans le but de, de crainte/peur de...* : Je parle plus fort [**pour** être entendu]. Les négociations [**en vue d**'un accord] ont commencé.

Attention !

– Il faut bien distinguer la **cause** (raison pour laquelle quelque chose se produit) et la **conséquence** (résultat produit par quelque chose) ; dans le temps, la cause précède toujours la conséquence.

– *Puisque* et *étant donné que* introduisent une **cause connue**.
Je passerai te voir, puisque tu me le demandes.

– *Tellement* peut introduire une **cause** : Tout le monde l'admirait tellement elle était belle.

Mais *tellement que* introduit toujours une **conséquence** : Il parle tellement que plus personne ne l'écoute.
On ne pourra donc pas dire : ~~Tout le monde l'admirait tellement qu'elle était belle~~.

– Avec *pour que*, il faut bien utiliser la négation *ne... pas* en encadrant le verbe.
Elle fera tout pour qu'il **ne** parte **pas**. ~~Elle fera tout pour ne pas qu'il parte~~.

S'ENTRAÎNER

Corrigés *p. 137*

1 a. Dans chaque liste, surlignez l'intrus.
b. Justifiez votre choix.

1. de crainte que • afin que • puisque • pour que

....

....

2. comme • puisque • étant donné que • de sorte que

....

....

3. attendu que • de façon que • si bien que • de manière que • au point que

....

....

2 Parmi les propositions subordonnées entre crochets, surlignez les circonstancielles de cause, de conséquence ou de but.

D'après Voltaire, *Candide*, 1759.

Il est vrai, dit Pangloss, [que vous m'avez vu pendre] ; je devais naturellement être brûlé ; mais vous vous souvenez [qu'il plut à verse lorsqu'on allait me cuire] : l'orage fut si violent [qu'on désespéra d'allumer le feu] ; je fus pendu, [parce qu'on ne put mieux faire] : un chirurgien acheta mon corps, m'emporta chez lui et me disséqua. [...] J'entendis la chirurgienne [qui disait au chirurgien] : « Mon bon, de quoi vous avisez-vous aussi de disséquer un hérétique ? Ne savez-vous pas [que le diable est toujours dans le corps de ces gens-là] ? Je vais vite chercher un prêtre [pour qu'il l'exorcise]. »

3 **Précisez la circonstance exprimée dans chacune des propositions subordonnées entre crochets.**

1. [De crainte que la censure ne le frappe], Voltaire émet ses critiques par le biais d'un Huron. ....
2. Dans les *Lettres persanes*, Montesquieu adopte le principe du regard éloigné [pour que le lecteur ait une autre vision du monde dans lequel il vit]. ....
3. [Comme le philosophe cherche à convaincre], il utilise différents procédés. ....
4. Le lecteur découvre le regard différent d'un étranger sur l'Europe [si bien qu'il en est étonné]. ....
5. On rit souvent [parce que le regard porté sur la réalité est moqueur]. ....

4 **a. Complétez les phrases avec les conjonctions suivantes. b. Mettez les subordonnées circonstancielles entre crochets. c. Précisez la circonstance exprimée.**

afin que • au point que • comme • de peur que • non que • que

1. Il ne disait rien .... son secret soit connu de tous. ....
2. La situation s'est dégradée .... il est difficile aujourd'hui d'en sortir. ....
3. .... les résultats soient meilleurs , nous allons travailler avec plus de méthode. ....
4. Il l'aimait tellement .... il ne supportait pas de la voir souffrir. ....
5. Je n'irai pas à la piscine, ... je n'aime pas nager , mais je suis enrhumé. ....
6. .... vous étiez absents, il faut à présent répéter ce qui avait déjà été dit. ....

5 **Complétez les phrases avec une proposition subordonnée conjonctive en tenant compte de la circonstance demandée. Variez les conjonctions.**

1. *(conséquence)* Je ferai une pause à midi ....
....
2. *(but)* Je t'appellerai quand je partirai ....
....
3. *(cause)* Sa réponse n'avait rien d'étonnant ....
....
4. *(but)* Elle parlait tout bas ....
5. *(cause)* Tu as gagné le match ....
....
6. *(conséquence)* C'est assez facile ....
....

6 **a. Précisez la circonstance exprimée par le groupe de mots en gras. b. Réécrivez les phrases en utilisant une proposition subordonnée conjonctive circonstancielle.**

Ex. : Je parle plus fort **pour être entendu.** (but) → Je parle plus fort pour que l'on m'entende.

1. **Ayant beaucoup travaillé**, elle s'accorda une pause. (.........................)
....
....
2. Elle ne lui fit aucune remarque **pour ne pas le contrarier.** (.........................)
....
....
3. C'est **par étourderie** qu'il a commis cette erreur. (.........................)
....
....
4. Les stocks sont épuisés, **je ne peux donc pas commander le livre.** (.........................)
....
....
5. Nous avons trop ri **pour être prises au sérieux.** (.........................)
....
....
6. La situation s'arrange **du fait d'une forte mobilisation de la population.** (.........................)
....
....

7 **Écrit d'appropriation : rédiger une critique littéraire ou cinématographique.**

Sur papier libre, rédigez la critique d'un livre ou d'un film de votre choix en employant au moins six propositions subordonnées conjonctives circonstancielles de cause, de conséquence et de but. Soulignez les subordonnées et précisez, dans la marge, la circonstance exprimée.

8 **Pour préparer l'oral du Bac**

Relevez dans cet extrait une proposition circonstancielle de cause et une autre de conséquence. Que pouvez-vous en dire ?

Montesquieu, *Lettres persanes*, 1721.

Il est vrai que, par une bizarrerie qui vient plutôt de la nature que de l'esprit des hommes, il est quelquefois nécessaire de changer certaines lois. Mais le cas est rare ; et lorsqu'il arrive, il n'y faut toucher que d'une main tremblante : on y doit observer tant de solennités et apporter tant de précautions que le peuple en conclue naturellement que les lois sont bien saintes, puisqu'il faut tant de formalités pour les abroger.

....
....
....
....
....
....
....
....
....
....

14 Les propositions subordonnées conjonctives circonstancielles de condition

RETENIR

- Une **proposition subordonnée conjonctive circonstancielle de condition** exprime ce dont dépend la réalisation d'une action donnée dans la proposition principale.
  [Si nous avons le temps], [nous passerons vous voir].
  subordonnée de condition — principale
- En dehors de *si* (+ indicatif), conjonction de subordination la plus fréquente, d'autres conjonctions introduisent une circonstancielle de condition.

– *dans la mesure où, selon que* (alternative)	+ indicatif	[**Selon que** vous **serez** puissant ou misérable], les jugements de cour vous rendront blanc ou noir. (La Fontaine)
– *au cas où, dans le cas / l'hypothèse / l'éventualité où, quand bien même* (registre soutenu)	+ conditionnel	[**Au cas où** il n'y **aurait** point de lettres], aurais-je les deux mille francs ? (Balzac)
– *à condition que, à supposer que, pour autant que, pour peu que* (condition suffisante), *pourvu que* (condition nécessaire et suffisante), *à moins que* (condition en dehors de laquelle l'action ne se réalisera pas), *si tant est que* (supposition douteuse)	+ subjonctif	– Et [**pour peu** qu'on le **pousse**], il est près d'éclater. (Corneille) – Qu'importe le flacon [**pourvu qu'**on **ait** l'ivresse]. (Flaubert)

Attention !

- Dans une circonstancielle de condition, *si* n'est **jamais suivi d'un conditionnel ni d'un futur**. Le verbe est à l'imparfait ou au plus-que-parfait si le verbe de la principale est au conditionnel (S'il le savait, il te le dirait) ; il est à un autre temps de l'indicatif si le verbe de la principale est à l'indicatif (S'il le sait, il te le dira).
- Les circonstancielles de condition ont différents **équivalents**.

Un groupe nominal introduit par *en cas de, avec, sans.*	**Sans ton aide**, je n'y serais pas arrivé.
Un groupe infinitif introduit pas *à condition de, à moins de.*	Vous pouvez voter **à condition d'être majeur**.
Un gérondif.	**En passant par là**, vous iriez plus vite.
Une proposition indépendante au conditionnel placée en tête de phrase.	**Je serais riche**, je partirais en voyage.

S'ENTRAÎNER

Corrigés *p. 137*

1 a. Parmi les propositions en gras, surlignez seulement les circonstancielles de condition.

1. **Si tu le souhaites**, nous irons voir l'exposition sur Picasso.
2. Il faudra, **si c'est possible**, partir avant le déjeuner.
3. L'agriculteur se demande **si les blés sont mûrs**.
4. Les blés ne seront moissonnés que **s'ils sont mûrs**.
5. Savez-vous **s'il est possible de se baigner** ?
6. Cet appareil vérifie **si l'installation est conforme aux normes**.
7. Qu'aurait écrit Rimbaud **s'il n'avait pas renoncé à l'écriture si jeune** ?

b. Quelles sont la nature et la fonction des subordonnées que vous n'avez pas soulignées ?

....

....

....

2 a. Mettez entre crochets les propositions subordonnées conjonctives circonstancielles de condition.

b. Surlignez les conjonctions de subordination qui les introduisent.

P. Choderlos de Laclos, *Les Liaisons dangereuses*, 1782.

Pourquoi ne suis-je plus le même ? Si je l'étais en effet ; si je n'avais pour vous qu'un goût ordinaire, [...] j'encouragerais votre franchise par le besoin de vous deviner ; je désirerais votre confiance dans le dessein de la trahir ; je me hâterais de tirer avantage de tout ce que je pourrais obtenir. Peu délicat sur les moyens, pourvu qu'ils me procurassent le succès, j'accepterais votre amitié dans l'espoir de l'égarer... Quoi ! madame, ce tableau vous effraye ?... Eh bien ! il serait pourtant tracé d'après moi, si je vous disais que je consens à n'être que votre ami...

3 **Mettez aux mode et temps nécessaires le verbe donné entre parenthèses. Plusieurs réponses sont parfois possibles.**

1. Si Voltaire (*vivre*) .... au XXe siècle, de quelles guerres se serait-il inspiré dans *Candide* ?

2. Les partenaires signeront l'accord si toutes les conditions préalables (*être*) .... requises.

3. Il faudrait savoir qui sera chargé d'étudier la question, si tant est que cela (*être*) .... prévu.

4. Vous serez reçu à l'examen pour autant que vous (*obtenir*) .... la moyenne.

5. Les obstacles peuvent être surmontés pour peu que l'on (*faire*) .... preuve de volonté.

6. Au cas où tu ne (*venir*) .... pas, pense à nous prévenir suffisamment tôt.

4 **Complétez chaque phrase avec une proposition subordonnée circonstancielle de condition introduite par une conjonction différente.**

1. La direction acceptera ce projet ....

....

2. ....

sachez que vous pouvez compter sur nous.

3. La reproduction de la publication est autorisée ....

....

4. Cette réponse ne sera valable que ....

....

5. ....

nous nous porterons acquéreurs.

6. ....

vous réussirez dans ce que vous entreprenez.

5 **a. Surlignez l'expression de la condition dans ces phrases. b. Réécrivez-les en utilisant une subordonnée circonstancielle de condition avec *si*.**

1. En cas d'incendie, suivez les consignes de sécurité.

....

2. En s'y prenant à l'avance, les voyageurs pourraient bénéficier de bien meilleurs tarifs.

....

....

3. Il y a urgence à protéger l'environnement à moins d'accepter que l'espèce humaine disparaisse.

....

....

4. Sans ses connaissances scientifiques, Jules Verne n'aurait pas écrit ses *Voyages extraordinaires*.

....

....

5. On viendrait lui reprocher sa conduite, elle en remettrait plus d'un à sa place.

....

....

6. Avec un peu de chance, nous éviterons les embouteillages des départs en vacances.

....

....

6 **a. Mettez les subordonnées circonstancielles entre crochets. b. Réécrivez les phrases en transformant les subordonnées selon les indications données.**

1. Les billets vous seront intégralement remboursés si le concert est annulé.

groupe nominal → ....

....

2. Vous me combleriez si vous acceptiez mon invitation.

gérondif (avec en) → ....

....

3. À moins qu'une erreur n'ait été commise lors du calcul, les résultats sont encourageants.

groupe nominal → ....

....

4. Je viendrai à condition que j'aie le temps.

groupe infinitif → ....

5. Nous serions arrivés à l'heure si nous avions pris le train.

proposition indépendante → ....

....

7 **Écrit d'appropriation : rédiger un article de presse.**

Rédigez un article de presse sur l'état de la planète aujourd'hui. Vous emploierez au moins cinq propositions subordonnées circonstancielles de condition, que vous soulignerez, en variant les conjonctions qui les introduisent. Vous emploierez également d'autres expressions de la condition que vous surlignerez.

8 **Pour préparer l'oral du Bac**

a. Mettez entre crochets les propositions subordonnées. Quelle est leur fonction ? b. Quel est l'effet créé par l'accumulation de ces subordonnées ?

V. Hugo, « Tu peux comme il te plaît », *Les Contemplations*, 1856.

Si tu m'as souri, Dieu ! tout mon être bondit !
Si, Madame, au milieu de tous, vous m'avez dit,
À haute voix : « Bonjour, Monsieur », et bas :
« Je t'aime ! »
Si tu m'as caressé de ton regard suprême,
Je vis ! je suis léger, je suis fier, je suis grand.

....

....

....

....

....

....

....

....

....

15 Les propositions subordonnées circonstancielles d'opposition et de concession

RETENIR

- Les **propositions subordonnées circonstancielles d'opposition et de concession** se distinguent par leurs sens.

Subordonnée circonstancielle d'opposition	Subordonnée circonstancielle de concession
La subordonnée d'opposition contraste avec la principale sans être en contradiction avec elle. [Elle aime la montagne], [tandis qu'il aime la mer]. principale — subordonnée	La subordonnée de concession est en contradiction avec la principale. [Il ne se baigne jamais] [bien qu'il aime la mer]. principale — subordonnée

- Différents **subordonnants** introduisent une circonstancielle d'opposition ou de concession.

alors (même) que, *tandis que*, *lors même que* (registre soutenu), *tout... que*	**+ indicatif** **+ conditionnel**	– Il fait beau ici, [**tandis qu**'il pleut là-bas]. – [**Lors même qu**'il a raison], je ne peux l'admettre.
– *bien que*, *quoique*, *sans que* (fait exclu), – *encore que* (exprime une réserve) – *si / aussi... que*, *quelque... que* – *qui / quoi / où / quel que*	**+ subjonctif**	– [**Quoiqu**'il soit innocent], on l'accuse. – Il ne neigera plus en mai, [**encore que** ce soit possible]. – [**Si** jeune **qu**'elle soit], elle est très douée. – [**Qui** que **vous** soyez], vous lui devez le respect.

Attention !

– Une subordonnée circonstancielle introduite par *alors que* ou *tandis que* peut exprimer non l'opposition, mais le temps. Le voleur est entré dans la maison alors que nous dormions.

– *Qui*, *quoi*, *où*, *quel* ont toujours une fonction dans la subordonnée et *quel* doit s'accorder selon les règles des chaînes d'accord. ➡ FICHE 6 Quelle que soit sa situation, il vous doit le respect.

– Il ne faut pas confondre *quoique* et *quoi que* ni *quelque* et *quel que*. ➡ FICHE 7

– *Malgré que* (+ subjonctif) est généralement condamné ; on lui préférera *bien que* ou *quoique*.

- Les circonstancielles d'opposition ou de concession ont différents **équivalents**.

Un groupe nominal introduit par *en dépit de*, *malgré*, *contrairement à...*	Elle est très douée **malgré son jeune âge**.
Un groupe infinitif introduit pas *au lieu de*, *loin de*, *sans...*	**Au lieu de travailler**, il s'amuse.
Deux propositions coordonnées avec *mais* ou juxtaposées avec *pourtant*, *néanmoins*, *cependant*, *en revanche...*	– Il fait beau ici, **mais il pleut là-bas**. – Il est innocent ; **on l'accuse, pourtant**.
avoir beau (+ infinitif) suivi d'une proposition	**Il a beau protester**, on ne l'écoute pas.

S'ENTRAÎNER

Corrigés p. 137

1 Parmi les propositions en gras, surlignez les circonstancielles d'opposition.

1. **Alors que nous nous mettions à table**, le téléphone sonna.
2. Les requins sont des poissons, **alors que les baleines et les dauphins sont des mammifères.**
3. **Alors même que je n'y croyais plus**, j'obtins une réponse positive à ma demande de stage.
4. **Tandis qu'il neige en hiver**, il grêle au printemps ou en été.
5. Ils passaient un bon moment devant la cheminée **tandis qu'il neigeait dehors.**

2 Complétez ces phrases avec une subordonnée circonstancielle d'opposition ou de concession.

1. Aussi ....
il ne peut gouverner le monde entier.
2. Il ne se passait pas un jour sans ....
....
3. Quelques ....
le super héros ne renonce jamais à sa mission.
4. Où ....
les forces de l'ordre finiront par le retrouver.
5. L'étourdi a tout oublié, alors ....
....
6. Quoique ....
l'accusé a été acquitté.

3 Soulignez les circonstancielles d'opposition et surlignez les circonstancielles de concession.

D'après Voltaire, *Zadig*, 1748.

1. Ces vastes globes de lumière ne paraissent que de faibles étincelles à nos yeux, tandis que la terre paraît à notre cupidité quelque chose de si grand et de si noble.

2. Zadig, ayant repris ses sens, lui promit de le servir en amour comme en finance, quoique la chose parût plus difficile encore.
3. Jurez-moi par Orosmade que vous ne vous séparerez pas de moi d'ici à quelques jours, quelque chose que je fasse.
4. Son procès lui fut bientôt fait, sans qu'on daignât l'entendre.
5. Tout riche qu'il était, il avait de la peine à rassembler chez lui des flatteurs.

4 a. Surlignez l'expression de l'opposition et soulignez l'expression de la concession dans ces phrases.
b. Réécrivez-les en utilisant une subordonnée circonstancielle.

1. Malgré le temps menaçant, les randonneurs se mettent en route.

....

2. Il serait nécessaire de trouver une solution au lieu d'éluder la question.

....

3. Ses études lui déplaisaient ; en revanche, il prenait de plus en plus goût aux disciplines artistiques.

....

4. Ces deux sujets seront traités de façon différente ; pourtant, ils sont similaires.

....

5. En dépit de votre avis, je maintiens mon opinion.

....

6. Il a beau faire tous les efforts nécessaires, il ne parvient pas aux résultats espérés.

....

5 a. Mettez les subordonnées circonstancielles entre crochets.
b. Transformez les phrases selon les indications données pour ne plus avoir de subordonnées.

1. Bien que l'on ait découvert un nouveau vaccin, la maladie ne sera pas éradiquée dans l'immédiat.
groupe nominal → ....

2. Si âgée qu'elle soit, son aïeule se montre toujours très élégante.
prop. juxtaposées → ....

3. Sans qu'il en ait vraiment conscience, le jeune homme venait de vivre un moment extraordinaire.
infinitif → ....

4. Le voyage sera proposé à toute la classe, encore qu'il faille que le proviseur l'accepte.
prop. coordonnées → ....

5. Bien qu'il insistât pour que sa femme l'accompagne, elle lui opposa un refus catégorique.
avoir beau → ....

6. Le premier vers exprime la joie, tandis que les deux suivants sont empreints de tristesse.
prop. juxtaposées → ....

6 Écrit d'appropriation : rédiger un portrait.

Parmi vos lectures, choisissez un couple célèbre de la littérature à qui il arrive une mésaventure. Sur papier libre, rédigez le portrait moral de chacun d'eux en faisant ressortir ce qui les oppose. Vous emploierez au moins cinq propositions subordonnées circonstancielles d'opposition ou de concession, que vous soulignerez, en variant les subordonnants qui les introduisent. Vous emploierez également d'autres expressions de l'opposition ou de la concession que vous surlignerez.

7 Pour préparer l'oral du Bac

Madame de Lafayette, *La Princesse de Clèves*, 1678.

Quelque triste que fût Mme de Clèves, elle ne laissa[1] pas de paraître aux yeux de tout le monde, et surtout aux yeux de M. de Nemours, d'une beauté incomparable. Il n'osa lui parler, quoique l'embarras de cette cérémonie lui en donnât plusieurs moyens[2] ; mais il lui fit voir tant de tristesse et une crainte si respectueuse de l'approcher, qu'elle ne le trouva plus si coupable, quoiqu'il ne lui eût rien dit pour se justifier.

1. Elle ne cessa pas.
2. Plusieurs fois la possibilité de le faire.

a. Relevez les propositions subordonnées circonstancielles de concession dans cet extrait.

....

b. Que traduisent-elles ?

....

16 La négation

EN AUTONOMIE Testez vos connaissances avec des exercices numériques autocorrectifs
https://bordas.media/733824_009

RETENIR

On exprime la négation :

■ Par le **lexique**

Les mots peuvent avoir un **sens négatif**.	interdire, le néant.
Ils peuvent avoir un **antonyme**.	beau/laid.
Ils peuvent avoir un dérivé grâce à un **préfixe négatif**. Attention ! L'orthographe du préfixe varie en fonction de la lettre qui le suit dans le mot.	**in**visible = qui n'est pas visible. **dés**espoir = l'inverse de l'espoir. content/**mé**content, entente/**més**entente.

■ Par la **syntaxe**

La **forme négative** est toujours l'opposé de la forme affirmative dans tous les types de phrase.	Sors ! **Ne** sors **pas** !
La négation se construit en deux parties. L'adverbe négatif *ne* est le plus souvent accompagné : • d'un **adverbe** ; • d'un **pronom** ; • ou d'un **déterminant**. On emploie *ne* seul dans quelques **tournures anciennes**.	 • *pas, guère, jamais, plus, point.* • *personne, rien.* • *nul, aucun.* Je ne puis vous avouer mon sentiment.
La portée de la négation varie. Comme l'interrogation, elle peut être **totale** ou **partielle**. Dans ce dernier cas, la négation ne porte que sur une partie de la phrase.	Il n'a pas faim. (négation totale) Il n'a jamais faim. (négation partielle temporelle)

Les différentes valeurs de la négation

Une double négation s'annule souvent.	Léo ne peut pas ne pas intervenir = Léo doit intervenir.
Le plus souvent, une phrase qui contient une négation a un sens négatif, mais on peut l'utiliser à d'autres desseins. Un interlocuteur qui emploie, par exemple, une phrase interronégative peut attendre une réponse positive.	« Ne viendrais-tu pas avec moi au cinéma ? » attend comme réponse « Si ! ».
Dans la langue écrite soutenue, on emploie parfois l'adverbe *ne* seul : on parle du ***ne* explétif**.	Je crains qu'il ne pleuve = Je crains qu'il pleuve. La proposition a alors un sens positif.
L'expression *ne ...que* est **une négation exceptive** (ou **restrictive**).	Ce matin, Isa ne fait que des bêtises = Ce matin, Isa fait **uniquement** des bêtises.

Attention !

– La plupart des erreurs syntaxiques à l'écrit sont liées à un oubli du *ne, n'* que l'on pratique parfois à l'oral (~~On a pas aimé~~ On **n'**a pas aimé la dernière mise en scène du *Dindon*) ou à un mauvais placement de la négation dans la phrase (Je fais le clown ~~pour ne pas que tu sois triste~~ / pour que tu ne sois pas triste).

– On emploie toujours le **subjonctif** après la locution conjonctive négative ***sans que*** : Tu ne sortiras pas sans que nous ayons pris le temps d'en discuter.

S'ENTRAÎNER

Corrigés *p. 137*

1 Trouvez cinq préfixes négatifs différents avec lesquels vous créerez une paire d'antonymes.

Ex. : Préfixe *non-* : violent/non-violent.

1. Préfixe ....
....
....
2. Préfixe ....
3. Préfixe ....
4. Préfixe ....
5. Préfixe ....
....

2 Transformez les phrases suivantes en phrases de sens opposé.

1. Je veux que tu partes. 2. J'aime rire et chanter.
3. Ta réparation est visible à l'œil nu. 4. Je sais tout !

a. en employant une structure grammaticale négative :

1. ....
2. ....
3. ....
4. ....

b. en employant des antonymes :

1. ....
2. ....
3. ....
4. ....

3 Surlignez les négations grammaticales. Précisez le type des phrases dans lesquelles elles sont employées ainsi que leur valeur.

É. Zola, *La Faute de l'abbé Mouret*, 1875.

L'abbé Mouret questionne Albine sur le rapport qu'elle entretient avec son jardin extraordinaire, le Paradou.

– Alors, tu n'as pas peur dans le Paradou, toi ? lui demanda-t-il.
– Peur ? de quoi donc ? dit-elle avec des yeux étonnés. Les murs sont hauts, personne ne peut entrer… Il n'y a que moi. C'est mon jardin, à moi toute seule. Il est joliment grand. Je n'en ai pas encore trouvé le bout.

....

....

....

....

4 a. Encadrez le mot qui complète l'adverbe *ne*, quand il y en a un, et précisez sa classe grammaticale.
b. Surlignez la négation explétive et soulignez la négation exceptive.

1. Je n'ai goûté aucun gâteau. ....
2. Rien ne t'intéresse. ....
3. Elle ne parlera qu'en présence de son avocat.
....
4. Stan n'a pas envie d'aller naviguer sous la pluie.
....
5. Il lui taisait son chagrin de peur qu'elle ne le quitte.
....

5 Réécrivez les phrases en les corrigeant.

1. On est pas ici pour perdre notre temps.
....
2. Nathalie a été égoïste à aucun moment.
....
3. Oublie pas mon petit soulier à Noël !
....
4. Et nulle part, le bonheur m'attend.
....
5. Il lui parlait sans cesse à l'oreille pour pas qu'elle s'endorme.
....
....

6 a. Surlignez toutes les négations grammaticales dans le texte.

Voltaire, « Femmes, soyez soumises à vos maris », *Mélanges, pamphlets et œuvres polémiques*, 1759-1768.

« Quand j'épousai M. de Grancey, nous nous promîmes d'être fidèles : je n'ai pas trop gardé ma parole, ni lui la sienne ; mais ni lui ni moi ne promîmes d'obéir. Sommes-nous donc des esclaves ? N'est-ce pas assez qu'un homme, après m'avoir épousée, ait le droit de me donner une maladie de neuf mois, qui quelquefois est mortelle ? N'est-ce pas assez que je mette au jour avec de très grandes douleurs un enfant qui pourra me plaider quand il sera majeur ? Ne suffit-il pas que je sois sujette tous les mois à des incommodités très désagréables pour une femme de qualité, et que, pour comble, la suppression d'une de ces douze maladies[1] par an soit capable de me donner la mort sans qu'on vienne me dire encore : Obéissez ? »

1. Le cycle menstruel féminin.

b. Relevez une négation partielle et précisez sur quoi elle porte.

....

....

c. Relevez deux négations lexicales. Comment sont-elles construites ?

....

....

....

d. Quel type de phrase est employé à trois reprises dans les lignes 4 à 9 ?

....

....

....

e. Que traduit la multiplication des formes négatives dans ce passage ?

....

....

7 Écrit d'appropriation : rédigez un pastiche.

Sur papier libre, à la manière d'Anna de Noailles dont voici deux vers, inventez une déclaration d'amour poétique qui joue sur les négations. Employez au moins trois formes négatives différentes dont vous varierez la portée et la valeur.

« Je ne t'aime pas », *Poèmes d'amour*, 1924.

Je ne t'aime pas pour que ton esprit
Puisse être autrement que tu ne peux être.

8 Pour préparer l'oral du Bac
Relevez les négations dans cet extrait. Selon vous, quel est l'effet visé par le poète ?

V. Hugo, « Magnitudo parvi »,
Les Contemplations, III, 1856.

Il [le berger] ne voit plus Saturne pâle,
Mars écarlate, Arcturus bleu,
Sirius, couronne d'opale,
Aldebaran, turban de feu ;

Ni les mondes, esquifs sans voiles,
Ni, dans le grand ciel sans milieu,
Toute cette cendre d'étoiles ;
Il voit l'astre unique ; il voit Dieu !

....

....

....

....

....

17 Formation et sens des mots

EN AUTONOMIE Testez vos connaissances avec des exercices numériques autocorrectifs https://bordas.media/733824_010

RETENIR

La formation des mots

- Les mots ont des **origines** variées.

Dérivation par ajout d'un préfixe ou d'un suffixe	**mé**sentente, divis**ion**, **in**somnie.
Composition à partir de mots existants ou de racines d'origine latine ou grecque	autrefois, bibliophile (*biblio-* = « livre » ; *phil-* = « aimer »), franglais (*français* et *anglais*).
Emprunt à une autre langue	lavabo (latin), piano (italien), smoothie (anglais).
Changement de catégorie grammaticale	rire (verbe → nom), bougie (nom propre → nom commun).
Réduction	métro (métropolitain), pneu (pneumatique).
Acronymie (initiale des mots composant une expression)	smic (salaire minimum interprofessionnel de croissance).
Onomatopée	chut.

Un **néologisme** est un mot nouveau. S'il devient d'usage courant, il est enregistré par les dictionnaires.
Attention ! Il ne faut pas créer de néologismes dans les écrits scolaires.

Le sens des mots

- On appelle **champ sémantique** l'ensemble des significations d'un même mot.
  milieu = « point central », « position moyenne », « environnement ».
- De nombreux mots ont plusieurs sens : ils sont **polysémiques**.

Sources de la polysémie	
Évolution du sens au fil des siècles	**hasard** = jeu de dés (sens ancien) coïncidence, cause imprévisible (sens moderne)
Sens **propre** et un ou plusieurs sens **figurés**	Il **dévore** un gâteau. (sens propre) Il **dévore** son livre. (sens figuré)
Sens **concret** et sens **abstrait**	**poésie** = poème (sens concret) genre littéraire (sens abstrait)
Présence dans une **expression figée**	**mourir** de rire, mettre l'**accent** sur.
Dénotation (sens objectif) et **connotation** (sens subjectif, impression)	**printemps** = saison (dénotation) jeunesse (connotation positive) révolution (connotation politique)

- Les mots qui expriment un jugement positif sont dits **mélioratifs** (mignon, bonheur), ceux qui expriment un jugement négatif sont dits **péjoratifs** (bicoque, poltron).

Rapprochements de mots ou d'expressions

Mots ou expressions de même classe grammaticale	Mots ou expressions de classes grammaticales variées
Synonymes : mots de sens voisins. vieux et âgé. **Antonymes** : mots de sens contraires. vieux et jeune. **Hyperonyme** (ou mot générique) : mot dont le sens inclut celui d'autres mots. *repas* est un hyperonyme de *déjeuner* et de *dîner*.	**Mots de la même famille** : mots ayant un radical commun. sur**natur**el, dé**natur**er, **natur**ellement. **Champ lexical** : ensemble de mots ou d'expressions en lien avec une même notion. *passion, amoureux, s'enflammer, brûler d'amour* appartiennent au champ lexical de l'*amour*.

S'ENTRAÎNER

1 **a. Pour chacun de ces mots, indiquez s'il s'agit d'un dérivé, d'un composé ou d'un emprunt.**
b. Notez de quel(s) mot(s) ou quelle(s) racine(s) ils sont dérivés ou composés ou à quelle langue ils sont empruntés.

1. harmonisation : ....

2. désaccordé : ....

3. psychologie : ....

....

4. opéra : ....

5. somnambule : ....

....

6. a fortiori : ....

7. insondable : ....

8. radiotélévisé : ....

9. diktat : ....

10. courriel : ....

....

2 **Complétez le tableau avec a. des mots de la même famille, b. le champ sémantique du mot, c. ses connotations.**

	vert	matin
a.	....	....
b.	....	....
c.	....	....

3 **Pour chaque mot, donnez a. un synonyme, b. un antonyme, c. un hyperonyme.**

1. murmurer : a. .... b. .... c. ....
2. bonté : a. .... b. .... c. ....
3. querelle : a. .... b. ....
c. ....
4. contigu : a. .... b. ....
c. ....
5. ratifier : a. .... b. .... c. ....
6. exorde : a. .... b. ....
c. ....

4 **Dans ces extraits, soulignez les termes qui ont une valeur méliorative et surlignez ceux qui ont une valeur péjorative.**

EXTRAIT 1 :

D. Bona, *Réponse au discours de réception de M. Patrick Grainville*, 21 février 2019.

Vous êtes, Monsieur, un écrivain de la jubilation. Il y a chez vous quelque chose de ce bonheur primordial de l'enfant, saisi par l'enchantement du monde, mais plus encore par la puissance poétique du verbe.

EXTRAIT 2 :

A. Rimbaud, « Vénus anadyomène », *Poésies*, 1895.

Comme d'un cercueil vert en fer-blanc, une tête
De femme à cheveux bruns fortement pommadés
D'une vieille baignoire émerge, lente et bête,
Avec des déficits assez mal ravaudés.

5 **a. Soulignez les termes du champ lexical de la lumière et surlignez ceux du champ lexical de l'obscurité.**

J. Prévert, « Paris at night », *Paroles*, 1946.

Trois allumettes une à une allumées dans la nuit
La première pour voir ton visage tout entier
La seconde pour voir tes yeux
La dernière pour voir ta bouche
Et l'obscurité tout entière pour me rappeler tout cela
En te serrant dans mes bras.

b. Selon vous, qui de la lumière ou de l'obscurité l'emporte finalement ? Pourquoi ?

....

....

6 **a. Deux univers apparaissent dans cet extrait. Nommez-les puis soulignez les termes qui définissent le premier univers et surlignez ceux qui définissent le second. Aidez-vous du titre du poème.**

V. Maïakovski, « Le poète est un ouvrier », *Écoutez si on allume les étoiles...*, 2005.

Dans la chaleur des hauts-fourneaux
chauffer le métal incandescent
c'est un énorme travail !
Mais qui pourrait nous traiter de fainéants ?
Avec la râpe de la langue, nous polissons les cerveaux.

....

....

b. Montrez les procédés que l'auteur emploie pour entremêler ces deux champs lexicaux. À votre avis, pourquoi fait-il cela ?

....

....

....

....

....

....

....

7 **Écrit d'appropriation : rédiger une description.**

Parmi vos lectures, choisissez un lieu qui vous a marqué. Sur papier libre, rédigez-en la description. Vous choisirez un thème (une cuisine et ses odeurs, un jardin selon la saison, une ville et ses bruits...) pour décrire le lieu et utiliserez des termes de son champ lexical que vous soulignerez.

8 **Pour préparer l'oral du Bac**

Quels sont les deux champs lexicaux présents dans cet extrait ? Que signifient-ils ?

M. Yourcenar, *Mémoires d'Hadrien*, 1951.

Le paysage de mes jours semble se composer, comme les régions de montagne, de matériaux divers entassés pêle-mêle. J'y rencontre ma nature, déjà composite, formée en parties égales d'instinct et de culture. Çà et là, affleurent les granits de l'inévitable ; partout, les éboulements du hasard. Je m'efforce de reparcourir ma vie pour y trouver un plan, y suivre une veine de plomb ou d'or, ou l'écoulement d'une rivière souterraine, mais ce plan tout factice n'est qu'un trompe-l'œil du souvenir.

....

....

....

....

....

....

....

18 Améliorer la cohérence de son texte

EN AUTONOMIE Testez vos connaissances avec des exercices numériques autocorrectifs
https://bordas.media/733824_011

RETENIR

Assurer l'enchaînement des informations ou des idées pour écrire un texte clair et cohérent

- Garder le **même narrateur** et le même système des temps. ➡ FICHE 1
- Éviter les trop **nombreuses répétitions** qui ralentissent la lecture en choisissant bien les mots de reprise, appelés **substituts.** Les substituts sont généralement des pronoms (personnels, possessifs, démonstratifs, indéfinis) ou des groupes nominaux. ➡ FICHE 3

  Pour aider Fantine, Jean Valjean va chercher Cosette chez les Thénardier. **Celle-ci** semble bien mal en point. L'ancien forçat est touché par ce petit être sans défense.

  Ces reprises peuvent être :
  – des **mots génériques**, c'est-à-dire des noms plus généraux qui désignent une catégorie. un enfant
  – des **groupes nominaux synonymes**. la fillette
  – des **périphrases**. celle qu'il protégera sa vie durant

Soigner particulièrement le début des paragraphes dans les commentaires ou les dissertations

- Préférer des **liens logiques** aux connecteurs additifs. ➡ FICHE 9
  ~~dans un premier temps, dans un second temps, dans un troisième temps :~~
  ➝ certes, bien que, même si, cependant, mais, toutefois, pourtant, ainsi, donc...
- Veiller à l'**introduction des exemples :** par exemple, comme, tel que, ainsi, à l'appui de cette analyse...

Attention !
– L'emploi de pronoms ne doit pas gêner la compréhension.
Cette fable évoque les disputes entre la queue d'un serpent et sa tête. Elle crie à l'injustice.
➝ *Il y a deux noms féminins à la fin de la phrase 1.*
Qui est « elle » dans la phrase 2 ? la tête ou la queue du serpent ?
– L'emploi de pronoms ne doit pas être incorrect.
Ma classe de 1re étudie un roman du XXe siècle.
Cette année, ~~ils le présenteront~~ elle le présentera à l'oral du bac. *(classe = nom collectif féminin)*

REMARQUE : la répétition peut être utilisée pour insister sur un effet que l'on veut rendre.

Donne-moi tes mains pour l'inquiétude
Donne-moi tes mains dont j'ai tant rêvé
Dont j'ai tant rêvé dans ma solitude
Donne-moi tes mains que je sois sauvé

Aragon, « Les mains d'Elsa », *Le Fou d'Elsa*, 1963.

L'anaphore renforce ici la supplique du poète amoureux.

S'ENTRAÎNER

1 Soulignez les substituts du mot *personnage* dans le texte. Identifiez-les avec précision.

1. Le personnage de roman est important car il ancre le récit dans la réalité d'une époque. ....
2. Ainsi Bardamu est-il inoubliable. ....
3. C'est le héros du roman de Céline *Voyage au bout de la nuit*. ....
4. Ce combattant de la Première Guerre mondiale est le symbole de l'errance faite homme. ....
5. En effet, ce dernier traverse l'Europe, l'Afrique et L'Amérique, mais chaque nouvelle étape détruit les illusions de celui qui fera mille et un métiers.
....
6. De retour en France, cet original devient médecin et travaille dans un asile psychiatrique. ....

2 Réécrivez les phrases en évitant les répétitions.

Magellan réussit à convaincre le roi d'Espagne d'affréter des bateaux pour traverser le globe d'est en ouest.

1. Magellan forme alors une flottille de cinq navires. L'équipage de Magellan fera le premier le tour de la Terre.
....
....
....
2. Pendant le voyage, Magellan doit faire face à bien des drames dont une mutinerie restée célèbre.
....
....
....
3. À force de persévérance, Magellan découvre le détroit qui porte désormais son nom.
....
....

4. Stefan Zweig a écrit un très beau roman sur Magellan.

....

....

3 Corrigez les incorrections ou les ambiguïtés dans les phrases suivantes.

1. L'armée attend embusquée. Soudain, ils surgissent et donnent l'assaut.

....

2. Il est indispensable de nous interroger et de s'entendre sur ce point.

....

....

3. Léa s'amuse des plaisanteries de Sarah. Elle aime rire.

....

4. Ce personnage symbolise la beauté. Elle est très célèbre.

....

5. Montaigne évoque son amitié avec La Boétie.
Il est tellement brillant !

....

....

4 Voici le début d'une dissertation qui répond au sujet : « Selon vous, le personnage principal d'un roman doit-il être un héros ? » Remplacez les connecteurs logiques additifs. Évitez la répétition de « par exemple ». Complétez les pointillés par un connecteur logique adapté.

~~Premièrement~~ ...., un personnage principal d'un roman peut incarner les sentiments des lecteurs. Par exemple, une lectrice peut s'identifier aux personnages féminins des textes d'Annie Ernaux. ...., ces dernières se battent pour leurs libertés.

~~Ensuite~~ ...., il faut distinguer les héros des romans, des héros du théâtre tragique. ~~Par exemple~~ ...., Bel-Ami incarne-.................................. le jeune provincial arriviste qui réussit sa vie en usant de son pouvoir de séduction sur les femmes. Il n'est .... pas un héros au sens noble du terme.

5 a. Listez trois conseils pour améliorer la cohérence de cet extrait de copie.

Dans son roman *Réparer les vivants*, Maylis de Kérangal raconte l'aventure d'un cœur humain. L'auteure retranscrit une transplantation cardiaque. Il évoque cet événement qui se déroula en seulement 24 heures. L'extrait donné à l'étude était l'excipit du récit, le moment où l'opération finale arrive enfin. Comment l'auteure décrit-elle l'opération ? Dans un premier temps, nous évoquerons la volonté de l'auteure de retranscrire la scène exacte de l'opération. Dans un second temps, nous étudierons la façon dont l'auteure décrit une véritable parenthèse temporelle qui nous permet de s'interroger sur le comportement de ses personnages. Dans un dernier temps, nous montrerons comment l'auteure retranscrit symboliquement le cycle de la vie.

....

....

....

....

....

b. Réécrivez l'extrait en proposant des corrections.

....

....

....

....

....

....

....

....

....

....

....

....

....

....

....

6 Écrit d'appropriation : apprendre à se corriger.

Relisez votre dernier commentaire et vérifiez :

– l'absence de répétitions ;
– la concordance des temps ;
– l'utilisation correcte des substituts ;
– la présence de connecteurs au début de chaque paragraphe et avant chaque exemple.

Corrigez, si besoin, dans la marge.

7 Pour préparer l'oral du Bac

Quel est l'effet recherché grâce à l'emploi de la répétition dans cet extrait ?

J.-L. Lagarce, *Juste la fin du monde*, 1990.

Louis. – [...] Plus tard, l'année d'après
– j'allais mourir à mon tour –
j'ai près de trente-quatre ans maintenant et c'est à cet âge que je mourrai,
l'année d'après,
de nombreux mois déjà que j'attendais à ne rien faire, à tricher, à ne plus savoir,
de nombreux mois que j'attendais d'en avoir fini,
l'année d'après.

....

....

....

....

....

....

19 Trouver le mot juste

EN AUTONOMIE Testez vos connaissances avec des exercices numériques autocorrectifs
https://bordas.media/733824_012

RETENIR

Employer le mot adapté

- L'usage de la langue varie en fonction de la situation de communication. On distingue généralement **trois niveaux de langue : familier, courant et soutenu**. Privilégiez le langage courant ou soutenu dans vos écrits et oraux scolaires.
- Pour vous exprimer de façon claire et agréable, évitez les mots passe-partout et choisissez **des termes précis**. Les mots génériques, les noms (texte…), les prépositions (avec…), les pronoms démonstratifs (ceci, cela, ceux-ci) ou les verbes avoir, dire, faire et voir doivent être remplacés par des **termes exacts**.
  Jean Anouilh est un grand ~~écrivain~~ / **dramaturge**.
  Antigone est sans doute ~~le~~ / la plus célèbre de ses ~~textes~~ / **tragédies**.
  L'opposition oncle/nièce ~~est faite pour faire réfléchir les gens~~ / **permet aux spectateurs de réfléchir**.
  ~~Avec~~ / **À cause de** leur désaccord, ils débattent de la question du devoir moral.
  Aucun personnage ne réussit à convaincre l'autre et ~~cela~~ / **cet échec** semble renforcer leurs convictions respectives.
- **Réservez le pronom *on* aux vérités générales :**
  « On a souvent besoin d'un plus petit que soi. » (La Fontaine)
  Dans les autres cas, précisez le sujet, employez une tournure passive ou bien le pronom *nous*.
  Au fil des actes, ~~on voit~~ la résistance d'Antigone s'installer.
  → Les spectateurs **observent** / **Nous observons** la résistance d'Antigone s'installer.
  → La résistance d'Antigone s'installe au fil des actes.

Éviter les pléonasmes

À éviter	Suggestions
Comme par exemple	Comme **ou** par exemple
Car en effet	Car **ou** en effet

À éviter	Suggestions
Une autre alternative	Une alternative **ou** une autre possibilité
Voire même	Voire **ou** même

Gagner en concision

- **Évitez certaines constructions** plates ou maladroites : pour remplacer les tournures impersonnelles sans relief (il y a, c'est), employez le GN qui les suit dans la phrase comme sujet d'un verbe.
  ~~C'est~~ Un livre de Georges Perec ~~qui~~ a été écrit sans la lettre *e*.
- **Évitez les mots inutiles, les formes en *–ant*** (notamment *ayant* et *étant*) et les **successions de subordonnées** qui alourdissent la phrase. Préférez les noms, les adjectifs ou les verbes à l'infinitif plus concis et plus élégants.
  Georges Perec ~~appartenant au mouvement de l'Oulipo, il~~ considérait ~~que~~ l'écriture avec des contraintes ~~était~~ très stimulante ~~et qu'elle développait~~ l'imagination. ~~C'est~~ vraiment passionnant ~~de~~ découvrir son œuvre.
  → Georges Perec, **membre** de l'Oulipo, considérait l'écriture avec des contraintes comme **stimulante** et **propice** à l'imagination. **Découvrir** son œuvre est vraiment passionnant.
- **Évitez la forme passive** parfois lourde.
  Inversez la construction à la voix active quand c'est possible ou changez de verbe :
  J'ai été séduite par son roman *W ou le souvenir d'enfance*. / Son roman *W ou le souvenir d'enfance* m'a séduite.

S'ENTRAÎNER

1 Remplacez les verbes *voir* et *faire* par un verbe plus précis de votre choix.

1. C'est une question que nous allons **voir** dans la seconde partie de la dissertation.
…………………………………………
2. Dans le débat sur la peine de mort, Jean Jaurès **a fait** une objection.
…………………………………………
3. À travers son texte, nous **voyons** que l'auteur s'est engagé contre le racisme.
…………………………………………
4. Cet écrivain a **fait** un roman policier très original.
…………………………………………
5. Le lecteur **voit** tout le chagrin de Marina Picasso dans son texte *Grand-père*.
…………………………………………

2 Remplacez le verbe *dire* par un ou deux verbes synonymes plus précis.

1. dire un discours : …………………
2. dire son texte à voix haute : …………………
3. dire son point de vue : …………………
4. dire ses sentiments : …………………
5. dire des mensonges : …………………

3 Transformez ces phrases pour les rendre plus élégantes.

1. Il veut toujours qu'il ait raison.

2. Ayant peur de déplaire, nous préférons garder le silence.

3. Avec sa détermination, cette minorité peut prendre le pouvoir sur la majorité.

4. La vaccination de la grippe est recommandée cette année par tous les médecins.

5. Si je m'arrête de travailler, il y a mon imagination qui s'emballe et je panique.

6. Les gens qui font du bénévolat sont généreux de leur temps.

7. Grâce à la ferveur de ses mots, Jean Jaurès a enflammé l'assemblée.

4 Réduisez ces phrases en employant des infinitifs.

1. Le fait qu'on puisse associer passion et vie professionnelle est enthousiasmant.

2. Quand deux personnes s'aiment, cela rend heureux.

3. On se demande ce qu'il faut penser de ce paradoxe.

4. Georges Brassens s'est rendu célèbre en écrivant des chansons.

5. Le professeur propose aux élèves qu'ils assistent à un spectacle pour illustrer leur travail sur *Jacques le Fataliste*.

5 Transformez les phrases issues d'une copie d'élève pour les rendre plus élégantes et plus concises.

1. Dans un premier temps, on peut donc se demander quel message le poète fait passer au lecteur.

2. Ensuite, dans ce poème, il y a une comparaison de la nature et de l'or comme par exemple dans les vers 15 à 21 où nous pouvons voir que l'homme cherche à avoir de l'or à l'aide de l'alchimie et grâce au champ lexical très présent de la richesse.

3. Au final, nous avons montré comment le poète s'y est pris pour passer son message par un poème.

6 Réécrivez ces phrases extraites d'un carnet de lecture pour éviter les formes en *-ant*.

1. En ayant lu *Vincent qu'on assassine*, le lecteur s'interroge sur les derniers jours de Van Gogh.

2. Dans le roman *L'Ombre de nos nuits*, le lecteur plonge dans deux époques différentes en étant placé au cœur de deux histoires distinctes autour d'un tableau de Georges de La Tour.

3. Dans le roman de Mathias Enard, Michel-Ange, en ayant bravé la colère du pape, doit quitter l'Europe et fuir vers Constantinople.

4. Ayant raconté son enfance douloureuse auprès de son grand-père, Marina Picasso nous fait découvrir un autre visage du célèbre peintre.

7 Écrit d'appropriation : rédiger un résumé.

Sur papier libre, résumez l'intrigue du dernier livre que vous avez lu en lecture cursive afin de vous en souvenir à la fin de l'année. Travaillez l'élégance de votre style et privilégiez les phrases courtes.

8 Pour préparer l'oral du Bac (2e partie)

Entraînez-vous à présenter à haute voix une des lectures linéaires de votre liste pour l'épreuve orale. Enregistrez-vous. Écoutez-vous puis essayez de gommer les imprécisions, les lourdeurs, les pléonasmes ou les répétitions en appliquant les conseils de la leçon.

Aidez-vous de la fiche ➡ MÉTHODE n°6.

20 Identifier les figures de style

EN AUTONOMIE Testez vos connaissances avec des exercices numériques autocorrectifs
https://bordas.media/733824_013

RETENIR

- Les figures de style (ou figures de rhétorique) modifient l'emploi ordinaire des mots pour toucher le destinataire.

Les figures d'insistance

La répétition et l'anaphore	Reprise d'un même mot ou groupe de mots, sans modification. Dans l'anaphore, cette répétition est en début de vers ou de phrase : « Rien n'a l'éclat de Paris dans la poudre Rien n'est si pur que son front d'insurgé Rien n'est ni fort ni le feu ni la foudre Que mon Paris défiant les dangers » (Aragon, « Paris »)
Le parallélisme	Reprise d'une même construction grammaticale. « Présente, je vous fuis, absente, je vous trouve. » (Racine, *Phèdre*, II, 2)
Le chiasme	Disposition des termes de manière croisée. « Vous êtes aujourd'hui ce qu'autrefois je fus. » (Corneille, *Le Cid*, I, 7)
L'énumération	Accumulation, liste de termes. « Je quarte du pied, j'escarmouche, Je coupe, je feinte.... » (E. Rostand, *Cyrano de Bergerac*, I, 4)

Les figures d'amplification et d'atténuation

La gradation	Succession de plusieurs termes d'intensité croissante ou décroissante. « Je <u>me meurs</u>, je suis <u>mort</u>, je suis <u>enterré</u>. » (Molière, *L'Avare*, IV, 7)
L'hyperbole	Emploi d'un terme très fort, exagéré. « Nous partîmes cinq cents, mais par un prompt renfort, Nous nous vîmes trois mille en arrivant au port. » (Corneille, *Le Cid*, IV, 3)
L'euphémisme et la litote	Atténuation d'une expression afin d'en limiter la brutalité (euphémisme : non-voyant pour aveugle) ou suggérer davantage (litote : tu n'as pas tort pour tu as raison).

Les figures d'opposition

L'oxymore	Réunion de deux mots contradictoires dans une même unité grammaticale. « Par ma foi, voilà un beau jeune vieillard pour quatre-vingt-dix ans ! » (Molière, *Le Malade imaginaire*, III, 10)
L'antithèse	Rapprochement de mots désignant des réalités opposées. « Innocents dans un bagne, anges dans un enfer » (Hugo, « Melancholia »)

Les figures de substitution

La comparaison et la métaphore	Rapprochement de deux réalités, sans outil de comparaison pour la métaphore. Comparaison : « Le Kremlin était comme un immense gâteau tartare » (Cendrars, « Prose du Transsibérien ») Métaphore : « Mais la <u>chevelure</u> est une <u>rivière</u> tiède. » (Mallarmé, « Tristesse d'été »)
La personnification	Assimilation d'un objet ou d'un animal à une personne. « Les égouts soufflaient par leurs bouches de granit leurs haleines empestées. » (Maupassant, *Bel-Ami*)
L'allégorie	Représentation concrète d'une idée abstraite : l'allégorie de la justice = une balance ; *Le Rouge et le Noir* (Stendhal).

Les figures d'analogie

La métonymie et la synecdoque	Remplacement d'un mot par un autre mot en s'appuyant sur leur relation logique (et sur un rapport d'inclusion pour la synecdoque). *La robe* au lieu de *les magistrats* = métonymie.
La périphrase	Remplacement d'un mot par un groupe de mots désignant la même réalité. *La langue de Molière* pour parler du français.
L'antiphrase	Remplacement d'une phrase par son contraire, souvent par ironie. « Rien n'était si beau, si leste, si brillant que les deux armées ! » (Voltaire, *Candide*)

S'ENTRAÎNER

1 Nommez la figure de style utilisée.

1. « C'est un roc ! c'est un pic ! c'est un cap ! Que dis-je c'est un cap... c'est une péninsule ! » (Rostand)

2. « La conversation de Charles était plate comme un trottoir de rue [...] » (Flaubert)

3. « Je vis, je meurs ; je me brûle et me noie ;
J'ai chaud extrême en endurant froidure :
La vie m'est et trop molle et trop dure.
J'ai grands ennuis entremêlés de joie. » (Labé)

4. « Que serais-je sans toi qui vins à ma rencontre
Que cette heure arrêtée au cadran de la montre » (Aragon)

5. « Bergère ô tour Eiffel le troupeau des ponts bêle ce matin » (Apollinaire)

2 a. Quelles figures de style soulignent la défaite de l'empereur dans le début du poème « Expiation » ?

V. Hugo, *Les Châtiments*, 1851.

Il neigeait. On était vaincu par sa conquête.
Pour la première fois l'aigle baissait la tête.
Sombres jours ! l'empereur revenait lentement,
Laissant derrière lui brûler Moscou fumant.
Il neigeait. L'âpre hiver fondait en avalanche.
Après la plaine blanche une autre plaine blanche.

b. Sur quel autre élément Victor Hugo insiste-t-il ? Par quels procédés ? Pour quel effet visé ?

3 Selon vous, que cherche à faire Voltaire dans cet extrait ? Relevez au moins trois figures de style à l'appui de votre analyse.

Voltaire, *Candide*, 1759.

Candide assiste à une guerre.

Rien n'était si beau, si leste, si brillant, si bien ordonné que les deux armées. Les trompettes, les fifres, les hautbois, les tambours, les canons, formaient une harmonie telle qu'il n'y en eut jamais en enfer. Les canons renversèrent d'abord à peu près six mille hommes de chaque côté ; ensuite la mousqueterie ôta du meilleur des mondes environ neuf à dix mille coquins qui en infectaient la surface. La baïonnette fut aussi la raison suffisante de la mort de quelques milliers d'hommes. Le tout pouvait bien se monter à une trentaine de mille âmes. Candide, qui tremblait comme un philosophe, se cacha du mieux qu'il put pendant cette boucherie héroïque.

4 a. Relevez tous les procédés qui décrivent l'absence.

M. Desbordes-Valmore, « Les Séparés », *Poésies*, 1830.

N'écris pas. Je suis triste, et je voudrais m'éteindre.
Les beaux étés sans toi, c'est la nuit sans flambeau.
J'ai refermé mes bras qui ne peuvent t'atteindre,
Et frapper à mon cœur, c'est frapper au tombeau.
N'écris pas !

b. Comment l'intensité de la douleur est-elle transcrite ?

5 Écrit d'appropriation : rédiger une strophe de poème.
Sur papier libre, en vous inspirant de la strophe du poème de Louise Labé, décrivez un sentiment en employant des figures d'opposition que vous identifierez dans la marge.

6 Pour préparer l'oral du Bac
Quelles figures de style dominent cette strophe ? Quel est l'effet visé par le poète ?

G. Apollinaire, « Les Sapins », *Alcools*, 1913.

Les sapins en bonnets pointus
De longues robes revêtus
Comme des astrologues
Saluent leurs frères abattus
Les bateaux qui sur le Rhin voguent

21 Identifier les tonalités

RETENIR

La **tonalité** d'un texte est un ensemble d'éléments expressifs visant à produire une émotion.

Tonalité	Effets	Procédés
Comique	Elle vise à provoquer le rire ou l'amusement.	Répétitions, décalage de mots, de gestes, de situations.
Satirique	Elle dénonce, par la moquerie, les défauts d'un individu ou d'une société.	Figures d'exagération (hyperbole, etc.) et ironie (antiphrase, etc.).
Tragique	Elle vise à créer une émotion douloureuse (crainte, désespoir, pitié) face à la fatalité.	Figures d'exagération, exclamations, champ lexical de la souffrance et de la mort.
Pathétique	Elle cherche à inspirer l'attendrissement et la compassion.	Champ lexical de la tristesse et de la souffrance, figures d'exagération (hyperbole, etc.), exclamations, etc.
Lyrique	Elle exalte les sentiments : amour, communion avec la nature.	Musicalité pour exprimer les sentiments du moi, pronom *je*, champ lexical des sentiments et des sensations.
Élégiaque	Elle exprime la nostalgie, le regret (par exemple, la fuite du temps).	
Polémique	Elle vise à discréditer l'adversaire. Elle s'attaque aux mœurs, aux valeurs ou aux institutions dénoncées.	Pronoms *je* ou *nous*, vocabulaire péjoratif.
Épique	Elle vise à susciter l'admiration ou l'effroi car les personnages sont confrontés à des situations exceptionnelles, des combats héroïques.	Figures d'exagération, amplification des phrases et des images, champ lexical de l'héroïsme, du merveilleux, images.
Réaliste	Elle cherche à donner l'illusion du vrai.	Nombreux détails, choix de thèmes de la vie quotidienne sans rien embellir.
Fantastique	Elle cherche à susciter des sentiments d'incertitude, d'angoisse par le surgissement d'éléments surnaturels au sein du quotidien.	Figures d'exagération, champ lexical de la peur, de l'étrange, expression du doute.

- Dans **la tonalité comique**, on distingue différentes façons de faire rire.
  - L'**ironie**, grâce à l'antiphrase ➡ FICHE 20, permet de se moquer d'une situation ou d'une personne : « De l'esclavage des Nègres », *De l'esprit des lois*, Montesquieu, 1748.
  - L'**absurde** fait rire par le non-sens : *La Cantatrice chauve*, Ionesco.
  - La **parodie** joue sur l'imitation déformée : *Le Dictateur*, Chaplin.
  - Le **grotesque** accentue la déformation d'une situation ou d'une personne.
  - La **caricature** souligne les défauts.
  - Le **burlesque** traite d'un sujet noble avec un style bas : *Gargantua*, Rabelais.

  À l'inverse, l'**héroï-comique** traite d'un sujet bas avec un style noble : « Les Deux Pigeons », La Fontaine.

S'ENTRAÎNER

1 Quelle tonalité est employée dans chaque passage ?

EXTRAIT 1 : G. de Maupassant, *Bel-Ami*, 1885.

Quoique habillé d'un complet de soixante francs, il [Georges Duroy] gardait une certaine élégance tapageuse, un peu commune, réelle cependant.

EXTRAIT 2 : J. du Bellay, *Les Regrets*, 1558.

Quand reverrai-je, hélas, de mon petit village
Fumer la cheminée, et en quelle saison
Reverrais-je le clos de ma pauvre maison,
Qui m'est une province et beaucoup davantage ?

EXTRAIT 3 : J. de La Fontaine, « Le Loup et l'Agneau », *Fables*, 1667.

La raison du plus fort est toujours la meilleure :
Nous l'allons montrer tout à l'heure.

....

....

2 Quelle est la tonalité de chaque extrait ? Justifiez votre analyse en relevant, dans chacun des textes, une figure de style et deux champs lexicaux. Soulignez l'un, surlignez l'autre.

V. Hugo, *Les Misérables*, 1862.

EXTRAIT 1

Cosette était maigre et blême. [...] Tout son vêtement n'était qu'un haillon qui eût fait pitié l'été et qui faisait horreur l'hiver. Elle n'avait sur elle que de la toile trouée ; pas un chiffon de laine. On voyait sa peau çà et là, et l'on y distinguait partout des taches bleues ou noires qui indiquaient les endroits où la Thénardier l'avait touchée. Ses jambes nues étaient rouges et grêles. Le creux de ses clavicules était à faire pleurer.

....

....

....

....

....

....

....

....

....

....

EXTRAIT 2

Le spectacle était épouvantable et charmant. Gavroche, fusillé, taquinait la fusillade. [...] Ce n'était pas un enfant, ce n'était pas un homme ; c'était un étrange gamin fée. On eût dit le nain invulnérable de la mêlée. Les balles couraient après lui, il était plus leste qu'elles. Il jouait on ne sait quel effrayant jeu de cache-cache avec la mort ; chaque fois que la face camarde du spectre[1] s'approchait, le gamin lui donnait une pichenette[2].

1. La mort. 2. Une petite tape.

....

....

....

....

....

....

....

....

....

3 Précisez la tonalité comique employée dans ces extraits. Justifiez votre analyse en vous appuyant sur le relevé de procédés.

EXTRAIT 1 : A. Jarry, *Ubu roi*, III, 7, 1986.

PÈRE UBU. - Madame de ma merdre, garde à vous, car je ne souffrirai pas vos sottises. Je vous disais donc, Messieurs, que les finances vont passablement. Un nombre considérable de chiens à bas de laine[1] se répand chaque matin dans les rues et les salopins font merveille. De tous côtés on ne voit que des maisons brûlées et des gens pliant sous le poids de nos phynances.

1. Les chiens à bas de laine sont dressés à détrousser les rentiers.

....

....

....

....

....

....

EXTRAIT 2 : Voltaire, *De l'horrible danger de la lecture*, 1765.

Nous Joussouf-Chéribi, par la grâce de Dieu mouphti du Saint-Empire ottoman, lumière des lumières, élu entre les élus, à tous les fidèles qui ces présentes verront, sottise et bénédiction. [...] il a semblé bon à Mahomet et à nous de condamner, proscrire, anathématiser ladite infernale invention de l'imprimerie, pour les causes ci-dessous énoncées.

1° Cette facilité de communiquer ses pensées tend évidemment à dissiper l'ignorance, qui est la gardienne et la sauvegarde des États bien policés.

....

....

EXTRAIT 3 : E. Ionesco, *La Cantatrice chauve*, scène 8, 1954.

LE POMPIER. – Je vais vous mettre d'accord. Vous avez un peu raison tous les deux. Lorsqu'on sonne à la porte, des fois il y a quelqu'un, d'autres fois il n'y a personne.

M. MARTIN. – Ça me paraît logique.

....

....

....

4 Écrit d'appropriation : rédiger un portrait.

En vous inspirant du portrait de Gavroche dans l'exercice 2, proposez sur papier libre un nouveau portrait de tonalité pathétique.

5 Pour préparer l'oral du Bac

Molière, *Le Malade imaginaire*, III, 5 et 6, 1673.

Voici la fin du diagnostic d'un médecin face à son patient récalcitrant, Argan.

ARGAN. – Monsieur Purgon !

MONSIEUR PURGON. – De la dysenterie dans l'hydropisie...

ARGAN. - Monsieur Purgon !

MONSIEUR PURGON. – Et de l'hydropisie dans la privation de vie, où vous aura conduit votre folie.

Scène 6

ARGAN. – Ah, mon Dieu ! je suis mort. Mon frère, vous m'avez perdu.

a. À quoi sert l'énumération des maladies ?

....

....

b. Quelle est la tonalité employée ? Justifiez votre analyse.

....

....

....

22 Lire l'image fixe

RETENIR

L'image est une **imitation** et une **représentation**, qui fait partager la vision du monde d'un artiste.

Les caractéristiques de l'image

- La **nature** de l'image est définie par les techniques de sa fabrication : tableau, gravure, dessin, photographie, collage, etc.
- Le **genre** de l'image peut être un portrait, une caricature, une nature morte, une photographie d'art ou de presse.

Le sujet représenté

- L'image **figurative** représente des éléments appartenant à la réalité. **Abstraite**, elle n'a pas de référent dans le monde réel.
- L'image peut être **en rapport avec un texte** quand elle l'illustre ou accompagne un slogan.

La composition de l'image

- **Cadrer**, c'est faire une sélection entre ce qui est dans **le champ** ou **hors champ**. Le **cadrage** est plus ou moins resserré : **plan d'ensemble, plan moyen** (personnage en pied), **gros plan** (cadrage serré sur un visage, par exemple).
- Les **lignes de force** verticales, horizontales ou obliques sont les grands axes qui structurent l'image.
- Les **lignes de fuite** donnent l'illusion de profondeur, selon les lois de la **perspective**. Elles convergent vers **un point de fuite**.
- Les **plans** (premier ou second plan, arrière-plan...) structurent la profondeur de l'image.
- Les **couleurs froides** (tirant vers le bleu) et **chaudes** (tirant vers l'orange), et les zones éclairées ou sombres créent des contrastes.

Le langage de l'image

- Les **connotations** : éléments symboliques, références à d'autres œuvres.
- Les **tonalités** : polémique, épique, satirique, lyrique, comique, tragique ou pathétique.

La fonction de l'image

- **Informative** : pratique, elle rend compte du réel ou illustre un texte explicatif.
- **Argumentative** : elle veut persuader dans le domaine politique, religieux ou économique.
- **Narrative** : elle raconte une histoire ou illustre un récit.
- **Émotive** : elle cherche à faire rire, choquer ou apitoyer.
- **Esthétique** : elle vise à séduire par sa beauté.

S'ENTRAÎNER

1 Observez le tableau et répondez aux questions.

G. Caillebotte, *Le Pont de l'Europe*, 1875.

a. Quelle partie du tableau est mise en valeur ? Analysez la construction du tableau en réemployant les outils de la leçon.

....

....

....

....

....

....

....

....

....

b. Selon vous, pourquoi cette partie du tableau est-elle mise en valeur ?

....

....

....

....

....

....

....

....

....

....

....

....

....

....

2 Observez les deux tableaux et répondez aux questions.

J. Vermeer, *La Leçon de musique*, 1664.

R. Rimbert, *Vue sur la ville ou la fenêtre ouverte*, 1929.

a. Quels points communs y a-t-il dans la construction de ces deux œuvres ?

La composition : ....

La lumière : ....

b. Choisissez l'un des deux tableaux. Sur papier libre, expliquez ce qui vous plaît, vous intrigue ou vous met mal à l'aise.

3 Observez le tableau et répondez aux questions.

P. Uccello, *Saint Georges et le dragon*, v. 1470.

a. Par quels procédés le peintre crée-t-il un effet de perspective ?

....

b. Qui est saint Georges dans *La Légende dorée* ? Comment la composition du tableau souligne-t-elle l'importance du personnage ?

....

c. Observez la lumière. Quelle est la fonction symbolique de ce tableau ?

d. Recherchez d'autres tableaux de grands maîtres qui ont peint cette scène. Choisissez celle que vous préférez. Sur papier libre, faites la description du tableau et notez les points communs et les différences avec l'œuvre d'Uccello.

4 Observez ces images et répondez aux questions.

1. Illustration tirée du livre *Vingt Mille Lieues sous les mers*, de Jules Verne, Éditions Hetzel, 1871.

2. R. Maltete, *La Majorité*, photographie, 1960.

3. Campagne de prévention.

4. H. de Toulouse-Lautrec, *Ces dames au réfectoire*, 1893, huile sur carton ; série *Elles* qui dépeint le monde des prostituées.

a. Quelles sont la nature et la fonction de chaque image ?

....

....

....

....

....

b. Quelle est la tonalité de chaque image ? Quels procédés sont utilisés pour mettre en valeur le message de l'image ?

....

....

....

....

....

....

....

....

....

....

....

....

....

....

....

....

....

....

....

....

....

....

5 Un texte, un tableau.

DOCUMENT 1 : É. Zola, *L'Assommoir*, 1876.

Dans l'air chaud, une puanteur fade montait de tout ce linge sale remué. « Oh ! là, là, ça gazouille ! dit Clémence, en se bouchant le nez. — Pardi ! si c'était propre, on ne nous le donnerait pas, expliqua tranquillement Gervaise. Ça sent son fruit, quoi !... Nous disions quatorze chemises de femme, n'est-ce pas, madame Bijard ?... quinze, seize, dix-sept... » Elle continua à compter tout haut. Elle n'avait aucun dégoût, habituée à l'ordure ; elle enfonçait ses bras nus et roses au milieu des chemises jaunes de crasse, des torchons raidis par la graisse des eaux de vaisselle, des chaussettes mangées et pourries de sueur. Pourtant, dans l'odeur forte qui battait son visage penché au-dessus des tas, une nonchalance la prenait. Elle s'était assise au bord d'un tabouret, se courbant en deux, allongeant les mains à droite, à gauche, avec des gestes ralentis, comme si elle se grisait de cette puanteur humaine, vaguement souriante, les yeux noyés. Et il semblait que ses premières paresses vinssent de là, de l'asphyxie des vieux linges empoisonnant l'air autour d'elle.

a. Quels procédés utilise Zola pour décrire l'intérieur de la blanchisserie de Gervaise ?

....

....

....

....

....

DOCUMENT 2 : E. Degas, *Repasseuses*, vers 1884-1886.

b. En quelques phrases, décrivez la scène peinte par Degas.

....

....

....

....

....

....

....

c. Zola écrivait à Degas : « J'ai tout bonnement décrit, en plus d'un endroit dans mes pages, quelques-uns de vos tableaux. » En quoi peut-on dire que les deux œuvres sont complémentaires ?

....

....

....

....

....

....

....

....

6 Pour préparer l'oral du Bac (2e partie)

À votre tour, choisissez une ou deux œuvres artistiques qui viennent éclairer le sens du texte que vous allez présenter. Sur papier libre, listez les points communs et les différences que vous voulez exploiter.

23 De l'Antiquité au XVIe siècle

EN AUTONOMIE Testez vos connaissances avec des exercices numériques autocorrectifs
https://bordas.media/733824_014

ANTIQUITÉ

MOYEN ÂGE (476-vers 1480)

– 509 Naissance de la République à Rome

– 339 – 326 Conquêtes d'Alexandre le Grand

Ier et IIe siècles Apogée de la civilisation romaine

476 Fin de l'Empire romain d'Occident

800-814 Charlemagne empereur

– 441 *Antigone* de Sophocle

Mouvements culturels à placer

L'Antiquité

En Grèce, le genre de l'**épopée** (long poème qui fait le récit d'exploits héroïques, ou mythologiques) naît au VIIIe siècle av. J.-C. (Homère) tandis que la **tragédie** (Eschyle, Sophocle, Euripide) apparaît au Ve siècle avant J.-C.

Auteurs grecs : Homère, Eschyle, Sophocle, Euripide.
Auteurs latins : Plaute, Cicéron, Virgile, Tite-Live, Tibulle, Ovide.

Le Moyen Âge

La littérature voit le **passage du latin au français**. Elle naît lorsque des lettrés (bourgeois, clercs ou seigneurs) commencent à mettre par écrit les œuvres d'abord transmises oralement par les jongleurs, trouvères et troubadours attachés à des cours seigneuriales. De nombreuses formes littéraires apparaissent alors.

Auteurs : Chrétien de Troyes, Marie de France, Adam de la Halle, Charles d'Orléans, François Villon.

Complétez la frise

Ajoutez en bleu les dates historiques qui vous semblent importantes ; en rouge les grands événements et découvertes scientifiques ; en vert les œuvres (et leur date de parution) que vous étudiez au fil de l'année. **Complétez** la ligne des grands mouvements culturels en bas de page. **Ajoutez** en orangé quelques références qui vous semblent importantes dans d'autres domaines artistiques.

XVIe SIÈCLE

1515-1547 Règne de François Ier	1547-1559 Règne d'Henri II	1560-1574 Règne de Charles IX	1574-1589 Règne d'Henri III

1562 Début des guerres de religion

1572 Massacre de la Saint-Barthélemy

1492 Colomb découvre l'Amérique

1519-1522 Magellan fait le tour du monde

1543 Copernic place le Soleil au centre de l'univers

1589 Invention du microscope

1503 *La Joconde* de Léonard de Vinci

Renaissance et Humanisme | ....

Renaissance et Humanisme (1480-1580)

La Renaissance désigne un renouveau dans les arts, la littérature et les sciences au XVIe siècle. Artistes et écrivains s'inspirent du **raffinement italien** et célèbrent l'**héritage antique gréco-romain.** Le mouvement littéraire et philosophique de l'humanisme s'interroge sur l'homme, son éducation et sa place dans le monde. La Pléiade a pour ambition d'imiter les poètes antiques, d'associer l'inspiration poétique à un travail soigneux sur la langue, de **défendre et d'enrichir la langue française**.

Auteurs : Rabelais, Du Bellay, Ronsard, Montaigne.

24 XVIIᵉ et XVIIIᵉ siècles

EN AUTONOMIE Testez vos connaissances avec des exercices numériques autocorrectifs
https://bordas.media/733824_015

XVIIᵉ SIÈCLE

1589-1610	1610-1643	1643-1651	1651-1715
Règne d'Henri IV	Règne de Louis XIII	Régence	Règne de Louis XIV

1648-1652 Troubles de la Fronde

1685 Révocation de l'édit de Nantes

1633 Condamnation de Galilée

1633 *Le Cid* de Corneille

Mouvements culturels à placer

....

Le baroque (1580-1650)
Le baroque émerge en réaction à la confusion provoquée à la fin du XVIᵉ siècle par les guerres de religion. Comme la perle irrégulière appelée barroco en portugais et dont il tire son nom, le baroque exprime une **nouvelle sensibilité**, par le **choix de formes irrégulières, exubérantes et fantaisistes**.

Auteurs : Agrippa d'Aubigné, Saint-Amant, Corneille.

Le classicisme (1650-1700)
Le classicisme est issu de la Renaissance. Il se développe en réaction au mouvement baroque et prône l'**ordre**, la **raison** et l'**équilibre**, la **bienséance** et l'**honnêteté**.

Auteurs : Corneille, La Fontaine, Molière, Boileau, Racine, La Bruyère.

La préciosité (XVIIᵉ siècle)
La préciosité est un courant qui se développe au début du XVIIᵉ siècle dans les salons (de la Marquise de Rambouillet ou de Mlle Scudéry) où l'on échange des idées nouvelles, féministes, et où l'on crée des **pièces de poésie raffinées**.

Auteurs : Scève, Voiture, Honoré d'Urfé, Madame de Scudéry.

Complétez la frise

Ajoutez en bleu les dates historiques qui vous semblent importantes ; en rouge les grands événements et découvertes scientifiques ; en vert les œuvres (et leur date de parution) que vous étudiez au fil de l'année. **Complétez** la ligne des grands mouvements culturels en bas de page. **Ajoutez** en orangé quelques références qui vous semblent importantes dans d'autres domaines artistiques.

XVIIIe SIÈCLE

1715-1723	1723-1774	1774-1789	1789-1799
Régence	Règne de Louis XV	Règne de Louis XVI	Révolution

1725 *Les Quatre Saisons* de Vivaldi

1787 *Don Giovanni* de Mozart

....

Le libertinage (XVIIe - XVIIIe siècles)

Le libertinage désigne d'abord, au XVIIe siècle, une attitude de **libre pensée** à l'égard de la religion. Le mot renvoie par la suite à une grande **liberté dans les mœurs**, et à une recherche du plaisir. Le libertinage sera critiqué par des écrivains moralistes du XVIIe siècle comme Pascal ou La Bruyère.

Auteurs : Viau, Cyrano de Bergerac, Duclos, Diderot, Choderlos de Laclos.

Les Lumières (1700-1800)

Le mouvement des Lumières se développe en Europe au XVIIIe siècle. Les philosophes et écrivains prônent l'usage de la « **raison éclairée** ». Il est une des causes de la Révolution française de 1789. Il **combat l'ignorance et les préjugés** par la diffusion des connaissances et le développement de l'esprit critique. Il rejette l'autorité arbitraire et toute forme d'oppression, au nom de la **liberté**, de la **justice** et de la **tolérance**. L'homme du XVIIIe siècle revendique son **droit au bonheur**. À la manière de Rousseau, il s'enthousiasme pour la nature et les paysages exotiques, annonçant le mouvement du romantisme au XIXe siècle.

Auteurs : Montesquieu, Voltaire, Rousseau, Diderot, d'Alembert.

25 Du XIXe au XXIe siècle

EN AUTONOMIE Testez vos connaissances avec des exercices numériques autocorrectifs
https://bordas.media/733824_016

XIXe SIÈCLE

1804-1815	1815-1830	1830-1848	IIe	1852-1870	1870-19
Premier Empire	Restauration	Monarchie de Juillet	Rép.	Second Empire	IIIe Républi

1815 Défaite de Waterloo

1848 Abolition de l'esclavage

1851 Coup d'État de Louis-Napoléon Bonaparte

1870 Guerre franco-allemande

1871 Commune de Paris

1896-1899 Affaire Dreyfus

1814 Première locomotive à vapeur

1889 Exposition universelle de Paris. Tour Eiffel

1885 *Bel-Ami* de Maupassant

Mouvements culturels à placer

....

Le romantisme (1800-1850)

Les artistes romantiques rejettent les règles du classicisme et inventent des formes artistiques tels le drame romantique au théâtre, ou le poème en prose. Certains tels Musset... éprouvent « le mal du siècle » et s'échappent de la réalité grâce à leur art ; d'autres choisissent l'engagement (Hugo).

Auteurs : Chateaubriand, Vigny, Hugo, Musset.

Le réalisme (1830-vers 1900)

Le projet des artistes réalistes est de **représenter la réalité avec exactitude sans l'embellir** et de rendre compte de tous les milieux sociaux de leur époque.

Auteurs : Stendhal, Balzac, Flaubert, Maupassant.

Le Parnasse (1850-1900)

Le Parnasse, mouvement concernant la poésie, s'oppose à la sensibilité romantique. Sa devise est « **l'art pour l'art** » : l'art n'a pas d'autre but que lui-même.

Auteurs : Gautier, Leconte de Lisle, Hérédia.

Le naturalisme (1860-vers 1900)

Le naturalisme **décrit le monde social de manière scientifique.** Il s'appuie sur les théories de l'hérédité et montre l'influence du milieu social sur les individus.

Auteurs : E. et J. de Goncourt, Zola, Huysmans.

Le symbolisme (1870-1900)

S'opposant au rôle essentiel accordé à la science au XIXe siècle, les symbolistes veulent **réinventer le réel** en privilégiant le doute et les sensations.

Auteurs : Nerval, Mallarmé, Verlaine, Laforgue.

Complétez la frise

Ajoutez en bleu les dates historiques qui vous semblent importantes ; en rouge les grands événements et découvertes scientifiques ; en vert les œuvres (et leur date de parution) que vous étudiez au fil de l'année. **Complétez** la ligne des grands mouvements culturels en bas de page. **Ajoutez** en orangé quelques références qui vous semblent importantes dans d'autres domaines artistiques.

XXe et XXIe SIÈCLE

Rég. Vichy | 1946-1958 IVe République | 1958- Ve République

1914-1918 Première Guerre mondiale

1939-1945 Seconde Guerre mondiale

1954-1962 Guerre d'Algérie

1981 Abolition de la peine de mort

1989 Chute du mur de Berlin

2001 Attentats du 11 septembre

1905 Einstein. Théorie de la relativité

1937 *Guernica* de Picasso

....

Le surréalisme (1920-1960)

Fondé par André Breton et Philippe Soupault, le surréalisme s'inscrit dans la continuité du mouvement Dada (1914-1920) qui s'oppose à une conception bourgeoise de l'art, et **refuse d'obéir à des règles** mais s'inspire de l'**inconscient** et des rêves, après les découvertes de Freud.

Auteurs : Éluard, Breton, Aragon, Desnos.

L'absurde (1940-1970)

L'absurde n'est pas à proprement parler un mouvement littéraire. Il s'agit d'un thème commun aux auteurs du milieu du XXe siècle, théorisé par Albert Camus et Jean-Paul Sartre. Les artistes de l'absurde, marqués par les deux guerres mondiales, éprouvent une **angoisse face à l'absence de sens de la vie**.

Auteurs : Sartre, Beckett, Ionesco, Camus.

Le Nouveau roman (1955-1970)

Utilisée pour la première fois pour critiquer, en 1957, des œuvres d'Alain Robbe-Grillet et de Nathalie Sarraute, l'expression « Nouveau roman », largement reprise ensuite, souligne le **rejet du roman traditionnel** et le désir des auteurs d'expérimenter. Le Nouveau roman refuse l'histoire organisée en récit. L'intrigue, la chronologie, le rôle des personnages et du narrateur sont remis en question. Les descriptions très longues, déconstruisent le roman.

Auteurs : Sarraute, Simon, Robbe-Grillet, Butor.

26 Le genre et ses caractéristiques

RETENIR

Mouvements	Thèmes	Caractéristiques et auteurs
Le romantisme (1800-1850)	– L'expression du Moi ; – L'amour, la fuite du temps, le rêve, la nature, la fuite vers un ailleurs idéalisé ; – Les thèmes sociaux et politiques ; – La ville, la vie quotidienne ; – Le « spleen ».	– Lyrisme : **Lamartine, Musset, Marceline Desbordes-Valmore** ; – Rupture avec la versification traditionnelle : **Hugo** (alexandrin trimètre 4/4/4) ; – Poèmes en prose : **Baudelaire, Aloysius Bertrand.**
– L'Art pour l'Art (1850-1900) **– Le Parnasse** **– Le symbolisme et le décadentisme (1869-1896)**	– La nature, les objets, la mythologie, l'Histoire ; – La vie intérieure, le rêve, l'ailleurs, le surréel ; – Le rôle de l'intuition ; – Le désir de créer un échange entre le monde spirituel et le monde matériel ; – Le pessimisme, la mélancolie ; – Le refus des valeurs bourgeoises ; – L'idéalisme philosophique.	– Formes classiques : **Th. Gautier** ; – Précision du vocabulaire : **Heredia, Leconte de Lisle** ; – Rythme, jeu de syllabes et de sons, vers impair : **Verlaine** ; – Absence d'articulations grammaticales ; – Invention du vers libre : **Laforgue** ; – Disposition typographique originale : **Mallarmé** ; – Recréation du langage : **Rimbaud.**
L'Esprit Nouveau (1910)	– La ville et son quotidien ; – L'amour ; – Les voyages ; – Une réflexion sur le fonctionnement de la création poétique.	– Abandon de la ponctuation, calligramme, collage, juxtaposition « cubiste » ; – Fragments de dialogues recueillis au hasard ; – Vers libre : **Apollinaire** ; – Poème-récit : **Cendrars.**
– Le dadaïsme (1916-1923) **– Le surréalisme (1924-1950)**	– **Dadaïsme :** revendication de liberté, anarchisme, rejet de la guerre. – **Surréalisme :** intérêt accordé à l'inconscient, au rêve.	Écriture automatique, cadavres exquis : **Tzara, Breton, Soupault, Eluard, Aragon.**
La poésie engagée	Lutte contre le fascisme et la colonisation.	**– Aragon, Triolet, Eluard, Char, Desnos, Senghor, Damas.** – Utilisation du créole : **Césaire** ; – Retour du rythme et de la rime.
La poésie contemporaine	– Description d'hallucinations ; – Exploration du réel par les voyages ; – Volonté d'éclairer l'âme et le mystère de l'humain ; – Distanciation vis-à-vis du lyrisme ; – Émerveillement devant le monde ; – Chansons à texte.	– OuLiPo : **Queneau, Le Lionnais** ; – Disparition de la ponctuation, importance des blancs, mots rares, mélange des formes : **Michaux, Saint-John Perse, Ponge, Khoury, Ghata, Chedid, Bonnefoy, Réda, Maulpoix.** **Brassens, Ferré.**

S'ENTRAÎNER

1 Reconnaître les motifs romantiques

Lamartine, « Le Lac », *Méditations poétiques*, 1820.

[...] Ô lac ! l'année à peine a fini sa carrière,
Et près des flots chéris qu'elle devait revoir,
Regarde ! je viens seul m'asseoir sur cette pierre
Où tu la vis s'asseoir ! [...]

Relevez les thèmes romantiques de cette strophe.

....
....
....
....
....
....
....

2 Reconnaître les motifs du symbolisme

Verlaine, *Poèmes saturniens*, 1866.

Les sanglots longs
Des violons
  De l'automne
Blessent mon cœur
D'une langueur
  Monotone.

Tout suffocant
Et blême, quand
  Sonne l'heure,
Je me souviens
Des jours anciens
  Et je pleure

Et je m'en vais
Au vent mauvais
  Qui m'emporte
Deçà, delà,
Pareil à la
  Feuille morte.

Montrez comment la musicalité des vers se met au service du traitement de la nostalgie dans ce poème.

3 Reconnaître les caractéristiques de la poésie moderne

Apollinaire, « Zone », *Alcools*, 1913.

À la fin tu es las de ce monde ancien
Bergère ô tour Eiffel le troupeau des ponts bêle ce matin
Tu en as assez de vivre dans l'antiquité grecque et romaine
Ici même les automobiles ont l'air d'être anciennes
La religion seule est restée toute neuve la religion
Est restée simple comme les hangars de Port-Aviation

Relevez les éléments modernes dans cet extrait. Quel est l'effet produit ?

4 Découvrir la poésie engagée

Damas, « Nous les gueux », *Black-Label*, 1956.

Nous les gueux
nous les peu
nous les rien
nous les chiens
nous les maigres
nous les Nègres

Nous à qui n'appartient
guère plus même
cette odeur blême
des tristes jours anciens

Nous les gueux
nous les peu
nous les riens
nous les chiens
nous les maigres
nous les Nègres
Qu'attendons-nous
les gueux
les peu
les rien
les chiens
les maigres
les Nègres
pour jouer aux fous
pisser un coup
tout à l'envi
contre la vie
stupide et bête
qui nous est faite
à nous les gueux
à nous les peu
à nous les rien
à nous les chiens
à nous les maigres
à nous les Nègres

a. **Comment le poète procède-t-il pour dénoncer la colonisation et l'esclavage, et inciter à la révolte ?** **b.** **Quel rôle jouent les rimes et les répétitions dans ce contexte ?**

5 Découvrir la poésie contemporaine

Andrée Chedid, « Liberté », *Poèmes*, 2013.

La peau minérale des tyrans emmaillote l'espace
Multiplie ses écailles sur les cités avares de portes
[sur les bouches plâtrées
Pourtant
plus nue que l'herbe
et grosse de printemps
La
Vie
Trame sans fin la débâcle des idoles
Ranime l'éclat de l'eau sur les fleuves de sang
Pourtant
plus aiguë que la foudre
La
Vie
Tranche les nœuds de la peur
Condamne les nuits en arme
Et nomme
à faire frémir de douceur toutes nos clairières inavouées
Nomme la parole ouverte
Respire déjà en chacun.

a. **Quelles caractéristiques présente ce poème ?**
b. **Quel sens peut-on lui donner, selon vous ?**

27 OBJET D'ÉTUDE : La poésie du XIXe au XXIe siècle

Les écrits d'appropriation

RETENIR

- Les **écrits d'appropriation** sont des **écrits littéraires personnels** en lien avec les lectures effectuées : œuvre intégrale, lecture cursive ou texte complémentaire du parcours. Ils vous permettent de **traduire votre propre vision** de l'œuvre. Ils sont une aide dans votre préparation de la seconde partie de l'oral du bac. ➥ MÉTHODE n° 5

Association d'une image au texte et justification de cette illustration	Il s'agit d'associer une image à un poème ou à l'ensemble du recueil étudié dans l'année. Cette image peut être contemporaine de l'œuvre étudiée, ou non. Ce qui importe, c'est le lien que vous ferez entre les deux œuvres. **Conseils de rédaction :** décrivez d'abord très précisément l'image ➥ FICHE 22 puis faites une liste des points communs et des différences que vous relevez entre les deux œuvres. Aidez-vous de citations précises. Vous pouvez également associer un champ lexical ou un sentiment dominant (solitude, mélancolie...) à l'œuvre choisie.
Écriture d'invention et d'intervention	Il s'agit de créer une œuvre personnelle à partir de l'œuvre que vous avez étudiée en classe. Vous pouvez développer un passage (poursuivre un poème), le modifier par transposition, en changeant de registre ou de genre (en passant du vers à la prose), ou par imitation, en rédigeant « à la manière de l'auteur » (en respectant la forme d'un poème). **Conseils de rédaction :** observez les caractéristiques formelles de l'œuvre ainsi que le style de l'auteur afin de pouvoir les imiter. Prêtez attention aux choix lexicaux, au respect ou à la transgression des règles de la versification classique.
Rédaction d'une appréciation personnelle	Il s'agit de donner votre avis personnel (favorable ou non) sur un texte issu de l'œuvre étudiée, des textes du parcours ou d'une lecture cursive. **Conseils de rédaction :** choisissez le poème qui vous a le plus touché ou impressionné et justifiez votre choix dans un texte rédigé. Pour cela, relevez tous les arguments possibles (forme du poème, place dans l'œuvre, images et réflexions que l'œuvre suscite en vous) et élaborez un plan qui ira de l'argument le plus évident à l'argument le plus subtil.
Composition d'une brève anthologie personnelle et commentaire personnel sur les textes retenus	Il s'agit de choisir un certain nombre de poèmes dans le recueil étudié en classe ou dans le parcours associé et de justifier votre choix. **Conseils de rédaction :** choisissez un thème transversal qui vous paraît important. Classez ensuite les textes choisis et préparez un texte qui justifie votre choix (liens avec le parcours associé, traitement original de ces thèmes).

S'ENTRAÎNER

1 Écriture d'intervention

Rimbaud, « Ma Bohème », 1870.

a. Repérez la structure syntaxique de cette strophe (pronoms, déterminants, ponctuation, prépositions...) : marquez d'un trait vertical les syllabes entre ces jalons syntaxiques afin de respecter les alexandrins.

Ma Bohème
Je m'en allais, les poings dans mes poches crevées ;
Mon paletot aussi devenait idéal ;
J'allais sous le ciel, Muse ! et j'étais ton féal ;
Oh ! là ! là ! que d'amours splendides j'ai rêvées !

....
....
....
....
....

b. En vous inspirant de ce poème, rédigez une strophe personnelle qui respectera la syntaxe, la ponctuation, le nombre de syllabes des vers ainsi que le schéma des rimes initial.

....
....
....
....
....
....
....
....
....
....
....
....
....
....

2 Associer une image au texte

1.

Gustave Courbet, *Portrait de Charles Baudelaire*, 1848.

2.

Marc Chagall, *Le Poète allongé*, 1915.

3.

Robert Delauney, *Portrait de Guillaume Apollinaire*, 1911.

a. **Choisissez une des représentations du poète parmi les trois ci-contre et dites en quoi elle répond à la lecture de l'œuvre au programme que vous avez étudiée.**

b. **À votre tour, choisissez une œuvre dans la peinture, la sculpture, la musique ou la danse qui représente le recueil que vous avez étudié et justifiez votre choix.**

3 Composer une anthologie

Composez une anthologie de cinq poèmes en choisissant un parcours particulier (la solitude, le deuil, l'ennui…) et rédigez une courte préface expliquant vos choix.

28 OBJET D'ÉTUDE : La poésie du XIXe au XXIe siècle

Le commentaire à l'écrit

RETENIR

Commentaire un texte poétique ➥ MÉTHODE n° 2

- Pour commenter un texte poétique, vous devez accorder une attention particulière aux **procédés spécifiques de ce genre** : les marques de la présence du poète ; les éléments caractéristiques de la forme (versification classique ou libre, prose) ; les thèmes abordés ; les images et figures de style utilisées. ➥ FICHE 20
- Observez la **forme du poème** (fixe : sonnet, ballade, rondeau... ou vers libres), sa métrique (alexandrins, décasyllabes, octosyllabes, vers libres), ses **sonorités** (rimes, assonances, allitérations, refrains), sa prosodie (rythme des vers, diérèse, place des césures, rejets, contre-rejets, enjambements), ses **images** (comparaisons, métaphores, personnifications)...
- Revoyez également les **éléments d'analyse communs à tous les genres** : figures de style, champs lexicaux, registres... ➥ FICHES 20 et 21

S'ENTRAÎNER

1 Observer la forme d'un poème

Verlaine, « Mon rêve familier », *Poèmes saturniens*, 1866.

Je fais souvent ce rêve étrange et pénétrant
D'une femme inconnue, et que j'aime, et qui m'aime,
Et qui n'est, chaque fois, ni tout à fait la même
Ni tout à fait une autre, et m'aime et me comprend.

Car elle me comprend, et mon cœur transparent
Pour elle seule, hélas ! Cesse d'être un problème
Pour elle seule, et les moiteurs de mon front blême,
Elle seule les sait rafraîchir, en pleurant.

Est-elle brune, blonde ou rousse ? Je l'ignore.
Son nom ? Je me souviens qu'il est doux et sonore,
Comme ceux des aimés que la Vie exila.

Son regard est pareil au regard des statues,
Et, pour sa voix, lointaine, et calme, et grave, elle a
L'inflexion des voix chères qui se sont tues.

a. Relevez les champs lexicaux dominants de ce texte. Que montrent-ils des thèmes abordés par le poète ?

b. Relevez les pronoms du poème. Quelles remarques pouvez-vous faire à partir de ce relevé ?

c. Repérez le schéma syntaxique du sonnet. Que met-il en valeur ?

d. Étudiez les sonorités de ce poème. Quelles impressions laissent-elles au lecteur ?

2 Formuler une problématique à partir d'un texte

Reprenez le texte de Verlaine (exercice 1) et vos observations. Formulez deux problématiques.

....

....

....

....

3 Construire un plan

Proposez un plan pour chacune des problématiques de l'exercice 2.

....

....

....

....

....

....

....

4 Mettre en rapport une problématique et un plan

Hugo, « Rêverie », *Les Orientales*, 1829.

Oh ! laissez-moi ! c'est l'heure où l'horizon qui fume
Cache un front inégal sous un cercle de brume,
L'heure où l'astre géant rougit et disparaît.
Le grand bois jaunissant dore seul la colline.
On dirait qu'en ces jours où l'automne décline,
Le soleil et la pluie ont rouillé la forêt.

Oh ! qui fera surgir soudain, qui fera naître,
Là-bas, – tandis que seul je rêve à la fenêtre
Et que l'ombre s'amasse au fond du corridor,
– Quelque ville mauresque, éclatante, inouïe,
Qui, comme la fusée en gerbe épanouie,
Déchire ce brouillard avec ses flèches d'or !

Qu'elle vienne inspirer, ranimer, ô génies,
Mes chansons, comme un ciel d'automne rembrunies,
Et jeter dans mes yeux son magique reflet,
Et longtemps, s'éteignant en rumeurs étouffées,
Avec les mille tours de ses palais de fées,
Brumeuse, denteler l'horizon violet

Voici trois problématiques et trois plans envisageables pour le commentaire de ce texte. Associez chaque problématique au plan qui lui correspond le mieux.

Problématique 1 :
Par quels moyens le poète cherche-t-il l'inspiration ?
→ **Plan :** ....

Problématique 2 : Quels désirs exprime le poète ?
→ **Plan :** ....

Problématique 3 : En quoi le rêve oriental permet-il au poète de surmonter sa tristesse ?
→ **Plan :** ....

Plan A : I. Fuir la morosité.
II. Envie d'ailleurs.

Plan B : I. Le constat accablant d'un quotidien morose.
II. La magie orientale.

Plan C : I. La contemplation de la nature.
II. Le rêve oriental.

5 Organiser un plan

Reprenez le plan B de l'exercice 4. Répartissez les sous-parties ci-dessous dans chacun des grands axes. (I. a, I. b, II. a et II. b).

– Magie de l'ailleurs oriental. ....
– Solitude du poète. ....
– Rêverie du poète. ....
– Déclin du jour et de la nature. ....

6 Rédiger une introduction

Rédigez une introduction pour le commentaire du poème de V. Hugo.

....

....

....

....

....

....

....

....

....

....

....

....

7 Rédiger une conclusion

Rédigez une conclusion pour le commentaire du poème de V. Hugo.

....

....

....

....

....

....

....

....

8 Rédiger une partie de commentaire

Rédigez le début de la sous-partie « Déclin du jour et de la nature » (exercice 5).

....

....

....

....

....

....

....

....

....

....

....

....

29

OBJET D'ÉTUDE : La poésie du XIXe au XXIe siècle

Victor Hugo, *Les Contemplations*, Livres I à IV, 1856

Parcours : Les Mémoires d'une âme

RETENIR

Enjeux

- *Les Contemplations* est un recueil autobiographique composé par Victor Hugo lors de son exil à Guernesey. Il s'agit à la fois du témoignage intime d'un père éprouvé par le deuil de sa fille et de la réflexion artistique du poète sur sa mission terrestre auprès des hommes.
- À l'image de la vie du poète, le recueil se divise en deux périodes : « Autrefois » et « Aujourd'hui ». La date du 4 septembre 1843, jour de la perte de l'enfant chérie, marque cette inconsolable déchirure entre la nostalgie des temps heureux et la douloureuse poursuite de la vie présente. Léopoldine (dont le prénom n'apparaît jamais dans le recueil) est l'ombre angélique qui hante cette profonde rétrospection.

Thèmes

– L'écriture de soi ;
– L'accès privilégié du poète à la nature ;
– La révolution théâtrale menée par les romantiques en 1830 ;
– L'engagement politique de Hugo vers 1840-1850 ;
– La noyade tragique de Léopoldine Hugo et de Charles Vacquerie.

Structure du recueil

« Autrefois » (1830-1843)	Livre I « Aurore »	La jeunesse romantique des années 1830 : révolution romantique du théâtre et premières découvertes du jeune poète.
	Livre II « L'Âme en fleur »	Les premiers émois amoureux, l'épanouissement du jeune romantique au cœur de la nature, le poète épicurien.
	Livre III « Les Luttes et les rêves »	Les premiers combats politiques, la prise de conscience de la misère, les ambitions socialistes d'un romantique idéaliste.
Mort de Léopoldine		
« Aujourd'hui » (1843-1855)	Livre IV « *Pauca Meae* »	La perte de l'enfant adorée, le père submergé par le chagrin, la nécessité de se remettre « en marche » et de poursuivre sa vocation de poète.

S'ENTRAÎNER

Compléter la frise *p. 56*

ÉPREUVE ORALE (première partie) ➡ MÉTHODE n° 6

1 Préparer l'explication linéaire

« Melancholia », Livre III.

Le **pesant** chariot porte une **énorme** pierre ;
Le limonier, suant du mors à la croupière,
Tire, et le roulier fouette, et le pavé glissant
Monte, et le cheval **triste** a le poitrail en sang.
Il tire, traîne, geint, tire encore et s'arrête.
Le fouet noir tourbillonne au-dessus de sa tête ;
[...] **Oh ! quelle est donc la loi formidable qui livre**
L'être à l'être, et la bête effarée à l'homme ivre !
L'animal éperdu ne peut plus faire un pas ;
Il sent l'ombre sur lui peser ; il ne sait pas,
Sous le bloc qui l'écrase et le fouet qui **l'assomme**,
Ce que lui veut la pierre et **ce que lui** veut **l'homme.**
[...] Et le cheval, **tremblant, hagard, estropié,**
Baisse son **cou lugubre** et sa tête égarée ;
On entend, sous les coups de la **botte ferrée**,
Sonner le **ventre nu** du **pauvre** être **muet** ;
Il **râle** ; tout à l'heure encore il remuait,
Mais il ne bouge plus et sa force est finie.
[...] Et, dans **l'ombre**, pendant que son bourreau redouble,
Il **regarde** Quelqu'un de **sa prunelle** trouble ;
Et l'on **voit** lentement s'éteindre, humble et **terni**,
Son œil plein des stupeurs **sombres** de l'infini,
Où **luit** vaguement l'âme effrayante des choses.

ÉTAPE 1 Identifier la structure du texte

a. **Situez l'extrait dans le recueil. À quelle période de la vie de Hugo ce poème correspond-il ?**

....

....

....

....

b. **De combien de parties est composé cet extrait ? Donnez un titre à chacune de ces parties.**

....

....

....

....

....

ÉTAPE 2 Analyser l'écriture au service du sens

Complétez le tableau en vous aidant des éléments en gras dans le texte.

Citations	Procédés	Interprétation, effets produits
PARTIE 1 v. 1 *pesant, énorme*	Adjectifs antéposés.	Insistance sur la charge colossale et monstrueuse portée par l'animal.
v. 1-7 *porte, tire, fouette, monte, tourbillonne*		
v. 3-4 *tire, fouette, monte, a*		
v. 5 *tire, traîne, geint, tire, s'arrête*		
PARTIE 2 v. 7-8 *Oh ! Quelle est donc...*		Surgissement soudain de la voix du poète au cœur de ce tableau : sa parole révoltée accuse l'injustice des hommes.
v. 8 *L'être ...iure*		
v. 11-12 *assomme / homme*		
v. 12 *ce que lui / ce que lui*		
PARTIE 3 v. 13 *tremblant, hagard, estropié*		
v. 14-16 *cou lugubre, tête égarée, ventre nu*	Vocabulaire anatomique.	
v. 15 *botte ferrée*		
v. 17 *il râle*	Rythme haché de l'alexandrin.	
PARTIE 4 v. 20-23 *il regarde Quelqu'un*		
v. 21-23		Humanisation du cheval à travers « l'œil », miroir de l'âme.
v. 20 *Quelqu'un*		

ÉTAPE 3 Préparer l'explication

a. **À partir des étapes 1 et 2, rédigez une introduction sur papier libre et préparez votre explication orale.**

b. **Présentez votre explication à un(e) camarade qui vous évaluera en s'appuyant sur la grille p. 143.**

ÉPREUVE ORALE (seconde partie) ➡ MÉTHODE n° 5

2 Préparer la présentation de l'œuvre

Pour enrichir votre propos d'un regard personnel sur l'œuvre :

a. **Nourrissez votre réflexion en écoutant les courts épisodes de l'émission *Un été avec Victor Hugo* (en priorité « L'amour du peuple », « Léopoldine », « Napoléon le Petit », « La bataille d'*Hernani* », « La Laideur », « *Les Contemplations* », « *Les Misérables* », « L'exil ») sur https://www.franceinter.fr.**

b. **Relisez la préface des *Contemplations* en recherchant les éléments qui renvoient aux livres I, II, III et IV du recueil.**

ÉPREUVE ÉCRITE : la dissertation ➡ MÉTHODE n° 1

3 Proposer une problématique à partir d'un sujet

SUJET : « *Si jamais il y aura eu un miroir d'âme, ce sera ce livre-là.* » (V. Hugo)

a. **Quels sont les mots-clés du sujet ? Proposez une définition pour chacun d'eux.**

b. **D'après vous, pourquoi et comment un *livre* peut-il être un *miroir* ?**

....

....

....

....

c. **Formulez une problématique à partir de la citation de Victor Hugo.**

....

....

....

d. **Quel type de plan pensez-vous adopter : dialectique ou analytique ? Proposez trois grands axes.**

....

....

....

....

....

....

....

4 Organiser un plan

SUJET : *La poésie est-elle vouée à l'expression des sentiments personnels de l'auteur ?*

Voici les trois grands axes de la dissertation. Répartissez les sous-parties proposées dans chacun d'eux.

Axe I : La poésie lyrique traditionnelle exprime la voix intime du poète.

Axe II : La poésie perd son sens dès qu'elle n'exprime pas le quotidien des hommes.

Axe III : La puissance poétique consiste, pour le lecteur, à se reconnaître au cœur d'un poème.

Sous-parties :

– La poésie engagée touche davantage. ....
– Le poète partage sa peine avec ses lecteurs. ....
– Le récit poétique des expériences passées du poète. ....
– La poésie éloignée du quotidien devient hermétique. ....
– Le poète met des mots sur la douleur de tous. ....
– L'ancrage dans des lieux personnels. ....

5 Proposer un plan et y associer des exemples

SUJET : *Pensez-vous que la mission principale du poète soit de guider les hommes ?*

Proposez un plan en trois grands axes et deux sous-parties pour chacun d'eux. Incluez des exemples tirés de l'œuvre intégrale et/ou du parcours associé.

Axe I.	**Axe II.**	**Axe III.**
Sous-partie a. : **Exemple :**	**Sous-partie a. :** **Exemple :**	**Sous-partie a. :** **Exemple :**
Sous-partie b. : **Exemple :**	**Sous-partie b. :** **Exemple :**	**Sous-partie b. :** **Exemple :**

6 Améliorer une conclusion

Voici une conclusion pour le sujet de l'exercice 5. Analysez les points positifs et les points à améliorer.

> Ainsi, nous avons vu en quoi la mission principale du poète est-elle de guider les autres hommes ? Dans les contemplations le rôle du poète est bien de guider les autres hommes comme le montre son engagement politique mais cette fonction de penseur supérieur éloigne le poète de la réalité et il devient un étranger aux autres hommes ce qui finit par faire de Victor un véritable poète de l'humanité c'est le côté universel de son deuil. Beaudelaire dans les fleurs du mal nomme les poètes comme Hugo « les phares de l'humanité ».

Points positifs :

....

....

....

....

Points à améliorer :

....

....

....

....

....

30

OBJET D'ÉTUDE : La poésie du XIXe au XXIe siècle

Charles Baudelaire, *Les Fleurs du Mal*, 1857-1861

PARCOURS : Alchimie poétique : la boue et l'or

RETENIR

Enjeux

- Ce recueil de poèmes, qui fit scandale lors de sa parution, retrace l'itinéraire spirituel du poète. Écartelé entre le spleen, c'est-à-dire la mélancolie existentielle, qui l'entraîne vers le bas, et l'idéal inaccessible vers lequel il tend, le poète cherche à remédier à son mal-être par divers moyens : la foule, l'ivresse, la débauche, la rébellion et la mort, qui constitueront autant de sections dans le recueil.
- D'un point de vue esthétique, le poète s'efforce de transformer, par une alchimie poétique, la « boue » (la misère, l'horreur, l'ennui...) en « or » (beauté), et donc d'extraire « les fleurs du mal ».

Thèmes et poèmes clés

La tension entre le spleen et l'idéal	« Élévation », les poèmes du spleen.
L'ambiguïté des figures féminines	« La chevelure », « *Sed non satiata* ».
La condition du poète	« L'albatros », « Bohémiens en voyage ».
Les correspondances pour dire le monde	« Correspondances ».
Une nouvelle conception de la beauté, séparée de la morale	« Hymne à la beauté », « Une charogne », « Le soleil ».
Le voyage, l'Ailleurs	« La vie antérieure », « Invitation au voyage », « Le voyage ».

S'ENTRAÎNER

Compléter la frise *p. 56*

ÉPREUVE ORALE (première partie) MÉTHODE n° 6

1 Préparer l'explication linéaire

« Le soleil » (section « Tableaux parisiens »)

Le long du vieux faubourg, où pendent aux **masures**
Les persiennes, abri des secrètes **luxures,**
Quand le soleil **cruel frappe** à **traits redoublés**
Sur la ville et les champs, sur les toits et les blés,
Je vais m'exercer **seul** à ma **fantasque escrime,**
Flairant dans tous les coins **les hasards de la rime,**
Trébuchant sur les mots comme sur les pavés,
Heurtant parfois **des vers depuis longtemps rêvés.**

Ce **père nourricier**, ennemi des chloroses,
Éveille dans les champs **les vers comme les roses** ;
Il fait **s'évaporer** les soucis vers le ciel,
Et remplit les cerveaux et les ruches de **miel.**
C'est lui qui **rajeunit** les porteurs de béquilles
Et les rend gais et doux **comme des jeunes filles,**
Et commande aux moissons de **croître** et de **mûrir**
Dans le cœur immortel qui toujours veut **fleurir !**

Quand, **ainsi qu'un poète**, il descend dans les **villes,**
Il **ennoblit** le sort des choses **les plus viles,**
Et s'introduit **en roi**, sans bruit et sans valets,
Dans tous les hôpitaux et dans tous les palais.

a. Les mouvements du poème sont indiqués ci-dessous. Rédigez votre analyse pour chacun d'eux en associant les procédés utilisés par l'auteur et votre interprétation. Appuyez-vous sur les citations en gras dans le texte.

1er mouvement (vers 1 à 8) : la déambulation du poète

Le cadre urbain d'un faubourg

L'apparition du poète

2e mouvement (vers 9 à 16) : l'éloge du soleil

3e mouvement : un parallèle entre le soleil et le poète

b. **Complétez votre présentation avec une introduction et une conclusion.**

c. **Présentez votre explication à un(e) camarade, qui vous évaluera en s'appuyant sur la grille p. 143.**

ÉPREUVE ORALE (seconde partie) ➡ MÉTHODE n° 5

2 Préparer la présentation de l'œuvre

Pour enrichir votre présentation de l'œuvre : écoutez l'émission en podcast sur France Inter : https://www.franceinter.fr/emissions/ca-peut-pas-faire-de-mal/ca-peut-pas-faire-de-mal-19-janvier-2013. Présentez le recueil en vous appuyant sur cette émission.

ÉPREUVE ÉCRITE : la dissertation ➡ MÉTHODE n° 1

3 Proposer une problématique à partir d'un sujet

SUJET : *André Guyaux dit que, pour Baudelaire, « c'est une hérésie de penser que le beau veut communiquer avec le bien ». En quoi ces propos éclairent-ils votre lecture des* Fleurs du Mal *?*

a. **Comment les notions de beau et de bien s'articulent-elles d'après ce sujet ?**

b. **Quel lien la poésie entretient-elle avec la morale ?**

c. **Proposez une problématique.**

4 Proposer une problématique et un plan

SUJET : *« Tu m'as donné ta boue et j'en ai fait de l'or. » Dans quelle mesure cette citation éclaire-t-elle votre lecture de l'œuvre ?*

a. **Quelle problématique convient ? Pourquoi ?**

1. Par quels moyens le poète transforme-t-il la boue en or ?

2. En quoi la poésie de Baudelaire est-elle double, faite à la fois d'or et de boue ?

3. Le poète parvient-il à métamorphoser la laideur grâce à l'alchimie poétique ?

b. **Les trois grands axes du plan vous sont donnés. Indiquez à quel axe vous attribuez les sous-parties proposées. Complétez le tableau.**

c. **Quels exemples de poèmes pourriez-vous donner pour illustrer chaque sous-partie ? Complétez le tableau.**

Plan :

I. Un projet d'alchimie, de la boue vers l'or…

II. … parfois contrecarré et entravé.

III. Concilier ou dépasser l'opposition entre l'or et la boue ?

Sous-parties	Exemples
– Un travail de création long et difficile :	....
– Or et boue indissolublement liés :	....
– Les diverses formes du mal, de la « boue » :	....
– Voir derrière la matière : décrypter le monde spirituel :	....
– Échapper à la boue :	....
– La dégradation et la chute :	....
– Le poète : un être supérieur, mais incompris :	....
– Transformer la boue en or :	....
– La victoire du spleen :	....

5 Trouver des idées

SUJET : *« Je ne conçois guère [...] un type de Beauté où il n'y ait du malheur », écrit Baudelaire dans « Fusées ». En quoi ce propos éclaire-t-il votre lecture des* Fleurs du Mal *?*

Relisez les poèmes ci-dessous. Quelles idées pourriez-vous en tirer pour illustrer l'axe suivant : *Le Malheur contient sa part de beauté* ?

« L'ennemi » : ....

....

« Une charogne » : ....

....

....

« À une mendiante rousse » : ....

....

....

6 Rédiger une sous-partie

SUJET : *Dans un de ses projets de préface aux* Fleurs du Mal, *Baudelaire écrit : « Il m'a paru plaisant [...] d'extraire la beauté du Mal. » Dans quelle mesure Baudelaire atteint-il son objectif dans son recueil ?*

Vous rédigerez la sous-partie suivante : Baudelaire est parfois incapable de s'extraire du spleen qui l'envahit.

....

....

....

....

....

....

....

....

....

....

....

....

....

....

7 Rédiger une introduction

Voici l'introduction du sujet de l'exercice 6. Quels sont les points forts et les points à améliorer ?

Baudelaire est un célèbre auteur de poésies. Il a écrit notamment *Les Fleurs du Mal*, qui paraît une première fois en 1857 et une seconde en 1861. Ce recueil montre l'oscillation du poète entre le spleen et l'idéal, entre la boue et l'or. Il y a eu un procès lors de sa parution et le poète a été condamné. Baudelaire écrit « Il m'a paru plaisant [...] d'extraire la beauté du Mal ». Le poète explique ici son projet d'alchimiste : transformer la boue (le « Mal ») en or (« beauté »). Dans quelle mesure Baudelaire réussit-il son projet d'alchimiste, à savoir métamorphoser le Mal en beauté ?

Points forts :

....

....

....

....

....

....

....

....

....

Points à améliorer :

....

....

....

....

....

....

....

....

....

....

....

31

OBJET D'ÉTUDE : La poésie du XIXe au XXIe siècle

Guillaume Apollinaire, *Alcools*, 1913

PARCOURS : Modernité poétique ?

RETENIR

Les enjeux

- Le recueil *Alcools* est symbolique de la **poésie moderne**. Pourquoi ? D'abord parce qu'il nous propose un mouvement dans un univers nouveau, celui des grandes villes et du **monde du début du XXe siècle**. Ensuite parce que cette poésie s'affranchit des modèles de vers et de langage, en pratiquant le vers libre et l'absence de ponctuation, qui font prévaloir un **rythme nouveau**.
- Simultanément, cette modernité est reconnaissable et universelle, parce qu'elle renoue avec de grandes traditions poétiques, celle du lyrisme amoureux, de **l'expression de toutes les émotions**, de la joie à la mélancolie, passant de l'hymne à la plainte, agençant parfois des vers réguliers, des formes fixes d'autrefois, un fonds folklorique et légendaire.
- **Savante et populaire**, la poésie d'Apollinaire est ainsi à la fois une poésie nouvelle et une poésie de toujours.

Les thèmes

L'amour, la ville, l'errance, la solitude, la mélancolie, l'automne, l'ivresse.

Les poèmes clés

« Zone » ; « Le Pont Mirabeau » ; « La Chanson du mal-aimé » ; « Les Colchiques » ; « Marie » ; « Nuit rhénane » ; « Mai ».

S'ENTRAÎNER

Compléter la frise *p. 59*

ÉPREUVE ORALE (première partie) MÉTHODE n° 6

1 Préparer l'explication linéaire

« Les Colchiques »

Le pré est vénéneux mais joli en automne
Les vaches y paissant
Lentement s'empoisonnent
Le **colchique** couleur de **cerne** et de **lilas**
Y fleurit tes **yeux** sont comme cette **fleur**-là
Violâtres comme leur **cerne** et comme cet **automne**
Et **ma vie** pour **tes yeux** lentement s'empoisonne

Les enfants de l'école viennent avec fracas
Vêtus de hoquetons et jouant de l'harmonica
Ils cueillent les **colchiques** qui sont comme des mères
Filles de leurs filles et sont couleur de tes **paupières**

Qui battent comme les fleurs battent au **vent dément**

Le gardien du troupeau chante tout doucement
Tandis que lentes et meuglant les vaches abandonnent
Pour toujours ce grand pré mal fleuri par l'automne

ÉTAPE 1 **Identifier la structure du texte**

a. Situez le passage en quelques lignes.

b. Donnez le plan du poème.

ÉTAPE 2 **Analyser l'écriture au service du sens**

Complétez le tableau en vous aidant des mots en gras dans le texte.

Texte	Procédés littéraires	Interprétation, effets produits
PARTIE 1 **Vers 1, 6, 15 :** *automne* **Vers 4 :** *couleur de lilas* **Vers 4, 10 :** *colchiques* **Vers 6 :** *violâtres* **Vers 12 :** *vent dément*	Champs lexicaux de l'automne et de la nature.	Le poète a choisi l'automne, paysage qui reflète bien son état d'âme mélancolique. Il fait un lien entre sa vie amoureuse, son univers personnel et celui de la saison. Il traduit le romantisme d'un paysage état d'âme qui l'emporte vers la folie (*dément*).
Vers 1 *Vénéneux mais joli*		

Vers 1, 3, 4, 7, 10 *Vénéneux, empoisonnent, colchique*	....	L'auteur regrette un amour perdu mais qui a été aussi toxique.
Vers 2 et 3 *Les vaches y paissant/ Lentement s'empoisonnent*	Le poème semble très instable. Il l'est sur le plan des vers : le 2e et le 3e vers cassent un alexandrin, vers de douze syllabes, en deux hémistiches successifs de six syllabes.	....
Vers 3 et 7 *empoisonne(nt)*	....	....
Vers 4 à 6 *colchique/cerne yeux/fleur violâtre/cerne*	....	....
Vers 4 à 11 *yeux, cerne, paupières*	....	En s'attachant aux yeux, le poème perpétue l'héritage du blason – célébration d'une partie du corps de la femme aimée, identifiée ici à tout un paysage.
Vers 7 *ma vie pour tes yeux*	....	....
PARTIE 2 **Vers 8-9** *école, fracas, hoquetons, harmonica*	....	....
PARTIE 3 **Vers 15** *Pour toujours ce grand pré mal fleuri par l'automne*	....	....

ÉTAPE 3 Préparer l'explication

a. À partir des étapes 1 et 2, rédigez une introduction sur papier libre et préparez votre explication orale.

b. Présentez votre explication à un(e) camarade qui vous évaluera en s'appuyant sur la grille p. 143.

ÉPREUVE ORALE (seconde partie) ➥ MÉTHODE n° 5

2 Préparer la présentation de l'œuvre

Pour enrichir votre présentation de l'œuvre :

a. Présentez les innovations apportées par Apollinaire : vers libres, absence de ponctuation, trouvailles inattendues. Faites un lien avec Laforgue, Rimbaud…

b. Écoutez des interprétations dites ou chantées de poèmes d'*Alcools* par Apollinaire lui-même, S. Reggiani, Y. Montant, L. Ferré, etc. Lesquelles préférez-vous ? Pourquoi ?

c. Recherchez, chez des artistes contemporains d'Apollinaire, des tableaux à mettre en lien avec ses poèmes : Delaunay, Picasso, Matisse, Chagall…

ÉPREUVE ÉCRITE : la dissertation ➥ MÉTHODE n° 1

3 Analyser les mots du sujet

SUJET : *Peut-on appliquer à* Alcools *d'Apollinaire ce mot que Rimbaud lance dans son recueil* Une saison en enfer *: « Il faut être absolument moderne » ?*

Que signifie « Il faut être absolument » ?

....

Que signifie « moderne » ?

....

4 Établir un plan et y associer des exemples

Pour le sujet de l'exercice 3, faites un plan en trois grands axes et deux sous-parties pour chaque axe. Donnez les exemples que vous développerez dans chaque sous-partie.

Axe I :	Axe II :	Axe III : ....
Sous-partie a. : .... Exemples :	Sous-partie a. : .... Exemples :	Sous-partie a. : .... Exemple : ....
Sous-partie b. : .... Exemples :	Sous-partie b. : .... Exemples :	Sous-partie b. : .... Exemples : ....

5 Corriger une conclusion

Voici une conclusion pour le sujet de l'exercice 3. Analysez les points positifs et les points à améliorer.

« Il faut être absolument moderne ». On a l'impression qu'Apollinaire pourrait en effet reprendre ce mot à Rimbaud. Mais s'agit-il de demander un changement complet d'attitude et de langage ? La poésie se réinvente sans cesse, en particulier dans *Alcools*. Mais n'est-elle pas aussi tournée vers le passé et vers une tradition ? Sans cela, on ne la reconnaîtrait plus comme poésie. Apollinaire ne renie pas non plus la tradition. « Être absolument moderne », pour lui, ce serait être de son temps. Mais c'est aussi être tourné vers le passé. Et c'est aussi anticiper sur l'avenir – ce qui fait que les surréalistes l'ont reconnu comme leur précurseur et qu'on peut encore le lire aujourd'hui.

Points positifs : ....

....

Points à améliorer : ....

....

6 Organiser un plan

SUJET : *Qu'est-ce qui fait d'*Alcools *un recueil lyrique ?*

Voici les trois grands axes du plan. Remettez-les dans l'ordre (I, II et III) et illustrez-les par des exemples précis de poèmes.

– Le lyrisme comme chant (étymologiquement à la lyre) et comme musique poétique. ....

Exemples : ....

– Le lyrisme comme le partage d'un univers imaginaire. ....

Exemples : ....

– Le lyrisme comme communication d'une émotion personnelle au lecteur. ....

Exemples : ....

7 Trouver la problématique

SUJET : *Le recueil* Alcools *fait souvent se succéder des poèmes longs et des poèmes courts, des vers réguliers et des vers libres. Pourquoi ces alternances, selon vous ?*

Écrivez la problématique qui convient.

....

32 Le genre et ses caractéristiques

RETENIR

- La **littérature d'idées** désigne l'ensemble des œuvres qui ont pour but de **défendre une opinion, apporter un enseignement ou modifier la société.** Les textes argumentatifs qui exposent le raisonnement d'un auteur appartiennent à cette catégorie.

La littérature d'idées aux XVIe, XVIIe et XVIIIe siècles

- **Au XVIe siècle, les auteurs s'interrogent sur le monde et les hommes** en recourant à l'argumentation directe (Montaigne, *Essais*) ou indirecte (More, *Utopie* ; Rabelais, *Gargantua*).
- **Au XVIIe siècle,** la littérature d'idées prend la forme de **réflexions morales et sociales** (La Rochefoucauld, *Maximes*) ou d'apologues (La Fontaine, *Fables*).
- Enfin, **le siècle des Lumières combat l'ignorance et les préjugés** en accordant une place fondamentale à l'**esprit critique** (Diderot et d'Alembert, *Encyclopédie*), à la **réflexion philosophique et politique** (Rousseau, *Du contrat social* ; Montesquieu, *De l'esprit des lois*). Les écrivains des lumières recourent aussi volontiers à la **fiction** pour faire passer leurs idées (Voltaire, contes philosophiques ; Montesquieu, *Lettres persanes*).

Vocabulaire de l'argumentation

- Une **œuvre engagée** (présentant le point de vue d'un auteur sur un fait ou un individu) contient toujours une **thèse** (idée que l'on défend) **implicite** (sous-entendue) ou **explicite** (clairement exposée) étayée par des **arguments** (éléments qui justifient la thèse) et des **exemples** (cas particuliers qui renforcent les arguments). Des **connecteurs logiques** articulent les différentes parties de l'argumentation. ➥ FICHE 9
- Un auteur peut adopter trois stratégies pour argumenter :
  Convaincre : faire appel à la raison et à la logique de son destinataire.
  Persuader : faire appel à la sensibilité et aux émotions de son destinataire.
  Délibérer : organiser un débat afin d'exposer différentes opinions.

Les formes de l'argumentation

	Argumentation directe	Argumentation indirecte
Définitions	Présentation claire de la thèse.	Présentation détournée de la thèse par le biais d'une fiction. On appelle ces œuvres des **apologues**.
Genres	**L'essai :** œuvre permettant à l'auteur d'exercer son esprit critique sur différents sujets. **La lettre ouverte :** lettre engagée, publiée dans un journal. **L'éloge ou le blâme :** l'éloge vante les qualités d'un fait ou d'une personne. Au contraire, le blâme les dévalorise.	**La fable :** court récit en vers ou en prose, dont les personnages sont le plus souvent des personnifications ou allégories ; elle se termine par une morale explicite ou implicite. **La parabole :** fable religieuse. **Le conte merveilleux ou philosophique :** fiction contenant des éléments extraordinaires (merveilleux) et incitant à réfléchir sur l'existence, la société, la politique, etc.

Les principaux types de raisonnement

On peut utiliser différents types de raisonnement pour construire sa pensée :

Le raisonnement **déductif**	→ énoncer une vérité générale avant de l'illustrer par un cas particulier.
Le raisonnement **inductif**	→ évoquer un cas particulier pour en tirer une leçon générale.
Le raisonnement par **analogie**	→ réaliser une comparaison pour défendre une idée.
Le raisonnement par **l'absurde**	→ montrer l'absurdité d'une opinion pour renforcer la thèse contraire.

S'ENTRAÎNER

1 Comprendre la leçon

Pascal, *Pensées*, posth., 1670.

L'homme n'est qu'un roseau, le plus faible de la nature, mais c'est un roseau pensant. Il ne faut pas que l'univers entier s'arme pour l'écraser : une vapeur, une goutte d'eau suffit pour le tuer. Mais quand l'univers l'écraserait, l'homme serait encore plus noble que ce qui le tue, puisqu'il sait qu'il meurt et l'avantage que l'univers a sur lui, l'univers n'en sait rien.

Toute notre dignité consiste donc en la pensée. C'est de là qu'il faut nous relever et non de l'espace et de la durée, que nous ne saurions remplir.

Travaillons donc à bien penser : voilà le principe de la morale.

a. Complétez après avoir lu l'extrait.

Thèse : ……………………………………………………………

Forme argumentative : ……………………………………………

Stratégie(s) : ……………………………………………………

Raisonnement : …………………………………………………

b. Soulignez les sept termes permettant l'analogie.

c. Surligner les trois mots qui renvoient purement à l'homme et non au roseau.

2 Étudier les stratégies argumentatives de Voltaire

EXTRAIT 1 : *Traité sur la tolérance*, 1763.

Le droit naturel est celui que la nature indique à tous les hommes. Vous avez élevé votre enfant, il vous doit du respect comme à son père, de la reconnaissance comme à son bienfaiteur.

EXTRAIT 2 : *Candide*, 1759.

Il passa par-dessus des tas de morts et de mourants, et gagna d'abord un village voisin ; il était en cendres : c'était un village abare[1] que les Bulgares avaient brûlé, selon les lois du droit public. Ici des vieillards criblés de coups regardaient mourir leurs femmes égorgées, qui tenaient leurs enfants à leurs mamelles sanglantes.

1. Peuple fictif, opposé aux Bulgares.

Quelles sont les stratégies employées ? Justifiez.

3 Identifier des types de raisonnement

EXTRAIT 1 : Perrault, *Le Labyrinthe de Versailles*, 1677.

Un Perroquet se vantait de parler comme un homme : « Et moi, dit le Singe, j'imite toutes ses actions. » Pour en donner une marque, il mit la chemise d'un jeune garçon qui se baignait là auprès, où il s'empêtra si bien que le jeune garçon le prit et l'enchaîna.
Il ne faut se mêler que de ce qu'on sait faire,
Bien souvent on déplaît pour chercher à trop plaire.

EXTRAIT 2 : Montesquieu, *De l'esprit des lois*, 1748.

Si j'avais à soutenir le droit que nous avons eu de rendre les nègres esclaves, voici ce que je dirais :
Les peuples d'Europe ayant exterminé ceux de l'Amérique, ils ont dû mettre en esclavage ceux de l'Afrique, pour s'en servir à défricher tant de terres.

EXTRAIT 3 : Rousseau, *Émile ou De l'éducation*, 1762.

La lecture est le fléau de l'enfance, et presque la seule occupation qu'on sait lui donner. À peine à douze ans Émile saura-t-il ce que c'est qu'un livre. Mais il faut bien au moins, dira-t-on, qu'il sache lire. J'en conviens : il faut qu'il sache lire quand la lecture lui est utile : jusqu'alors elle n'est bonne qu'à l'ennuyer.

EXTRAIT 4 : Voltaire, « Bêtes », *Dictionnaire philosophique*, 1764.

Tu me vois entrer chez moi l'air affligé, chercher un papier avec inquiétude, ouvrir le bureau où je me souviens de l'avoir enfermé, le trouver, le lire avec joie. [...] Porte donc le même jugement sur ce chien qui a perdu son maître, qui l'a cherché dans tous les chemins avec des cris douloureux, qui entre dans la maison, agité, inquiet [...].

Quels sont les types de raisonnement employés dans ces extraits ? Justifiez.

4 Synthèse

Condorcet, *Réflexions sur l'esclavage des nègres*, 1781.

Réduire un homme à l'esclavage, l'acheter, le vendre, le retenir dans la servitude, ce sont de véritables crimes, et des crimes pires que le vol. En effet, on dépouille l'esclave, non seulement de toute propriété mobilière ou foncière, mais de la faculté d'en acquérir, mais de la propriété de son temps, de ses forces, de tout ce que la Nature lui a donné pour conserver sa vie ou satisfaire à ses besoins. À ce tort on joint celui d'enlever à l'esclave le droit de disposer de sa personne. Ou il n'y a point de morale, ou il faut convenir de ce principe.

a. Quelle est la thèse défendue ?

b. Encadrez les connecteurs logiques.

c. Donnez la liste des quatre arguments exposés par Condorcet.

d. Justifiez l'ordre d'exposition de ces arguments choisi par Condorcet.

Les écrits d'appropriation

RETENIR

■ Les **écrits d'appropriation** sont des écrits littéraires personnels en lien avec les lectures effectuées : œuvre intégrale, lecture cursive, texte complémentaire du parcours. Ils vous permettent de traduire votre propre vision de l'œuvre. Ils sont une aide dans votre préparation de la seconde partie de l'oral du bac. ➡ MÉTHODE n° 5

L'essai	Forme argumentative directe, l'essai est un texte qui présente le point de vue personnel de l'auteur (sa thèse) sur des thèmes divers, grâce à des arguments convaincants ou persuasifs et des exemples précis. **Conseils de rédaction :** écrivez à la 1re personne du singulier, utilisez un vocabulaire mélioratif ou péjoratif, variez les formes : récit, dialogue, description.
L'article de presse	Forme argumentative directe, l'article de presse relate un événement ou présente un jugement. Le reportage, l'enquête, la critique littéraire sont des types d'articles. Chaque article comprend un titre, un sous-titre ou chapeau (qui résume l'information), le corps du texte, une conclusion brève. **Conseils de rédaction :** n'oubliez pas de concevoir la structure de votre article en amont de la rédaction et d'employer un style journalistique (formules impersonnelles, lexique mélioratif ou péjoratif...).
L'interview	L'interview est une catégorie d'articles de presse. On y lit les questions du journaliste et les réponses de l'interviewé. Celui-ci développe une argumentation pour expliquer le sens de son œuvre : intérêt des thèmes abordés, lien avec l'histoire ou l'actualité... **Conseils de rédaction :** choisissez le cadre (lieu, date) et le thème de votre entretien. Alternez les questions et réponses. Veillez à exploiter des exemples précis issus de l'œuvre choisie.
Le pamphlet	Forme argumentative directe, le pamphlet est un texte court à la tonalité polémique et satirique. Il attaque violemment un pouvoir politique, religieux ou des valeurs morales ainsi que les personnages qui incarnent ces valeurs. La cible doit être clairement identifiée. **Conseils de rédaction :** faites appel aux modalisateurs et à un lexique mélioratif ou péjoratif. Vous pouvez également utiliser un raisonnement par l'absurde, des figures par analogie et opposition ou encore l'ironie.
La réécriture – l'écrit d'intervention	La réécriture consiste à changer les caractéristiques d'un texte : le cadre, l'époque, le point de vue défendu, la tonalité, le niveau de langue... On peut ainsi passer du théâtre au roman, modifier la thèse de l'auteur, imiter un style, exagérer des procédés, inventer la suite des événements... **Conseil de rédaction :** employez les registres épidictique, satirique, polémique, ironique, les modalisateurs, un lexique mélioratif ou péjoratif...

S'ENTRAÎNER

Voici des exercices préparatoires à réaliser AVANT de rédiger vos écrits d'appropriation sur papier libre.

1 Écrire un portrait

Vous allez rédiger le portrait d'un personnage du roman *Gargantua* et analyser ses caractéristiques. Dans un premier paragraphe, vous présenterez le personnage et, dans le second, votre opinion sur celui-ci.

Avant de rédiger votre écrit sur papier libre, répondez aux questions suivantes.

a. Quels termes choisissez-vous pour dresser le portrait physique et moral de votre personnage ? Donnez 8 à 10 exemples de noms, adjectifs mélioratifs et péjoratifs, verbes, adverbes d'opinion. Complétez le tableau.

....

	Noms	Adjectifs	Verbe	Adverbes
Portrait physique	....	....	....	....
Portrait moral	....	....	....	....

b. Quelle opinion principale défendrez-vous à propos de ce personnage ?

....

....

c. En allant du plus évident au plus important, classez quatre arguments qui constitueront le portrait du personnage choisi. Justifiez votre choix.

....

....

....

....

....

....

....

....

2 Écrire une description satirique de la société

En vous inspirant de la remarque 74 du livre VIII, « De la Cour » des *Caractères*, rédigez une satire de certains travers de nos mœurs actuelles en adoptant, comme La Bruyère, le ton d'un voyageur un peu naïf découvrant un monde qu'il ne connaît pas.

a. Quels procédés littéraires allez-vous utiliser pour faire percevoir le regard étranger ?

....

....

....

....

b. Quelles seront les cibles de votre description ?

....

....

....

....

c. Par quels procédés allez-vous renforcer le registre satirique ?

....

....

....

3 Écrire un portrait à la façon de La Bruyère

À partir de votre lecture des *Caractères*, rédigez un portrait satirique dénonçant l'attitude d'un homme ou d'une femme du XXIe siècle.

Avant de rédiger votre écrit sur papier libre, répondez aux questions suivantes.

a. Quels thèmes allez-vous aborder dans ce portrait ? Quel défaut voulez-vous dénoncer ?

....

....

b. Quel nom donnerez-vous à votre personnage ? Dans quelle situation allez-vous présenter votre « caractère » ?

....

c. Quels procédés pouvez-vous utiliser pour rendre votre critique percutante ?

....

....

4 Écrire un essai

Choisissez un thème en lien avec une de vos lectures, par exemple l'abolition de l'esclavage ou la lutte pour l'égalité femme-homme dans la *Déclaration des droits de la femme et de la citoyenne* d'Olympe de Gouges et défendez votre point de vue sur le sujet.

Avant de rédiger votre écrit sur papier libre, répondez aux questions suivantes.

a. Pour le premier thème, analysez l'universalité de l'esclavage en donnant quelques exemples pris dans l'actualité de ces dernières années.

....

....

b. Pour le second thème, établissez une liste des faits qui montrent que l'inégalité persiste entre les hommes et les femmes.

....

....

c. À quelle personne allez-vous écrire votre texte ? À quel(s) temps ?

....

....

....

d. Citez des auteurs de référence qui feront autorité dans une démonstration.

....

....

....

....

....

....

....

....

....

....

....

....

5 Écrire une interview

Réalisez l'interview d'un personnage de fiction à travers lequel vous ferez une critique de la société. Votre personnage sera le porte-parole des idéaux de la Révolution.

a. Quel idéal des Lumières choisissez-vous d'aborder ?

....

b. Quel personnage allez-vous créer ? Donnez-lui une identité (un nom, un passé, un contexte).

....

....

....

c. Rédigez un dialogue entre votre personnage et son oncle, mettant en avant les idéaux de Sébastien, fortement marqués par la Révolution.

....

....

....

....

....

....

....

....

....

....

....

....

....

....

....

Le commentaire à l'écrit

RETENIR

Commenter un texte de littérature d'idées ➥ MÉTHODE n° 2

- Pour commenter un texte de littérature d'idées, vous devez accorder une attention particulière aux **procédés spécifiques de ce genre :** ➥ FICHE 32
  – la forme de l'argumentation (directe ou indirecte) ;
  – la thèse, les arguments et les exemples ;
  – les types de raisonnement (déductif, inductif, par analogie, par l'absurde) ;
  – les stratégies employées (convaincre, persuader, délibérer).
- Revoyez également les **éléments d'analyse communs à tous les genres** : figures de style, champs lexicaux, registres... ➥ FICHES 20 et 21

S'ENTRAÎNER

1 Organiser un plan

La Bruyère, « Gnathon », *Les Caractères*, XI, 1688.

Gnathon ne vit que pour soi, et tous les hommes ensemble sont à son égard comme s'ils n'étaient point. Non content de remplir à une table la première place, il occupe lui seul celle de deux autres ; il oublie que le repas est pour lui et pour toute la compagnie ; il se rend maître du plat, et fait son propre[1] de chaque service : il ne s'attache à aucun des mets, qu'il n'ait achevé d'essayer[2] de tous ; il voudrait pouvoir les savourer tous, tout à la fois. Il ne se sert à table que de ses mains ; il manie les viandes, les remanie, démembre, déchire, et en use de manière qu'il faut que les conviés, s'ils veulent manger, mangent ses restes. Il ne leur épargne aucune de ces malpropretés dégoûtantes, capables d'ôter l'appétit aux plus affamés ; le jus et les sauces lui dégouttent du menton et de la barbe ; s'il enlève un ragoût de dessus un plat, il le répand en chemin dans un autre plat et sur la nappe ; on le suit à la trace. Il mange haut et avec grand bruit ; il roule les yeux en mangeant ; la table est pour lui un râtelier[3] ; il écure ses dents, et il continue à manger. Il se fait, quelque part où il se trouve, une manière d'établissement[4] et ne souffre pas d'être plus pressé au sermon ou au théâtre que dans sa chambre. Il n'y a dans un carrosse que les places du fond qui lui conviennent ; dans toute autre, si on veut l'en croire, il pâlit et tombe en faiblesse. S'il fait un voyage avec plusieurs, il les prévient dans les hôtelleries, et il sait toujours se conserver dans la meilleure chambre le meilleur lit. Il tourne tout à son usage ; ses valets, ceux d'autrui, courent dans le même temps pour son service. Tout ce qu'il trouve sous sa main lui est propre, hardes[5], équipages[6].

1. S'attribue. 2. Goûter. 3. Support contenant la nourriture du bétail. 4. Il fait comme chez lui. 5. Vêtements 6. Bagages.

Organisez le plan du commentaire de cet extrait : à partir des intitulés des deux grands axes (I. et II.), répartissez les sous-parties dans chacun d'eux (I. a, I. b, I. c, II. a, II. b et II. c).

Axes : I. Le portrait satirique d'un personnage répugnant.
II. Une critique universelle de l'égoïsme des hommes.

Sous-parties :

– Les excès du personnage. ....
– La vivacité de la critique du moraliste. ....
– La critique d'un défaut universel. ....
– Le portrait d'un caractère (et non d'un homme). ....
– Une satire à valeur de vérité générale. ....
– Un personnage grotesque. ....

2 Déterminer le plan et rédiger une introduction

Léry, *Histoire d'un voyage fait en la terre du Brésil*, 1578.

Afin que ceux qui liront ces choses tant horribles, exercées journellement entre ces nations barbares de la terre du Brésil, pensent aussi un peu de près à ce qui se fait par deçà parmi nous : je dirai en premier lieu sur cette matière, que si on considère à bon escient ce que font nos gros usuriers (suçant le sang et la moelle et par conséquent mangeant tous en vie, tant de veuves et orphelins et autres pauvres personnes auxquels il vaudrait mieux couper la gorge d'un seul coup, que les faire ainsi languir) qu'on dira qu'ils sont encore plus cruels que les sauvages dont je parle. Voilà aussi pourquoi le Prophète[1] dit, que telles gens écorchent la peau, mangent la chair, rompent et brisent les os du peuple de Dieu, comme s'ils les faisaient bouillir dans une chaudière. Davantage, si on veut venir à l'action brutale de mâcher et manger réellement (comme on parle) la chair humaine, ne s'en est-il point trouvé en ces régions de par deçà, voire même entre ceux qui portent le titre de Chrétiens, tant en Italie qu'ailleurs, lesquels ne s'étant pas contentés d'avoir fait cruellement mourir leurs ennemis, n'ont pu rassasier leur courage, sinon en mangeant de leur foie et de leur cœur ? Je m'en rapporte aux histoires. Et sans aller plus loin, en la France quoi ? (Je suis Français et je me fâche de le dire) durant la sanglante tragédie qui commença à Paris le 24 d'août 1572[2] dont je n'accuse point ceux qui n'en sont pas cause : entre autres actes horribles à raconter, qui se perpétrèrent lors par tout le Royaume, la graisse des corps humains (qui d'une façon plus barbare et cruelle que celle des sauvages, furent massacrés dans Lyon, après être retirés de la rivière de Saône) ne fut-elle pas publiquement vendue au plus offrant et dernier enchérisseur ?

1. Référence au prophète Michée (-VIIIe s.). 2. Massacre de la Saint-Barthélemy.

a. Quels pourraient être les grands axes de ce commentaire ?

....

....

....

....

b. Rédigez l'introduction du commentaire de cet extrait.

....

....

....

....

....

....

....

....

....

....

....

....

....

....

3 Organiser le plan détaillé, préparer une conclusion

Voltaire, « Torture », *Dictionnaire philosophique portatif*, 1764.

Les Français, qui passent, je ne sais pourquoi, pour un peuple fort humain, s'étonnent que les Anglais, qui ont eu l'inhumanité de nous prendre tout le Canada, aient renoncé au plaisir de donner la question[1].

Lorsque le chevalier de La Barre, petit-fils d'un lieutenant général des armées, jeune homme de beaucoup d'esprit et d'une grande espérance, mais ayant toute l'étourderie d'une jeunesse effrénée, fut convaincu d'avoir chanté des chansons impies, et même d'avoir passé devant une procession de capucins sans avoir ôté son chapeau, les juges d'Abbeville, gens comparables aux sénateurs romains, ordonnèrent, non seulement qu'on lui arrachât la langue, qu'on lui coupât la main, et qu'on brûlât son corps à petit feu ; mais ils l'appliquèrent encore à la torture pour savoir combien de chansons il avait chantées, et combien de processions il avait vues passer, le chapeau sur la tête.

Ce n'est pas dans le XIIIe ou dans le XIVe siècle que cette aventure est arrivée, c'est dans le XVIIIe. Les nations étrangères jugent de la France par les spectacles, par les romans, par les jolis vers, par les filles d'Opéra, qui ont les mœurs fort douces, par nos danseurs d'Opéra, qui ont de la grâce, par Mlle Clairon, qui déclame des vers à ravir. Elles ne savent pas qu'il n'y a point au fond de nation plus cruelle que la française.

1. Torturer.

a. Quelle forme argumentative Voltaire utilise-t-il ?

....

....

....

b. Quelle problématique pourriez-vous proposer pour le commentaire de cet extrait ?

....

....

....

c. Organisez le plan du commentaire de cet extrait : retrouvez les intitulés des trois grands axes et répartissez les sous-parties dans chacun d'eux (I. a, I. b, II. a, II. b, III. a et III. b).

- Une critique acerbe de la justice religieuse. ....
- Un tableau des violences pratiquées. ....
- Le raffinement et la cruauté des Français. ....
- Une réaction à un fait d'actualité. ....
- La cible de Voltaire : l'Église. ....
- Le blâme de la torture. ....
- Le ton ironique de Voltaire face aux paradoxes de l'Église. ....
- Une remise en question de l'humanité française. ....
- Une société arriérée. ....

d. Rédigez la conclusion du commentaire.

....

....

....

....

....

....

....

....

....

....

....

....

35 OBJET D'ÉTUDE : La littérature d'idées du XVIe au XVIIIe siècle

François Rabelais, *Gargantua*, 1534

PARCOURS : Rire et savoir

RETENIR

Enjeux

- Au **XVIe siècle**, le **savoir se renouvelle** : l'invention de l'imprimerie, la découverte du Nouveau Monde, la redécouverte des textes de l'Antiquité sont autant d'invitations à développer une **nouvelle vision de l'homme**. Sous la plume des humanistes, et en particulier de Rabelais, la réflexion prend un nouveau tournant : le roman traite de sujets variés et sérieux. Mais pour Rabelais, cette réflexion est inséparable du comique. Ainsi, le comique se met au service du savoir.

Thèmes

- *Gargantua* aborde tous les thèmes majeurs de la pensée humaniste, souvent sous un jour comique. Il y a chez Rabelais un incessant aller-retour entre le rire et le savoir.

Dans *Gargantua*, le rire implique...	Dans *Gargantua*, le savoir est lié à...
– d'être un bon vivant ; – de critiquer les abus ; – de se considérer avec humilité.	– l'éducation ; – l'exercice du pouvoir ; – la religion.

Passages clés

- Le roman se compose de quatre étapes majeures. Rabelais s'inspire en cela des épopées mais aussi des romans médiévaux.

La naissance, l'enfance et l'adolescence de Gargantua	– La naissance extraordinaire de Gargantua (chapitre VI) – L'origine du nom de Gargantua (chapitre VII) – L'adolescence de Gargantua (chapitres XI et XIII)
L'éducation de Gargantua	– La première éducation de Gargantua par les sophistes (chapitre XXI) – La deuxième éducation de Gargantua par Ponocrates (chapitre XXIII)
Les exploits guerriers	– La guerre picrocholine (du chapitre XXVII au chapitre L)
Le dénouement	– L'utopie et l'abbaye de Thélème (du chapitre LII au chapitre LVII)

S'ENTRAÎNER

Compléter la frise *p. 53*

ÉPREUVE ORALE (première partie) ➥ MÉTHODE n° 6

1 Préparer l'explication linéaire

Gargantua, chap. XXI

Gargantua **s'éveillait donc** vers **quatre heures du matin. Pendant qu'**on le **frictionnait**, quelqu'un lui **lisait** une page des Saintes Écritures, à voix **haute** et **claire**, avec la diction **adéquate**. À cette tâche était affecté un jeune page natif de Basché, du nom d'**Anagnostes**[1]. Selon le thème de l'argument de cette leçon, souvent Gargantua se consacrait à **révérer**, **adorer**, **prier** et **supplier** le bon Dieu dont la lecture montrait la majesté et les jugements merveilleux.

Puis il se retirait aux **lieux d'aisances pour se purger de ses excréments naturels. Là** son précepteur répétait ce qui avait été lu en lui **expliquant les points les plus obscurs et difficiles**.

Ceci fait, Gargantua était **habillé**, **peigné**, **coiffé**, **tiré à quatre épingles et parfumé. Pendant ce temps**, on lui répétait les leçons du jour précédent. **Lui-même** les **récitait** par cœur et il y **appliquait** quelques cas pratiques relatifs à l'être humain. Ils **écoutaient parfois** pendant deux ou trois heures au moins, mais d'ordinaire, ils **cessaient lorsqu'**il était complètement habillé.

Puis, pendant trois bonnes heures, **on lui** faisait la lecture. [...]

Tous leurs **jeux** ne se faisaient qu'en **liberté** car ils abandonnaient la partie quand il leur **plaisait**. En règle générale, ils cessaient lorsque leurs **corps étaient en sueur** ou que, pour une raison ou une autre, ils étaient las.

1. Anagnostes : mot grec signifiant « lecteur ».

ÉTAPE 1 Identifier la structure du texte

a. Situez le passage en quelques lignes.

....

....

....

....

b. **De combien de parties est composé cet extrait ? Donnez un titre à chacune.**

....

....

....

ÉTAPE 2 Analyser l'écriture au service du sens

Complétez le tableau en vous aidant des mots en gras dans le texte.

Texte	Procédés littéraires	Interprétation, effets produits
PARTIE 1 **Lignes 1-3** *« s'éveillait donc vers quatre heures ».* *« Pendant qu'on le frictionnait [...] lisait »*	Expressions temporelles : la chronologie est appuyée par l'adverbe « donc » et la proposition subordonnée de temps. Utilisation de l'imparfait.	L'emploi du temps de Gargantua est structuré. De nouvelles habitudes sont mises en place.
Lignes 2-4 *« quelqu'un lui lisait une page des Saintes Écritures, à voix haute et claire, avec la diction adéquate »*	....	....
Lignes 5-6 *« Anagnostes »*	....	....
Lignes 7-8 *« révérer, adorer, prier et supplier le bon Dieu »*	....	....
PARTIE 2 **Lignes 10-13** *« lieux d'aisances pour se purger de ses excréments naturels »* *« en lui expliquant les points les plus obscurs et difficiles »*	....	....
Ligne 14 *« Ceci fait »*	....	....
Lignes 14-15 *« habillé, peigné, coiffé, tiré à quatre épingles et parfumé »*	....	....
Lignes 15-16 *« Pendant ce temps, on lui répétait les leçons du jour précédent. »*	....	....
Lignes 16-18 *« Lui-même les récitait par cœur et il y appliquait quelques cas pratiques »*	....	....

Texte	Procédés littéraires	Interprétation, effets produits
Lignes 18-21 *« Ils écoutaient parfois pendant deux ou trois heures au moins, mais d'ordinaire, ils cessaient lorsqu'il était complètement habillé. »*	....	....
Lignes 22-23 *« Puis, pendant trois bonnes heures, on lui faisait la lecture. »*	....	....
PARTIE 3 **Lignes 24-28** *« Tous leurs jeux ne se faisaient qu'en liberté car ils abandonnaient la partie quand il leur plaisait. »* *« leurs corps étaient en sueur [...] las »*	....	....

ÉTAPE 3 Préparer l'explication

a. À partir des étapes 1 et 2, rédigez une introduction sur papier libre et préparez votre explication orale.

b. Présentez votre explication à un(e) camarade qui vous évaluera en s'appuyant sur la grille p. 143.

ÉPREUVE ORALE (seconde partie) ➡ MÉTHODE n° 5

2 Préparer la présentation de l'œuvre

Pour enrichir votre propos d'un regard personnel sur l'œuvre, répondez aux questions suivantes.

a. Détaillez la généalogie de Gargantua et étudiez l'onomastique des personnages majeurs.

b. Confrontez votre regard sur l'œuvre avec les gravures réalisées par Gustave Doré. Choisissez-en une qui illustre particulièrement bien le roman de Rabelais, selon vous.

ÉPREUVE ÉCRITE : la dissertation ➡ MÉTHODE n° 1

3 Élaborer une problématique à partir d'un sujet

SUJET : *Dans* Gargantua, *Rabelais a massivement recours au rire. S'agit-il seulement de divertir le lecteur, selon vous ?*

a. Surlignez les mots-clés du sujet. Proposez une définition pour chacun de ces mots.

....

....

....

....

....

....

b. Reformulez la problématique.

....

....

....

c. Quel type de plan pensez-vous adopter : dialectique ou analytique ? Proposez trois grandes parties.

....

....

....

....

....

4 Élaborer une problématique à partir d'un sujet

SUJET : *Dans quelle mesure Gargantua peut-il être qualifié de personnage exceptionnel ?*

Indiquez dans quel grand axe de la dissertation vous classeriez les sous-parties proposées.

Axe I : Gargantua, un héros exceptionnel.
Axe II : Mais peut-être plus humain qu'il y paraît.
Axe III : En fait, Gargantua est un personnage pensé par Rabelais pour servir de modèle au lecteur.

Sous-parties :

– Un géant aux besoins très humains.

....

– Un double du lecteur qui a « su rompre l'os et sucer la substantifique moelle ».

....

– Un personnage qui doit apprendre à apprendre pour grandir.

....

– Un géant dont la démesure peut fasciner les lecteurs.

....

– Un modèle de bon prince.

....

– Un héros épique qui s'illustre lors de situations extraordinaires.

....

François Rabelais, *Gargantua*, chap. XI à XXIV, 1534

RETENIR

Enjeux

- Au **XVIe siècle**, le **savoir se renouvelle** : l'invention de l'imprimerie, la découverte du Nouveau Monde, la redécouverte des textes de l'Antiquité sont autant d'invitations à développer une **nouvelle vision de l'homme**. Les humanistes sont optimistes : ils considèrent que le savoir et l'éducation qui en découle vont permettre à l'**homme de progresser moralement et intellectuellement**. Selon le précepte d'Érasme, « on ne naît pas homme, on le devient » : la bonne éducation permettrait donc à l'homme de devenir homme.

Thèmes

- Les chapitres XI à XXIV abordent l'éducation de Gargantua et permettent de comprendre l'évolution du personnage confronté à deux modes d'éducation très différents.

De la mauvaise éducation…	… à la bonne éducation
– Une éducation médiévale – Un programme d'études limité – Une réflexion personnelle limitée	– Une éducation humaniste – Un programme d'études gigantesque, à la mesure du personnage – Une autonomie grandissante

Passages clés

L'enfance de Gargantua	L'invention du torchecul (chapitre XII)
La première éducation de Gargantua	Grandgousier confie l'éducation de son fils à Thubal Holoferne puis à Jobelin Bridé (chapitres XIII et XIV)
La deuxième éducation de Gargantua	L'éducation de Gargantua est désormais confiée à Ponocrates (chapitre XXI)
Les causes de la guerre picrocholine	Maintenant qu'il est éduqué, Gargantua est confronté à l'exercice de la guerre (chapitres XXIII et XXIV)

S'ENTRAÎNER

Compléter la frise *p. 53*

ÉPREUVE ORALE (première partie) MÉTHODE n° 6

(Voir p. 79-80)

ÉPREUVE ORALE (seconde partie) MÉTHODE n° 5

2 Préparer la présentation de l'œuvre

Pour enrichir votre propos d'un regard personnel sur l'œuvre, répondez aux questions suivantes.

a. Recherchez l'étymologie du mot « éducation ». Indiquez d'autres termes formés sur le même radical.

b. Composez à votre tour un programme d'éducation pour un écolier du XXIe siècle.

ÉPREUVE ÉCRITE : la contraction et l'essai MÉTHODES n° 3 et 4

3 Réaliser une contraction de texte au quart

A. Bentolila, *Tout sur l'école*, 2004

Dans un monde où la recherche forcenée d'un plaisir vite consommé est devenue un principe de vie, dans un monde où le droit à « l'euphorie perpétuelle » fait quasiment partie du catalogue des avantages acquis, pourquoi donc l'école en particulier et l'apprentissage en général échapperaient-ils à cette tendance majeure ? Apparent paradoxe, à mesure que l'échec scolaire se faisait plus évident s'est installée l'idée que le plaisir devait être consubstantiel de toute démarche d'apprentissage. Cette consubstantialité a été présentée comme la meilleure garantie du succès des apprentissages. À l'opposé, l'obscur labeur a été dénoncé comme responsable de l'échec scolaire et de la désaffection des élèves.

L'idée d'apprendre sans souffrir exagérément et sans s'ennuyer prodigieusement ne me paraît pas sans intérêt, mais faire du plaisir la condition *sine qua non* de toute démarche d'apprentissage me paraît au moins exagéré et peut-être dangereux. On constate en effet que l'affirmation du primat du plaisir a produit au cours de ces trente dernières années des effets extrêmement pervers et a induit des pratiques qui, loin de lutter contre l'échec scolaire, ont eu plutôt tendance à l'aggraver.

Au plaisir de lire

Considérons ce qu'a occasionné l'obsession pédagogique du plaisir dans l'apprentissage de la lecture et voyons comment on a confondu le plaisir de lire avec le plaisir d'apprendre à lire. Pour faire plaisir à un enfant, on fait semblant de croire – et on lui fait croire – qu'il sait lire alors qu'il en est encore incapable. Ce n'est pas parce qu'il suit les lignes avec son doigt en manifestant une grande attention aux mots de son texte qu'il le lit vraiment. Non ! Il le connaît quasiment par cœur, et si un mot changeait, il ne s'en apercevrait vraisemblablement pas. Lire – faut-il le préciser –, c'est être capable de reconnaître et de comprendre un mot que l'on n'a jamais rencontré auparavant et cette capacité exige que l'on ait maîtrisé avec patience et parfois difficulté les mécanismes qui permettent au code écrit de fonctionner. Rien n'est plus dangereux que de faire croire à un enfant qu'il sait lire alors qu'il ne possède aucune autonomie de lecture. Il faut, au contraire, qu'il accepte le fait que le plaisir de lire est au bout du chemin d'un apprentissage qui sera parfois aride, parfois répétitif, mais qui lui donnera le pouvoir de conquérir tout seul le sens d'un texte. Pendant ces trente dernières années, certains ont tenté de faire croire aux instituteurs du cours préparatoire que le grand ennemi de la lecture était le déchiffrage : c'était, disait-on, parce que l'on obligeait ces malheureux élèves à établir des liens entre les lettres qu'ils découvraient et les sons qui leur correspondaient que certains en restaient au stade de l'ânonnement besogneux privé de sens. Autrement dit, c'est parce que l'on différait le plaisir de comprendre tout de suite en les obligeant à dominer d'abord les mécanismes de la lecture que l'on faisait de ces enfants de futurs illettrés. **(487 mots)**

a. **Recherchez le sens des mots « paradoxe » (l. 7) et « consubstantialité » (l. 10).**

....

b. **De quel thème traite le texte ? Reformulez la thèse.**

....

c. **Repérez les articulations essentielles du texte en surlignant les connecteurs logiques.**

d. **Contractez le texte au quart.**

....

4 Rédiger un essai

SUJET : *Comment faut-il éduquer les enfants selon vous ?*

Proposez un plan en deux parties pour répondre à cette question, appuyez-vous sur le texte de l'exercice de contraction, votre étude de *Gargantua* et des textes lus pendant l'année.

a. **Surlignez les mots-clés et reformulez le sujet.**

....

b. **Notez vos premières idées.**

....

c. **Quelles sont les parties sur lesquelles vous pourriez vous appuyer pour développer votre réflexion ?**

....

d. **Rédigez l'introduction de votre essai.**

....

37 OBJET D'ÉTUDE : La littérature d'idées du XVIe au XVIIIe siècle

Jean de La Bruyère, *Les Caractères*, livres V à X, 1687

PARCOURS : La comédie sociale

RETENIR

Enjeux

- Dans *Les Caractères*, **La Bruyère** propose un « portrait » de ses contemporains fait « d'après nature ». Le **moraliste** se fait ainsi **observateur** attentif, **analyste des comportements** et « **peintre** » réalisant le tableau satirique des hommes de son temps. Il fait le choix d'une **œuvre fragmentée**, divisée en **seize livres**, eux-mêmes **constitués de nombreuses « remarques » et portraits**. Il mobilise toutes les ressources du langage (sous-entendus, ironie, pointe...) pour condamner les défauts des hommes et susciter la réflexion du lecteur.

	Thèmes principaux	Remarques importantes
Livre V	– Réflexion sur les règles de la vie en société et de la conversation. – Condamnation de ceux qui se servent du langage pour mentir, se mettre en avant ou écraser les autres.	Remarques 16, 17, 23 et 67. Portraits d'Acis (7), d'Arrias (9) et de Théodecte (12).
Livre VI	– Réflexion sur la destinée humaine et les hasards de la fortune. – Condamnation des partisans prêts à tout pour s'enrichir et s'élever dans la société.	Remarques 4, 7, 9, 10, 14, 32 et 25. Portraits 15, 16, 18, 21 et 83.
Livre VII	– Critique des bourgeois parisiens, de leur vanité et de leur hypocrisie. – Satire des femmes se livrant à une véritable « comédie sociale ».	Remarques 1, 3 et 6. Portrait de Narcisse (12).
Livre VIII	– Dénonciation de l'hypocrisie et de la dissimulation des courtisans, et de leurs manigances pour servir leurs intérêts. – Thème du *theatrum mundi* : le monde est un théâtre, sur la scène duquel les hommes jouent (sans le savoir) un rôle.	Remarques 2, 10, 13, 18, 22, 74, 83 et 99. Portraits de Ménophile (48) et de Théodote (61).
Livre IX	– Condamnation de la cruauté et de la vanité des « Grands », proches du roi.	Remarques 4, 18, 19, 25. Portraits de Théognis (48) et de Pamphile (50)
Livre X	– Réflexion sur les devoirs du roi. – Modèle du souverain idéal.	Remarques 3, 29, 30 et 34.

S'ENTRAÎNER

Compléter la frise *p. 54*

ÉPREUVE ORALE (première partie) ➡ MÉTHODE n° 6

1 Préparer l'explication linéaire

Les Caractères, « De la Cour », Livre VIII, remarque 74

Les **femmes du pays** précipitent le **déclin de leur beauté** par des **artifices** qu'elles croient servir à les **rendre belles** : leur coutume est de **peindre** leurs **lèvres**, leurs **joues**, leurs **sourcils** et leurs **épaules**, qu'elles étalent avec leur **gorge**, leurs **bras** et leurs **oreilles**, comme si elles craignaient de **cacher** l'endroit par où elles pourraient plaire, ou de ne pas se **montrer** assez. **Ceux qui habitent cette contrée** ont une physionomie qui n'est pas nette, mais **confuse**, **embarrassée** dans une épaisseur de cheveux étrangers, qu'ils préfèrent aux naturels et dont ils font un long tissu pour **couvrir leur tête** : il descend à la moitié du corps, **change les traits, et empêche qu'on ne connaisse les hommes à leur visage**. Ces **peuples d'ailleurs** ont leur Dieu et leur roi : les grands[1] de la nation s'assemblent tous les jours, à une certaine heure, dans un temple qu'ils nomment église ; [...] **les grands forment un vaste cercle** au pied de cet autel, et **paraissent debout**, le **dos tourné** directement au prêtre et aux saints mystères, et **les faces élevées vers leur roi**. [...] Les gens du pays **le nomment***** ; il est à quelque quarante-huit degrés d'élévation du pôle[2], et à plus d'**onze cents lieues de mer des Iroquois et des Hurons**[3].

1. Les grands : les nobles.
2. Quelque quarante-huit degrés d'élévation du pôle : indication de la latitude.
3. Iroquois, Hurons : peuples amérindiens.

ÉTAPE 1 Identifier la structure du texte

a. Situez le passage en quelques lignes.

....

....

....

b. De combien de parties est composé cet extrait ? Donnez un titre à chacune.

....

....

....

....

....

....

ÉTAPE 2 Analyser l'écriture au service du sens
Complétez le tableau en vous aidant des mots en gras dans le texte.

Texte	Procédés littéraires	Interprétation, effets produits
PARTIE 1 *« Les femmes du pays »,* *« Ceux qui habitent cette contrée »* *« peuple d'ailleurs »*	Périphrases et termes génériques pour désigner les Françaises, les courtisans.	La Bruyère énonce cette remarque depuis le point de vue d'un étranger, observant le monde de la cour. Son ignorance et son regard neuf permettent de souligner la bizarrerie des comportements des courtisans.
Lignes 1-3 *« Précipitent [...] rendre belles »*	Paradoxe.	....
Lignes 4-6 *« lèvres, joues, sourcils, épaules, gorge, bras, oreilles »*	....	L'expansion du maquillage qui couvre peu à peu tout le corps des femmes prend une tournure inquiétante. Le corps semble disparaître sous la « peinture ».
Lignes 2-8 *« artifice », « peindre », « cacher », « montrer »*	....	....
Lignes 9-10 *« une physionomie [...] de cheveux étrangers »*	....	....
Lignes 13-14 *« couvrir leur tête », « change les traits, et empêche qu'on ne connaisse les hommes à leur visage ».*	....	....
PARTIE 2 **Lignes 17-21** *« les grands forment [...] les faces élevées vers leur roi »*	....	....
PARTIE 3 **Lignes 22-24** *« il est à [...] plus d'onze cents lieues de mer des Iroquois et des Hurons »*	....	....

ÉTAPE 3 Préparer l'explication

a. À partir des étapes 1 et 2, rédigez une introduction sur papier libre et préparez votre explication orale.

b. Présentez votre explication à un(e) camarade qui vous évaluera en s'appuyant sur la grille p. 143.

ÉPREUVE ORALE (seconde partie) ➡ MÉTHODE n° 5

2 Préparer la présentation de l'œuvre

Pour enrichir votre propos d'un regard personnel sur l'œuvre, écoutez, sur France Culture, l'émission *Les Chemins de la Philosophie*, « Tu es grand, tu es vivant : ce n'est pas assez » consacrée aux *Caractères* de La Bruyère.

a. Qu'est-ce qui caractérise « l'esprit courtisan » ?

....

b. Pourquoi la cour est-elle un lieu privilégié d'observation des travers humains ?

....

....

....

ÉPREUVE ÉCRITE : la dissertation ➡ MÉTHODE n° 1

3 Proposer une problématique à partir d'un sujet

SUJET : *Doris Kirsch écrit, dans* La Bruyère ou le Style cruel *: « La Bruyère nous montre que la vie sociale n'a aucune signification spirituelle, elle ne forme pas l'esprit de l'homme mais uniquement son allure physique, en lui enseignant quelques recettes toutes mécaniques pour paraître favorablement aux yeux des autres. »* En quoi cette affirmation s'applique-t-elle à votre lecture des *Caractères* ?

a. Surlignez les mots-clés du sujet.

b. Formulez une problématique.

....

....

....

c. Proposez un plan analytique en trois parties.

....

....

....

Jean de La Bruyère, *Les Caractères*, livre XI, 1687

Parcours : Peindre les hommes, examiner la nature humaine

RETENIR

Enjeux des *Caractères*

- Document le plus complet sur les pratiques sociales de la France au XVIIe siècle, *Les Caractères* constitue une œuvre unique où **La Bruyère** s'impose comme le spectateur amusé des ridicules de son temps et le **peintre amer des vices de la société**. Plus révolté que Molière ou La Fontaine par les dysfonctionnements du Grand Siècle, La Bruyère n'attaque pourtant jamais la monarchie : il fustige plutôt les défauts humains qui se cristallisent autour d'elle.
- Partie la plus ample des *Caractères*, le **livre XI**, « De l'homme », présente une **vaste galerie de portraits** où le lecteur décèle, à travers la moqueuse observation des contemporains, une étude anthropologique universelle et intemporelle.

Passages clés

Un tableau de la société du XVIIe siècle	La Bruyère offre à ses lecteurs une galerie de portraits satiriques présentant les dérives de son temps : la maladresse de Ménalque (7), l'égoïsme de Gnathon (121), la prétention de Télèphe (141). Pris au jeu des « clés », le lecteur cherche quel courtisan se cache derrière tel ou tel caractère (124).
Une peinture universelle des hommes	Au-delà du XVIIe siècle, c'est à l'homme tout entier que le moraliste s'intéresse. Étude anthropologique, le livre XI révèle par son titre son universalité. Tantôt un personnage incarne un défaut comme Irène l'hypocondriaque (35) ou Timon le misanthrope (155), tantôt le défaut est décrit comme une vérité générale (la jalousie, 85).
Virulence ou l'indulgence ?	Le ton du moraliste oscille entre la virulence du peintre critique (le vice est ancré en l'homme depuis son enfance, 50-59) et l'indulgence du philosophe moraliste (l'homme est ce qu'il est et l'on ne peut le changer, 1 et 158).

S'ENTRAÎNER

Compléter la frise *p. 54*

ÉPREUVE ORALE (première partie) MÉTHODE n° 6

1 Préparer l'explication linéaire

Les Caractères, « Ménalque », Livre XI, remarque 7

Ménalque **descend** son escalier, **ouvre** sa porte pour sortir, il la **referme** : il s'aperçoit qu'il est en **bonnet de nuit** ; et venant à mieux s'examiner, il se trouve **rasé à moitié**, il voit que son **épée est mise du côté droit**, que ses **bas sont rabattus** sur ses **talons**, et que sa **chemise est par-dessus ses chausses**. […] **On** l'a vu une fois **heurter** du front contre celui d'un aveugle, **s'embarrasser** dans ses jambes, et **tomber** avec lui chacun de son côté à la renverse. Il lui est arrivé plusieurs fois de se trouver tête pour tête à la rencontre d'un prince et sur son passage, se reconnaître à peine, et n'avoir que le loisir de se coller à un mur pour lui faire place. Il **cherche**, il **brouille**, il **crie**, il **s'échauffe**, il **appelle** ses valets l'un après l'autre : **on lui perd tout, on lui égare tout** ; il demande ses gants, qu'il a dans ses mains, **semblable à cette femme** qui prenait le temps de demander son masque lorsqu'elle l'avait sur son visage. Il **entre** à l'**appartement**[1], et **passe sous** un **lustre où** sa **perruque s'accroche** et **demeure** suspendue : **tous les courtisans regardent** et **rient** ; Ménalque **regarde** aussi et **rit** plus haut que les autres, il cherche des yeux **dans** toute l'assemblée où est **celui qui** montre ses **oreilles**, et à qui il manque une perruque.

1. Appartement : appartement du roi.

ÉTAPE 1 Identifier la structure du texte

a. Situez le passage en quelques lignes.

b. De combien de parties est composé cet extrait ? Donnez un titre à chacune.

ÉTAPE 2 Analyser l'écriture au service du sens. Complétez le tableau en vous aidant des mots en gras dans le texte

Texte	Procédés littéraires	Interprétation, effets produits
PARTIE 1 **Lignes 1-2** *« descend », « ouvre », « referme »*	Enchaînement de verbes d'action + présent de narration.	Dramatisation : Ménalque, personnage banal, entre en scène comme au théâtre.
Lignes 2-6 *« bonnet de nuit », « rasé à moitié », « bas rabattus », « sa chemise est par-dessus ses chausses »*	....	....
Lignes 4-6 *« épée », « talons », « chausses »*	....	....
Ligne 7 *« On »*	....	....
Lignes 7-8 *« heurter », « s'embarrasser », « tomber »*	....	....
PARTIE 2 **Lignes 13-14** *« cherche », « brouille », « crie », « s'échauffe », « appelle »*	....	....
Lignes 14-15 *« on lui perd tout, on lui égare tout »*	....	....
Ligne 16 *« semblable à cette femme »*	....	....
PARTIE 3 **Lignes 18-20** *« appartement », « perruque », « courtisan »*	....	....
Lignes 19-22 *« sous », « où », « dans »*	....	....
Lignes 18-21 *« entre », « passe », « s'accroche », « demeure », « regarde(nt) », « ri(ent) »*	....	....
Lignes 18-24 *« appartement », « lustre », « courtisans »* vs *« perruque », « oreilles »*	....	....
Lignes 20-24 *« tous les courtisans »* vs *« celui qui »*	....	....

ÉTAPE 3 Préparer l'explication

a. À partir des étapes 1 et 2, rédigez une introduction sur papier libre et préparez votre explication orale.

b. Présentez votre explication à un(e) camarade qui vous évaluera en s'appuyant sur la grille p. 143.

ÉPREUVE ORALE (seconde partie) ➡ MÉTHODE n° 5

2 Préparer la présentation de l'œuvre

Pour présenter *Les Caractères* de façon vivante, recherchez les personnages qui vous plaisent particulièrement

dans les remarques lues. Préparez une présentation de chacun avec de nombreux adjectifs (« cupide, avare, distrait, égoïste, méchant, courtisan »…). Associez à chaque personnage une citation illustrant le défaut humain qu'il incarne. Présentez oralement vos arguments à un camarade pour vous entraîner.

ÉPREUVE ÉCRITE : la contraction et l'essai ➡ MÉTHODES n° 3 et 4

3 Réaliser une contraction de texte au quart

T. Gheeraert, « L'homme en éclats : Fixé et déterminé par sa nature », 2019.

Le premier sens du mot *caractère* est typographique[1] : « certaine figure qu'on trace sur le papier, sur l'airain, sur le marbre, ou sur autres matières avec la plume, le burin, le ciseau, ou autres instruments pour signifier ou marquer quelque chose ». Le caractère est ainsi avant tout une marque, ou pour mieux dire *un signe*. Et en particulier, une notation d'infamie[2], ces « marques ou empreintes que les Anciens mettaient sur le front de leurs esclaves ou des criminels pour les reconnaître ou pour les noter » au fer rouge. […] Le travail du moraliste est identique à celui du maître qui marque ses esclaves : il observe les hommes, note les différences, les trie, les distribue en classes, et les marque d'un caractère qui s'imprime définitivement sur eux, et dont ils ne pourront sortir. La Bruyère, en quelque sorte, « tatoue » ses contemporains, ou plutôt révèle ces « tatouages » parfois cachés qui les définissent. […] Cette métaphore du caractère renvoie à une conception fixiste[3] de la nature humaine : […] Irène (XI, 35) restera malade imaginaire, Ménalque distrait, Onuphre hypocrite, sans remède. Les portraits sont intemporels, n'ont ni début ni fin. Contrairement au romancier, le moraliste ne motive ni n'explique les traits de caractère qu'il brosse : ils sont des *traits de nature* qui n'admettent aucun arc transformationnel manifestant quelque changement en profondeur. **(228 mots)**

1. Typographique : renvoyant au procédé par lequel un texte est imprimé par des caractères en relief assemblés.
2. Infamie : honte, déshonneur.
3. Conception fixiste : théorie selon laquelle les espèces vivantes sont figées dans le temps.

a. De quel thème traite le texte ?

………………………………………………………………………
………………………………………………………………………
………………………………………………………………………
………………………………………………………………………

b. Reformulez la thèse.

………………………………………………………………………
………………………………………………………………………
………………………………………………………………………
………………………………………………………………………
………………………………………………………………………
………………………………………………………………………

c. Repérez les articulations essentielles du texte.

………………………………………………………………………
………………………………………………………………………
………………………………………………………………………
………………………………………………………………………
………………………………………………………………………
………………………………………………………………………
………………………………………………………………………
………………………………………………………………………
………………………………………………………………………
………………………………………………………………………
………………………………………………………………………
………………………………………………………………………

d. Contractez le texte au quart.

………………………………………………………………………
………………………………………………………………………
………………………………………………………………………
………………………………………………………………………
………………………………………………………………………
………………………………………………………………………
………………………………………………………………………
………………………………………………………………………
………………………………………………………………………

4 Rédiger un essai

SUJET : *Peut-on critiquer les défauts des hommes avec bienveillance ?*

a. Analysez du sujet : surlignez les mots-clés et définissez-les.

………………………………………………………………………
………………………………………………………………………
………………………………………………………………………
………………………………………………………………………
………………………………………………………………………
………………………………………………………………………

b. Notez vos premières idées.

………………………………………………………………………
………………………………………………………………………
………………………………………………………………………
………………………………………………………………………
………………………………………………………………………
………………………………………………………………………
………………………………………………………………………
………………………………………………………………………
………………………………………………………………………

c. Proposez un plan en deux parties.

………………………………………………………………………
………………………………………………………………………
………………………………………………………………………
………………………………………………………………………
………………………………………………………………………
………………………………………………………………………
………………………………………………………………………

39 Olympe de Gouges, *Déclaration des droits de la femme et de la citoyenne*, 1791

RETENIR

Enjeux

- **Écrit révolutionnaire** d'un **genre inclassable**, la *Déclaration des droits de la femme et de la citoyenne* reprend la forme de la *Déclaration des droits de l'homme et du citoyen* qu'Olympe de Gouges pastiche pour en réparer un oubli criant : la nécessité d'accorder des droits civils égaux aux femmes et aux hommes. Ce collage révolutionnaire de plusieurs genres mêle **pastiche** de la *Déclaration* de 1789 à laquelle elle répond, **pamphlet** aux formules choc, **contrat conjugal idéal** et **anecdote**. Dans cette tribune aux multiples destinataires, Gouges s'adresse à la reine, à l'homme, à l'Assemblée nationale et à la communauté des femmes. C'est la première personne du singulier de cette parole offensive qui unifie le propos et lui donne sa puissance.

Thèmes

– Un plaidoyer pour les droits des femmes et pour l'égalité.
– Un réquisitoire contre l'esclavage.

Grandes sections	Passages clés
Le préambule	Adresse des mères, filles, sœurs, représentantes de la nation aux membres de l'Assemblée nationale.
Les 17 articles	Pastiche de la *Déclaration* de 1789 (17 articles) qui rééquilibre les revendications pour les rendre égalitaires et dénonce les injustices dont les femmes sont victimes (travail, liberté d'expression...).
Postambule	– Vigoureuse adresse à la communauté des femmes pour les inciter à se battre pour obtenir l'égalité. – Évocation des préjugés dont les femmes ont été victimes et exemples de situations où leur condition, désavantageuse parce qu'inégale, les a vouées au malheur. – « Forme du Contrat social de l'homme et de la femme » : ce contrat de mariage prône une union libre, respectueuse à la fois des sentiments des membres du couple, mais aussi des besoins et des droits des enfants qui en seraient issus. – Réquisitoire contre le traitement réservé par les colons esclavagistes à leurs esclaves, y compris lorsqu'ils sont du même sang. – Anecdote satirique : la mésaventure de Gouges avec un cocher malhonnête et un magistrat ignorant lui permet de dénoncer les dysfonctionnements de la justice.

S'ENTRAÎNER

Compléter la frise *p. 55*

ÉPREUVE ORALE (première partie) ➡ MÉTHODE n° 6

1 Préparer l'explication linéaire

Début du postambule

Femme, réveille-toi ; le tocsin[1] de la raison se fait entendre dans tout l'univers ; **reconnais** tes droits. Le puissant empire de la nature n'est plus environné de **préjugés**, de **fanatisme**, de **superstition** et de **mensonges**. Le flambeau de la vérité a dissipé tous les nuages de la **sottise** et de l'**usurpation**. **L'homme esclave a multiplié ses forces**, a eu besoin de **recourir aux tiennes** pour **briser ses fers. Devenu libre**, il est devenu **injuste** envers sa compagne. **Ô femmes ! femmes, quand cesserez-vous d'être aveugles ?** Quels sont les **avantages** que vous avez recueillis dans la Révolution ? Un **mépris** plus marqué, un **dédain** plus signalé. Dans les siècles de corruption vous **n'**avez **régné que sur la faiblesse des hommes.** Votre **empire** est **détruit** ; que vous reste-t-il donc ? la conviction des injustices de l'homme. La réclamation de votre patrimoine, fondée sur les sages décrets de la nature ; qu'auriez-vous à redouter pour une si belle entreprise ? le bon mot du législateur des noces de Cana[2] ? Craignez-vous que nos législateurs français, correcteurs de cette **morale, longtemps accrochée aux branches de la politique**, mais qui n'est plus de saison, ne vous répètent : femmes, qu'y a-t-il de commun entre vous et nous ? Tout, **auriez-vous** à répondre.

1. Tocsin : sonnerie de cloche (coups répétés) destinée à donner l'alarme pour avertir ou pour mobiliser.
2. Les noces de Cana : lors d'un mariage à Cana (Galilée), Jésus (parfois appelé le législateur des chrétiens) rabroue sa mère, qui craint que les invités ne manquent de vin, en lui disant : « Femme, que me veux-tu ? » Peu après, il accomplit son premier miracle : transformer l'eau en vin.

ÉTAPE 1 Identifier la structure du texte

De combien de parties est composé cet extrait ? Donnez un titre à chacune.

....

....

....

....

....

ÉTAPE 2 Analyser l'écriture au service du sens
Complétez le tableau en vous aidant des mots en gras dans le texte.

Texte	Procédés littéraires	Interprétation, effets produits
PARTIE 1 **Lignes 1-2** *« Femme », « réveille-toi », « reconnais »*	Apostrophe au singulier, 1er mot du texte. Impératif présent (2e personne du singulier).	Gouges interpelle sa destinataire et la singularise pour donner de la vigueur à son adresse. Cette injonction invite à l'action et en fait percevoir l'urgence.
Lignes 4-6 *« préjugés », « fanatisme », « superstition », « mensonges », « sottise », « usurpation »*	....	....
Lignes 6-9 *« l'homme esclave a multiplié ses forces, a eu besoin de recourir aux tiennes pour briser ses fers »* *« devenu libre / injuste »*	....	....
PARTIE 2 **Lignes 9-10** *« Ô femmes, femmes »* *« quand cesserez-vous d'être aveugles ? »*	....	....
Lignes 11-14 *« avantages » / « mépris », « dédain »* *« régné sur la faiblesse des hommes », « empire détruit »* *« ne... que »*	....	....
Lignes 21-22 *« morale, longtemps accrochée aux branches de la politique »*	....	....
Ligne 24 *« auriez-vous »*	....	....

ÉTAPE 3 Préparer l'explication

a. À partir des étapes 1 et 2, rédigez une introduction sur papier libre et préparez votre explication orale.

b. Présentez votre explication à un(e) camarade qui vous évaluera en s'appuyant sur la grille p. 143.

ÉPREUVE ORALE (seconde partie) MÉTHODE n° 5

2 Préparer la présentation de l'œuvre

Pour enrichir votre propos d'un regard personnel sur l'œuvre, répondez aux questions suivantes.

a. Imaginez la une d'un journal annonçant la publication de la *Déclaration des droits de la femme et de la citoyenne*. Tenez compte du contexte et de l'audace de cet écrit.

b. Choisissez un ou deux thèmes développés dans ces articles et rédigez les dix premières lignes du discours qu'aurait pu prononcer Olympe de Gouges à la tribune de l'Assemblée. Appuyez-vous sur des constructions rythmées et des formules efficaces.

ÉPREUVE ÉCRITE : la dissertation MÉTHODE n° 1

3 Élaborer une problématique à partir d'un sujet

SUJET : *« J'écris pour que vous sachiez ; je crie pour que vous entendiez ; je marche en avant pour que vous connaissiez la route. »* Ces propos de Flora Tristan, extraits de la préface de *L'Émancipation de la femme* ou *le Testament de la paria*, édité à titre posthume en 1845, peuvent-ils s'appliquer au projet d'Olympe de Gouges dans la *Déclaration des droits de la femme et de la citoyenne* ?

a. Commentez les expressions du sujet ci-dessus et leur mise en relation.

....
....
....
....
....
....
....

b. À partir de l'affirmation du sujet, formulez une problématique.

c. Quel type de plan pensez-vous adopter : dialectique ou analytique ? Proposez trois grandes parties.

ÉPREUVE ÉCRITE : la contraction et l'essai

➥ MÉTHODES n° 3 et 4

3 Réaliser une contraction de texte au quart

L. Adler, *Les Femmes qui écrivent vivent dangereusement*, 2006

Elles existent à travers le monde, affrontant l'avenir avec inquiétude et tentant d'embrasser ce qu'elles perçoivent, au plus près de la faille, de l'incertitude, du trouble, de l'approche de la vérité.

Elles n'ont jamais voulu être écrivaines, elles le sont devenues.

Pour la plupart d'entre elles ce fut un don ou plutôt une malédiction. Un harcèlement pour toutes.

Car écrire est un tourment perpétuel, une activité à part entière qui gangrène vos nuits et habite vos jours. Pas d'entracte où la tension se relâche. Pas de répit où la nécessité d'en écrire s'enfuit. Mme de Staël aurait tant aimé ne savoir que faire le thé et briller dans les conversations. George Sand écrire des programmes révolutionnaires pour Lamartine, sans que nul ne le sût, Marguerite Duras s'allonger l'été sur le sable devant les Roches noires et s'endormir au soleil sans entendre ce que disaient à côté d'elle les petits enfants de la colonie de vacances pour, ensuite, retranscrire leurs paroles à sa manière.

Ça parle en elles. Tout le temps. Ça les harcèle. C'est un grondement continu : quelquefois, quand l'angoisse diminue, cela devient murmure en chuchotis ; cela peut devenir aussi vacarme, sensation d'éboulement, fragmentation de l'être, désordre vénéneux, la perdition est proche mais jamais elles n'allumeront les signaux de détresse.

Elles n'en parlent pas. Elles le vivent et tentent, quand elles le peuvent, d'en écrire.

Seules, elles le sont. Elles le savent. Elles en souffrent. Mais elles assument ce dialogue intérieur qui, par essence, interdit la présence d'aucun témoin. À l'exception de Dieu, quelquefois, mais c'est rare.

Elles, ce sont celles qui écrivent.

Et celles qui écrivent sont des créatrices de langues.

Une femme qui écrit n'est pas une passeuse de langue, une contrebandière de mots, une pourvoyeuse de sens, une chasseuse qui met dans sa gibecière quelques formes nouvelles.

Une femme qui écrit est la créatrice d'un univers, une semeuse de désordre, une personne qui se met en risque et qui ignore le danger, tant sa tâche le requiert, une personne qui invente la langue, sa langue, notre langue. **(342 mots)**

4 Rédiger un essai

SUJET : *Comment les livres qui « peuvent changer le regard » des gens participent-ils au combat pour l'égalité selon vous ?* Proposez un plan en deux parties pour répondre à cette question, appuyez-vous sur le texte de l'exercice de contraction, votre étude de la *Déclaration des droits de la femme et de la citoyenne* et des textes lus pendant l'année.

a. Repérez les mots clés et reformulez le sujet.

b. Quelles sont les parties sur lesquelles vous pourriez vous appuyer pour développer votre réflexion ?

Le genre et ses caractéristiques

RETENIR

Les genres narratifs

La nouvelle	Récit en prose, de longueur variable, à l'intrigue simple, au nombre de personnages réduit, qui se termine souvent par une chute (fin surprenante).	
Le conte	**Le conte merveilleux :** fiction courte qui comporte des éléments fantaisistes (fée, dragon…) et délivre souvent une morale.	**Le conte philosophique :** fiction qui mêle le merveilleux à un questionnement existentiel (le bien et le mal, la justice…) pour aboutir à une morale. Voltaire donne naissance à ce genre.
Le roman	Récit en prose dont l'intrigue est complexe et le nombre de personnages important. Les descriptions et portraits sont élaborés. L'analyse des sentiments et de la psychologie y tient une place essentielle.	
L'épopée	Long récit, le plus souvent versifié, qui raconte les exploits d'un héros (être extraordinaire, doué de qualités physiques et morales exceptionnelles). Le merveilleux et le fantastique mettent en valeur le héros.	
L'autobiographie	L'**autobiographie** est le récit qu'un auteur fait de sa propre vie. Il en est le héros et le narrateur. Les faits évoqués sont réels et issus de ses souvenirs. Le **roman autobiographique** s'inspire de la vie de l'auteur mais comporte également des éléments imaginaires (faits ou personnages).	
Les mémoires	Récit de la vie d'un auteur associé à des événements historiques dont il a été le témoin. L'auteur examine le rapport de l'individu à la société. Le moi est en permanence confronté à l'Histoire.	

Les points de vue narratifs / la focalisation

- La focalisation est le **point de vue** choisi par le narrateur pour raconter son histoire. Dans un récit long, les focalisations peuvent varier d'un passage à l'autre.

Focalisation interne	Le narrateur est un personnage de l'histoire. La fiction est présentée à travers son seul regard. Le lecteur connaît donc les pensées et émotions de ce narrateur-personnage.
Focalisation externe	Le narrateur ne fait pas partie de l'histoire. Il en est un simple témoin et décrit ce qu'il voit. Il ne connaît pas l'intériorité des personnages.
Focalisation zéro	Le narrateur est omniscient : il est extérieur à l'histoire mais il sait tout sur les personnages.

S'ENTRAÎNER

1 Identifier les genres narratifs

EXTRAIT 1 : Rousseau, *Confessions*, 1765-1770.

Je veux montrer à mes semblables un homme dans toute la vérité de sa nature ; et cet homme, ce sera moi. Moi seul.

EXTRAIT 2 : Perrault, *Les Fées*, 1697.

– Vous n'êtes guère honnête, reprit la Fée, […] hé bien ! Puisque vous êtes si peu obligeante, je vous donne pour don qu'à chaque parole que vous direz, il vous sortira de la bouche ou un serpent ou un crapaud.

EXTRAIT 3 : Fénelon, *Les Aventures de Télémaque*, 1699.

Je me souviendrai toute ma vie d'avoir vu cette tête qui nageait dans le sang, ces yeux fermés et éteints, ce visage pâle et défiguré, cette bouche entrouverte, qui semblait vouloir encore achever des paroles commencées, cet air superbe et menaçant.

EXTRAIT 4 : Voltaire, *Zadig*, 1748.

Le roi avait perdu son premier ministre. Il choisit Zadig pour remplir cette place. […] Il se mit à exercer son ministère de son mieux. Il fit sentir à tout le monde le pouvoir sacré des lois, et ne fit sentir à personne le poids de sa dignité.

À quel genre appartiennent ces extraits ? Soulignez les éléments qui vous ont permis de répondre.

....

....

2 Identifier et analyser une focalisation

Maupassant, *Le Père*, 1883.

Elle répondait, cette jeune fille, à ses désirs intimes, à ses attentes secrètes, à cette sorte d'idéal d'amour qu'on porte, sans le savoir, au fond du cœur.

Il la regardait obstinément, malgré lui. Gênée par cette contemplation, elle rougit. Il s'en aperçut et voulut détourner les yeux ; mais il les ramenait à tout moment sur elle.

a. Soulignez les émotions et pensées des personnages.

b. Surlignez les passages qui contiennent des informations ignorées des personnages.

c. Qu'en déduisez-vous sur la focalisation adoptée ?

....

....

....

3 Analyser des paroles rapportées ➥ FICHE 11

Zola, *La Bête humaine*, 1890.

Alors, Jacques, les jambes brisées, tomba au bord de la ligne, et éclata en sanglots convulsifs, vautré sur le ventre, la face enfoncée dans l'herbe. Mon Dieu ! Il était donc revenu, ce mal abominable dont il se croyait guéri ? Voilà qu'il avait voulu la tuer, cette fille ! Tuer une femme, tuer une femme ! [...] Pourtant, il s'efforçait de se calmer, il aurait voulu comprendre. Qu'avait-il donc de différent, lorsqu'il se comparait aux autres ? Là-bas, à Plassans, dans sa jeunesse, souvent déjà, il s'était questionné.

a. Quel type de ponctuation domine dans l'extrait ? Pourquoi ?

....

....

....

....

b. À quel type de paroles rapportées correspondent les passages surlignés et souligné ? Justifiez.

....

....

....

....

....

....

....

....

4 Étudier un incipit

Cohen, *Les Valeureux*, 1969.

À six heures du matin, Pinhas Solal, dit Mangeclous, descendit tout habillé du hamac qui lui servait de lit dans la cave qui lui servait de chambre. Pieds nus mais comme de coutume en redingote et haut-de-forme, il ouvrit le soupirail et aspira, les yeux fermés, les souffles de jasmin et de chèvrefeuille mêlés de senteurs marines. En hommage à la beauté de son île natale, il souleva son couvre-chef devant le paysage apparu dans le rectangle du soupirail, salua gravement la mer lisse et scintillante où trois dauphins folâtraient.

a. Quelles informations trouve-t-on dans cette partie de l'œuvre ? Quelle est sa fonction ?

....

....

....

....

....

b. Comment progresse la description dans cet extrait ?

....

....

....

....

....

5 Synthèse

Balzac, *La Grande Bretèche*, 1830.

Calyste tendit la main à sa femme et la lui serrant **si tendrement** en lui jetant un regard **si éloquent**, qu'elle dit à l'oreille de la duchesse :

– Je suis aimée, ma mère, et pour toujours !

– Ah ! Madame, répliqua le docteur, j'ai des histoires terribles dans mon répertoire ; mais chaque récit à son heure dans une conversation, selon ce joli mot rapporté par Chamfort et dit au duc de Fronsac :

– Il y a dix bouteilles de vin de Champagne entre ta saillie et le moment où nous sommes.

– Mais il est deux heures du matin, et l'histoire de Rosine nous a préparées, dit la maîtresse de la maison.

– Dites, monsieur Bianchon !... demanda-t-on de tous côtés. À un geste du **complaisant** docteur, le silence régna.

– À une centaine de pas environ de Vendôme, sur les bords du Loir, dit-il, **il se trouve une vieille maison brune, surmontée de toits très élevés, et si complètement isolée qu'il n'existe à l'entour ni tannerie puante ni méchante auberge**, comme vous en voyez aux abords de presque toutes les petites villes. Devant ce logis est un jardin donnant sur la rivière, et où les buis, autrefois ras qui dessinaient les allées, croissent maintenant à leur fantaisie. Quelques saules, nés dans le Loir, ont rapidement poussé comme la haie de clôture, et cachent à demi la maison. Les plantes que nous appelons mauvaises décorent de leur belle végétation le talus de la rive.

a. À quel genre appartient cet extrait ? Justifiez.

....

....

....

....

....

....

b. Quelles sont les deux focalisations présentes ? Justifiez en vous appuyant notamment sur les passages en gras.

....

....

....

....

....

....

....

c. Quel type de parole rapportée est employé ? Justifiez. Pourquoi est-il utilisé ?

....

....

....

....

....

OBJET D'ÉTUDE : Le roman et le récit du Moyen Âge au XXIe siècle

Les écrits d'appropriation

RETENIR

- Les **écrits d'appropriation** sont des **écrits littéraires personnels** en lien avec les lectures effectuées : œuvre intégrale, lecture cursive ou texte complémentaire du parcours. Ils vous permettent de **traduire votre propre vision** de l'œuvre. Ils sont une aide dans votre préparation de la seconde partie de l'oral du bac. ➥ MÉTHODE n° 5

Écriture d'invention ou d'intervention à partir d'un extrait de l'œuvre étudiée ou d'un texte appartenant au parcours associé	Il s'agit de changer les caractéristiques d'un texte : cadre, époque, point de vue défendu, tonalité, niveau de langue… On peut ainsi passer du théâtre au roman, modifier la thèse de l'auteur, imiter un style, exagérer des procédés, inventer une suite… **Conseil de rédaction :** employez différents registres, des modalisateurs, un lexique appréciatif…
Résumé d'une partie du récit	**Conseil de rédaction :** pour résumer un texte, il faut conserver les éléments narratifs indispensables (cadre, temps verbaux, focalisation…) et condenser les événements en enlevant les exemples et détails non nécessaires à la compréhension. ➥ MÉTHODE n° 3
Rédaction d'une appréciation concernant un personnage ou un épisode	**Conseil de rédaction :** pour rédiger la critique d'une œuvre, concentrez-vous sur des éléments singuliers (personnage, thème, style…). Appuyez-vous sur des exemples précis pour justifier votre point de vue.
Association d'une image au texte et justification du choix effectué	Il s'agit ici d'associer un aspect de l'œuvre (personnage, thème, atmosphère) à une image (tableau, photo…) qui représente, selon vous, particulièrement bien cet élément. **Conseil de rédaction :** analysez l'iconographie avec le vocabulaire adéquat ➥ FICHE 22. Puis associez l'image au texte en vous aidant de citations.
Rédaction d'un portrait, d'une description	**Le portrait** d'un personnage donne ses caractéristiques physiques (physionomie), psychologiques (personnalité, opinions, croyances, goûts) ou sociales (langage…). **Conseil de rédaction :** appuyez-vous sur des éléments du récit et rendez explicite ce qui était sous-entendu (caractéristiques psychologiques, dilemmes…) **La description** concerne un élément inanimé du récit (paysage, objet…). **Conseil de rédaction :** décrivez le sujet (taille, matières, couleurs…) et évoquez sa place dans l'intrigue (élément déclencheur, objet d'une quête…).

S'ENTRAÎNER

1 Associer un texte et une iconographie

Choisissez le visuel correspondant au roman que vous avez étudié et justifiez votre choix.

1. Photogramme du film *La Princesse de Clèves*, de J. Delannoy, 1961.

2. S. Dalí, *La Persistance de la mémoire*, 1931.

3. C. D. Friedrich, *Le Voyageur contemplant une mer de nuages*, 1818

4. E. Riou, *gravure pour Voyage au centre de la Terre*, 1864.

5. *L'empereur Hadrien*, Pergé, Turquie.

....

....

....

....

....

....

....

....

....

....

Points positifs :

Points à améliorer :

2 Améliorer un portrait

Lisez ce portrait. Quels sont les points positifs de ce texte ? Quels sont les points à améliorer ?

La jeune fille portait deux tresses noires et malgré tous ses efforts, sa coiffure hirsute ne restait en place que quelques secondes une fois la coiffure faite. Sa coiffure, aussi épaisse que du crin de cheval, avait la douceur d'un paillasson. Si la légende dit vrai, jamais il n'y eut de créature aussi laide ! Pas même en enfer. Son visage n'était que difformité et confusion. Les traits brouillés en permanence, les yeux difformes, des cernes saillants, le nez proéminent n'étaient que les moindres effets de cette abomination. Ses yeux, aussi petits qu'insignifiants, n'exprimaient rien. Les oreilles décollées et énormes, comme celles d'un éléphant, venaient encadrer un front gigantesque. Ses dents étaient d'un jaune sale, tirant sur le marron. On y voyait s'enchevêtrer des aliments, coincés entre les interstices. Barbue, un bouc lui descendait jusqu'au milieu de la poitrine. Bossue, elle se tenait courbée et l'arc formé par son corps n'était que renforcé par ses jambes courbées.

3 Corriger une description

Lisez cette description. Quels sont les points positifs de ce texte ? Quels sont les points à améliorer ?

Dans cette demeure, toutes sortes d'objets trouvaient leur place. Des étagères couvraient les murs et les couleurs des livres venaient éclairer la pièce. Des fleurs trônaient çà et là, ajoutant des touches de couleur. Le parquet, couvert de tapis, était ancien, tout comme cette demeure. Des fauteuils étaient placés face à la cheminée afin d'accueillir les lecteurs. Les fenêtres, aux vitres craquelées, ne laissaient pénétrer qu'une petite lumière, même au plus fort du jour. Ce manque de lumière gênait la vue sur la campagne et ne laissait deviner que des ombres. Les grands marronniers, qui s'épanouissaient depuis des décennies à proximité des ouvertures, ressemblaient alors aux monstres qu'on pouvait trouver dans les histoires des vieilles demeures. Les rideaux taillés dans un épais velours entouraient chaque ouverture et faisaient ressembler l'extérieur à une scène de théâtre. La vie et ses problèmes semblaient alors lointains lorsqu'on était plongé dans l'obscurité de cette pièce.

Point positif :

Points à améliorer :

42 OBJET D'ÉTUDE : Le roman et le récit du Moyen Âge au XXIe siècle

Le commentaire à l'écrit

RETENIR

Commenter un texte narratif ➥ MÉTHODE n° 2

- Pour commenter un texte narratif, vous devez accorder une attention particulière aux **procédés spécifiques de ce genre :**
  – les paroles rapportées ; ➥ FICHE 11
  – le point de vue ou focalisation. ➥ FICHE 39
- Revoyez également les éléments d'analyse communs à tous les genres : figures de style, champs lexicaux, registres... ➥ FICHES 20 et 21

S'ENTRAÎNER

1 Choisir une problématique

Chrétien de Troyes, *Lancelot ou le Chevalier de la charrette*, 1176-1181.

Quand [Lancelot] fut entré dans la mêlée, il montra qu'à lui seul il en valait bien vingt parmi les meilleurs. Il se mit à jouter avec une telle vaillance que personne ne pouvait détacher ses yeux de lui, où qu'il aille. Dans le camp de Pomelegoi se trouvait un chevalier renommé pour sa vaillance qui montait un cheval plus rapide et plus fougueux qu'un cerf dans sa lande.

C'était le fils du roi d'Irlande qui se comportait de manière remarquable. Mais tous admiraient bien quatre fois plus le chevalier inconnu. Tous se demandaient fiévreusement : « Mais qui peut bien être ce merveilleux jouteur ? »

La reine prenant à part une demoiselle aussi prudente qu'avisée, lui demanda :

« Demoiselle, vous allez porter un message ; faites-le vite et en peu de mots. Descendez de cette tribune et allez trouver de ma part ce chevalier qui porte un écu vermeil ; dites-lui simplement tout bas que je lui ordonne “au plus mal”. »

La demoiselle, rapidement et discrètement, fit ce que la reine voulait. Elle se glissa vers le chevalier jusqu'à le toucher et lui chuchota adroitement, en prenant soin de ne pas être entendue par une oreille voisine :

« Sire, la reine vous demande par ma bouche : “au plus mal”. »

En entendant ces mots Lancelot répond qu'il obéira bien volontiers à la reine en homme lui appartenant corps et âme.

Alors il s'élance aussi vite qu'il le peut contre un jouteur mais il rate son coup normalement imparable. De cet instant jusqu'au soir il ne fit que se comporter au plus mal qu'il le pouvait pour faire plaisir à la reine.

Ces deux problématiques sont-elles pertinentes pour introduire le commentaire de ce texte ? Justifiez.

A. Dans quelle mesure un récit peut-il faire voyager le lecteur dans le temps et l'espace ?

....

....

B. En quoi ce récit présente-t-il un personnage héroïque ?

....

....

2 Construire le plan

Zola, *Le Ventre de Paris*, 1873.

Le soleil enfilait obliquement la rue Rambuteau, allumant les façades, au milieu desquelles l'ouverture de la rue Pirouette faisait un trou noir. À l'autre bout, le grand vaisseau de Saint-Eustache était tout doré dans la poussière du soleil, comme une immense châsse. Et, au milieu de la cohue, du fond du carrefour, une armée de balayeurs s'avançait, sur une ligne, à coups réguliers de balai ; tandis que les boueux jetaient les ordures à la fourche dans des tombereaux qui s'arrêtaient, tous les vingt pas, avec des bruits de vaisselles cassées. Mais Florent n'avait d'attention que pour la grande charcuterie, ouverte et flambante au soleil levant.

Elle faisait presque le coin de la rue Pirouette. Elle était une joie pour le regard. Elle riait, toute claire, avec des pointes de couleurs vives qui chantaient au milieu de la blancheur de ses marbres. L'enseigne, où le nom de Quenu-Gradelle luisait en grosses lettres d'or, dans un encadrement de branches et de feuilles, dessiné sur un fond tendre, était faite d'une peinture recouverte d'une glace. Les deux panneaux latéraux de la devanture, également peints et sous verre, représentaient de petits Amours joufflus, jouant au milieu de hures, de côtelettes de porc, de guirlandes de saucisses ; et ces natures mortes, ornées d'enroulements et de rosaces, avaient une telle tendresse d'aquarelle, que les viandes crues y prenaient des tons roses de confitures. Puis, dans ce cadre aimable, l'étalage montait. Il était posé sur un lit de fines rognures de papier bleu ; par endroits, des feuilles de fougère, délicatement rangées, changeaient certaines assiettes en bouquets entourés de verdure. C'était un monde de bonnes choses, de choses fondantes, de choses grasses.

Organisez le plan du commentaire de cet extrait : à partir des intitulés des deux grands axes (I et II), répartissez les sous-parties dans chacun d'eux (I. a, I. b, II. a, II. b).

Plan :

I. Zola réalise une description réaliste et esthétique.

II. Zola rédige un écrit polémique.

Sous-parties :

– Une description précise et organisée.

....

– Un lieu à l'image de ses propriétaires bourgeois.

....

– Un roman qui dénonce les hiérarchies sociales.

....

– Une charcuterie présentée comme une nature morte.

....

3 Analyser un récit

Vian, *L'Écume des jours*, 1947.

Colin terminait sa toilette. Il s'était enveloppé, au sortir du bain, d'une ample serviette de tissu bouclé dont seuls ses jambes et son torse dépassaient. Il prit à l'étagère de verre, le vaporisateur et pulvérisa l'huile fluide et odorante sur ses cheveux clairs. Son peigne d'ambre divisa la masse soyeuse en longs filets orange pareils aux sillons que le gai laboureur trace à l'aide **d'une fourchette dans de la confiture d'abricots**. Colin reposa le peigne et, s'armant du coupe-ongles, tailla en biseau les coins de ses paupières mates, pour donner du mystère à son regard. **Il devait recommencer souvent, car elles repoussaient vite**. Il alluma la petite lampe du miroir grossissant et s'en rapprocha pour vérifier l'état de son épiderme. Quelques comédons saillaient aux alentours des ailes du nez. **En se voyant si laids dans le miroir grossissant, ils rentrèrent prestement** sous la peau et, satisfait, Colin éteignit la lampe. Il détacha la serviette qui lui ceignait les reins et passa l'un des coins entre ses doigts de pied pour absorber les dernières traces d'humidité. Dans la glace, on pouvait voir à qui il ressemblait, le blond qui joue le rôle de Slim dans *Hollywood Canteen*[1]. Sa tête était ronde, ses oreilles petites, son nez droit, son teint doré. Il souriait souvent d'un sourire de bébé, et, à force, cela lui avait fait venir une fossette au menton. Il était assez grand, mince avec de longues jambes, et très gentil. Le nom de Colin lui convenait à peu près. Il parlait doucement aux filles et joyeusement aux garçons. Il était **presque toujours de bonne humeur, le reste du temps il dormait**.

1. Comédie romantique américaine sortie en 1944.

a. Proposez un plan qui répondrait à la problématique suivante :

Comment Boris Vian parvient-il à intriguer et intéresser le lecteur dans cet incipit romanesque ?

....

....

....

....

....

....

....

....

b. À partir des éléments en gras et surlignés, rédigez la sous-partie : *Éveiller la curiosité grâce à l'alliance du quotidien et de la fantaisie.*

....

....

....

....

....

....

....

....

....

....

....

....

....

....

....

....

....

c. Voici une conclusion. Analysez les points positifs et les éléments à améliorer.

Pour conclure, Boris Vian réalise un incipit aux enjeux multiples. Il répond ainsi aux attentes du lecteur tout en éveillant sa curiosité grâce à l'introduction d'éléments insolites. D'autre part, le portrait physique et psychologique de Colin permet de le présenter à travers une description visuelle qui évoque ses habitudes, ses qualités et ses défauts.

Points positifs :

....

....

....

Points à améliorer :

....

....

....

....

....

....

43

OBJET D'ÉTUDE : Le roman et le récit du Moyen Âge au XXIe siècle

Mme de Lafayette, *La Princesse de Clèves*, 1678

Parcours : Individu, morale et société

RETENIR

Enjeux

- La *Princesse de Clèves* est un roman mêlant personnages réels et fictifs avec pour toile de fond la vie à la cour d'Henri II. C'est le premier roman d'analyse psychologique : l'œuvre s'intéresse aux sentiments de personnages agissant de manière peu commune, et cherche à comprendre leurs comportements.
- Cette histoire d'amour impossible s'inscrit dans une vision très pessimiste du monde : la romancière est en effet très influencée par les moralistes et par le courant janséniste.

Thèmes

- La cour, un monde de grandeur et d'intrigues.
- La peinture du sentiment amoureux dans toutes ses nuances.
- La dénonciation des passions et l'influence du jansénisme.
- Une œuvre de moraliste : l'étude de la nature humaine.
- L'histoire tragique de personnages d'exception.

Passages clés

Le portrait de Mlle de Chartres.	De « Il parut alors une beauté à la cour » à « pleins de grâce et de charmes » (tome premier).
La rencontre entre Mme de Clèves et le duc de Nemours.	De « Elle passa tout le jour des fiançailles à se parer » à « il ne put admirer que Mme de Clèves » (tome premier).
L'aveu de la princesse à son mari.	De « Eh bien ! Monsieur, lui répondit-elle en se jetant à ses genoux » à « que pour entreprendre de la cacher » (tome troisième).
Le renoncement final.	De « Je crois devoir à votre attachement » à « interdit tout commerce entre nous » (tome quatrième).

S'ENTRAÎNER

Compléter la frise *p. 54*

ÉPREUVE ORALE (première partie) ➡ MÉTHODE n° 6

1 Préparer l'explication linéaire

Il **parut alors une beauté** à la cour, qui attira **les yeux** de tout le monde, et l'on doit croire que c'était **une beauté parfaite**, puisqu'elle donna de l'**admiration** dans un lieu où l'on était **si accoutumé à voir de belles personnes**. Elle était de la même maison que le Vidame de Chartres, et **une des plus grandes héritières de France**. Son père était mort jeune, et l'avait laissée **sous la conduite de Mme de Chartres**, sa femme, **dont le bien, la vertu et le mérite étaient extraordinaires**. Après avoir perdu son mari, elle avait passé plusieurs années sans revenir à la cour. Pendant cette absence, elle avait donné ses soins à **l'éducation de sa fille**, mais elle ne travailla pas seulement à **cultiver** son esprit et sa beauté, elle songea aussi à **lui donner de la vertu** et à la lui rendre aimable. **La plupart des mères** s'imaginent qu'il suffit de ne parler **jamais** de galanterie devant les jeunes personnes pour les en éloigner. **Madame de Chartres** avait une **opinion opposée** ; elle faisait **souvent** à sa fille des peintures de l'amour ; elle lui **montrait** ce qu'il a d'**agréable** pour la **persuader** plus aisément sur ce qu'elle lui en **apprenait** de **dangereux**.

ÉTAPE 1 Identifier la structure du texte

De combien de parties est composé cet extrait ? Résumez chacune en quelques mots.

....

....

....

....

....

ÉTAPE 2 Analyser l'écriture au service du sens

Complétez le tableau en vous aidant des mots en gras du texte.

Texte	Procédés	Interprétation, effets produits
PARTIE 1 **Ligne 1** *parut, alors*	Passé simple, temps de l'action. Adverbe « alors » rompant avec la série de portraits qui précèdent.	L'arrivée de Mlle de Chartres est l'élément perturbateur qui permet la mise en place de l'intrigue.
Lignes 1 et 3 *une beauté* (2 fois)	....	....

Lignes 1, 2 et 4 parut, yeux, voir	....	....
Lignes 1, 2 *qui attira les yeux de tout le monde*	....	....
Lignes 3, 4, 5 *beauté parfaite, admiration, si accoutumé… personnes*	Hyperboles.	....
Lignes 6, 7 *une des plus grandes héritières de France*	....	....
PARTIE 2 **Lignes 8, 12, 14** *conduite, éducation, cultiver*	....	....
Ligne 9 *dont le bien, la vertu et le mérite étaient extraordinaires*	....	....
Lignes 13 et 15 *pas seulement à cultiver son esprit et sa beauté, aussi à lui donner de la vertu*	....	....
Lignes 16 à 22 *La plupart des mères, Mme de Chartres, opinion opposée, jamais, souvent*	....	Mme de Clèves a une conception originale de l'éducation. Elle parle de l'amour à sa fille, pour la prévenir.
Lignes 21 et 22 *agréable, dangereux*	....	....
Ligne 20 à 22 *montrait, persuader, apprenait*	....	....

ÉTAPE 3 Préparer l'explication

a. À partir des étapes 1 et 2, rédigez une introduction sur papier libre et préparez votre explication orale.

b. Présentez votre explication à un(e) camarade qui vous évaluera en s'appuyant sur la grille p. 143.

ÉPREUVE ORALE (seconde partie) ➡ MÉTHODE n° 5

2 Préparer la présentation de l'œuvre

Après avoir écouté votre présentation de l'œuvre et vos arguments en faveur de ce choix, l'examinateur peut vous poser quelques questions. En voici des exemples :

a. Quelle scène vous a particulièrement marqué(e) ? Pourquoi ?

....

b. Quel personnage, autre que la princesse de Clèves, vous semble intéressant ? Pourquoi ?

....

c. Ce roman vous a-t-il intéressé(e) ? Pourquoi ?

....

d. Comment ce roman s'inscrit-il dans le parcours « Individu, morale et société » ?

....

ÉPREUVE ÉCRITE : la dissertation ➡ MÉTHODE n° 1

3 Élaborer une problématique à partir d'un sujet

SUJET : *En quoi le roman* La Princesse de Clèves *est-il une œuvre de moraliste ?*

a. Qu'est-ce qu'un moraliste ?

....

b. Proposez une problématique.

....

c. Quel type de plan allez-vous choisir : dialectique ou analytique ? Donnez un titre à vos grands axes.

....

4 Organiser un plan

SUJET : *Serge Doubrovski écrit : « Car le fond du problème, c'est un choix de valeurs, un choix déchirant entre les valeurs délibérément choisies d'un code aristocratique et les valeurs spontanément élues de la passion. Tout le drame est dans ce conflit. » En quoi cette citation éclaire-t-elle votre lecture de l'œuvre de Mme de Lafayette ?*

a. Indiquez quelle est la problématique qui convient à ce sujet.

1. En quoi la princesse de Clèves est-elle déchirée entre son honneur et son amour ?
2. En quoi la cour s'oppose-t-elle à l'amour que la princesse ressent pour le duc de Nemours ?
3. Pourquoi ce roman est-il dramatique ?

b. Les trois grands axes du plan vous sont donnés. Indiquez à quel axe vous attribuez les sous-parties proposées (I. a, I. b, II. a, II. b, III. a, III. b).

Axe I : L'opposition entre des valeurs inconciliables.

Axe II : La lutte entre le caractère irrésistible de la passion d'une part, et la volonté d'autre part.

Axe III : Une vision tragique de l'existence.

Sous-parties :

– Une passion subie qui transparaît par moments. ....

– Le conflit intérieur rend malheureux la princesse ainsi que tous ceux qui l'entourent. ....

– La princesse puise sa force dans l'éducation et la morale reçues par sa mère. ....

– La retraite, le renoncement et la mort sont les seules issues possibles. ....

– « Les valeurs choisies du code aristocratique » : le mariage raisonnable avec M. de Clèves. ....

– « Les valeurs élues de la passion » : la passion amoureuse ressentie pour le duc. ....

5 Trouver des arguments et des exemples

SUJET : *Dans quelle mesure la cour est-elle un danger pour Mme de Clèves ?*

a. Quel plan ce sujet implique-t-il ? ....

b. Pour chacun des grands axes du plan donnés, recherchez des arguments et un exemple pour chaque argument.

I. La cour est un danger	II. Mais ce danger n'en est pas véritablement un.	III. En fait, la cour est un obstacle, plus qu'un danger, pour Mme de Clèves
Argument 1 : .... Exemple 1 :	Argument 1 : .... Exemple 1 :	Argument 1 : .... Exemple 1 : ....
Argument 2 : .... Exemple 2 :	Argument 2 : .... Exemple 2 :	Argument 2 : .... Exemple 2 : .... Argument 3 : .... Exemple 3 : ....

6 Trouver la problématique et le plan

SUJET : *« Les passions peuvent me conduire, mais elles ne sauraient m'aveugler. » En quoi cette parole de Mme de Clèves éclaire-t-elle votre lecture de l'œuvre ?*

a. Reformulez cette citation en l'explicitant, de manière à écrire une problématique.

b. Cherchez un plan pour ce sujet.

OBJET D'ÉTUDE : Le roman et le récit du Moyen Âge au XXIe siècle

Stendhal, *Le Rouge et le Noir*, 1830

PARCOURS : Le personnage de roman, esthétiques et valeurs

RETENIR

Enjeux

- *Le Rouge et le Noir* est considéré comme un roman majeur de la littérature du XIXe siècle. Stendhal propose, à travers celui-ci, une **peinture réaliste de son époque**. Présenté par le romancier lui-même comme une « chronique du XIXe siècle », l'ouvrage se donne à lire comme **« un miroir » de la société**. À partir de personnages réels et fictifs, le narrateur évoque des faits vraisemblables, dans un contexte historique vérifié et dans un récit qui respecte une certaine chronologie. Le roman engage aussi le lecteur à réfléchir à des questions morales, politiques, esthétiques qui restent d'actualité aujourd'hui.

Thèmes

Comment construire son identité ?	Comment trouver une place dans la société ?
– Un roman d'apprentissage – Un itinéraire romanesque – Une éducation amoureuse	– Vie provinciale et vie parisienne – Justice et injustices – Être et paraître en société

Passages clés

- Le roman est d'une grande complexité tant du point de vue de la construction des personnages que de sa composition. La maîtrise de la structure est essentielle.

Livre I	– Julien entre au service de la famille de Rênal en tant que précepteur (chap. 3). – Il rencontre Mme de Rênal (chap. 6). – Il entre au séminaire et découvre la malhonnêteté (chap. 30).
Livre II	– Julien devient le secrétaire du marquis de la Mole et l'amant de Mathilde, la fille du marquis (chap. 9). – Mme de Rênal écrit une lettre diffamatoire contre Julien, qu'elle adresse au marquis de la Mole (chap. 35). – Julien tire sur son ancienne maîtresse et est condamné à mort (chap. 45).

S'ENTRAÎNER

Compléter la frise *p. 56*

ÉPREUVE ORALE (première partie) ➡ MÉTHODE n° 6

1 Préparer l'explication linéaire

Julien Sorel engage un combat à double portée : la conquête amoureuse qu'il entreprend suppose un combat contre lui-même. Il engage ici son destin de personnage de roman.

Préoccupé de ce qu'il allait tenter, **Julien** ne trouvait **rien à dire. La conversation languissait** – « Serai-je aussi **tremblant et malheureux** au **premier duel** qui **me** viendra ? » se dit Julien, car il avait **trop de méfiance et de lui et des autres, pour ne pas voir l'état de son âme.**

Dans **sa mortelle angoisse, tous les dangers** lui eussent semblé préférables. Que de fois ne désira-t-il pas voir survenir à Mme de Rênal quelque affaire qui l'obligeât de rentrer à la maison et de quitter le jardin ! La **violence** que Julien était obligé de se faire était **trop forte** pour que sa voix ne fût pas profondément **altérée**, bientôt la voix de Mme de Rênal devint **tremblante aussi, mais Julien ne s'en aperçut point. L'affreux combat** que le devoir livrait à la timidité était trop pénible, pour qu'il fût **en état de rien observer hors lui-même. Neuf heures trois quarts venaient de sonner** à l'horloge du château sans qu'il eût encore **rien osé**. Julien, **indigné** de sa lâcheté, se dit : – « Au moment précis où dix heures sonneront, **j'exécuterai** ce que, pendant toute la journée je me suis **promis** de faire ce soir, ou je **monterai** chez moi **me brûler la cervelle**. »

ÉTAPE 1 Identifier la structure du texte

Situez le passage en quelques lignes et présentez ses principaux mouvements.

....

....

....

....

....

....

....

....

....

....

ÉTAPE 2 Analyser l'écriture au service du sens

Complétez le tableau de la page suivante en vous aidant des mots en gras dans le texte.

Texte	Procédés	Interprétation, effets produits
PARTIE 1 L. 1 *Julien*	Prénom du personnage = point de vue interne.	Le narrateur crée une proximité entre son personnage et le lecteur.
L. 1-2 *Préoccupé* *Rien à dire*		
L. 2 *La conversation languissait.*		
L. 2-4 *Serai-je ... viendra ?*		
L. 3-6 *tremblant* *malheureux* *trop de... âme*		
L. 3, 7, 11, 12, 15 *duel, angoisse, danger, violence, trop forte, affreux combat*		
L. 13-14 *altérée... tremblante aussi*		
L. 15 à 18 *Mais ... lui-même*		
L. 18 *Neuf heures trois quarts... sonner*		
PARTIE 2 L. 20 *indigné*		
L. 21, 23 *j'exécuterai, monterai*		
L. 24 *me brûler la cervelle*		

ÉTAPE 3 Préparer l'explication

a. À partir des étapes 1 et 2, rédigez une introduction sur papier libre et préparez votre explication orale.

b. Présentez votre explication à un(e) camarade qui vous évaluera en s'appuyant sur la grille p. 143.

ÉPREUVE ORALE (seconde partie) ➡ MÉTHODE n° 5

2 Préparer la présentation de l'œuvre

Pour enrichir votre propos d'un regard personnel sur l'œuvre :

a. Expliquez le titre de l'œuvre en vous appuyant sur le site de la BNF : https://gallica.bnf.fr/essentiels/stendhal/rouge-noir.

b. Confrontez votre regard sur l'œuvre avec ses deux adaptations pour le cinéma. Comparez les deux films. Sachez expliquer celui qui a le mieux traduit l'œuvre de Stendhal.

ÉPREUVE ÉCRITE : la dissertation ➡ MÉTHODE n° 1

3 Proposer une problématique à partir d'un sujet

SUJET : *Comment Stendhal crée-t-il un lien entre le lecteur et les personnages de son œuvre ? Vous répondrez à cette question en vous appuyant sur votre lecture du* Rouge et le Noir *ainsi que sur les textes étudiés au sein du parcours associé.*

a. D'après vous, quelle est la nature du lien qui unit le lecteur et les personnages du roman de Stendhal ? Cette relation est-elle comparable à celle que vous avez découverte dans les textes du parcours associé ?

....

....

....

....

....

b. Formulez la problématique.

....

....

....

....

c. Quel type de plan pensez-vous adopter : dialectique ou analytique ? Proposez deux grands axes.

....

....

....

....

....

....

....

....

....

....

....

4 Organiser un plan

SUJET : *Le but d'un romancier est-il toujours de transmettre une morale à travers son œuvre ?*

Les grands axes du sujet vous sont donnés. Indiquez à quel axe vous attribuez les sous-parties proposées.

Axe 1 : Le romancier utilise la forme romanesque pour diffuser des valeurs.

Axe 2 : Toutefois, cette morale ne peut constituer le seul but d'un écrivain.

Sous-parties :

– Le lecteur doit donc apprendre à déterminer ce qui relève du Bien ou du Mal. ....

– Le romancier utilise les personnages pour diffuser sa vision du monde. ....

– La recherche d'une esthétique, d'un style, d'un art littéraire doit être considérée comme la quête ultime du romancier. ....

– Toutefois, le but premier du romancier est de plaire au lecteur. ....

5 Proposer un plan et y associer des exemples

SUJET : *Le personnage de roman doit-il nécessairement être un héros, comme Julien dans* Le Rouge et le Noir, *de Stendhal, pour plaire au lecteur ?*

Proposez un plan en deux grands axes et deux sous-parties pour chacun d'eux. Incluez des exemples tirés de l'œuvre intégrale et/ou du parcours associé.

AXE I. L'admiration, un ressort essentiel pour la relation entre le lecteur et le personnage.	Axe II. Cependant, les failles du personnage peuvent susciter aussi l'intérêt du lecteur.
Sous-partie a. : L'intérêt du lecteur pour des personnages hors du commun. **Exemple :**	**Sous-partie a :** L'attraction pour le mal ? **Exemple :** ....
Sous-partie b. : L'identification du lecteur. **Exemple :**	**Sous-partie b. :** Vers un modèle plus humain ? **Exemple :** ....

6 Améliorer une conclusion

Dites en quoi cette conclusion (du sujet de l'exercice 5) est correcte et comment elle peut être améliorée.

Au terme de ce travail, on a donc compris que le lecteur éprouvait des sentiments forts pour les héros, mais pas toujours de l'admiration. Par exemple, le lecteur éprouve des sentiments variés et complexes pour Julien, il s'identifie à lui et prend ses distances.

....

....

....

....

....

....

....

....

....

....

....

....

....

45 OBJET D'ÉTUDE : Le roman et le récit du Moyen Âge au XXIe siècle

Jules Verne, *Voyage au centre de la Terre*, 1864

Parcours : Science et fiction

RETENIR

Enjeux

- Le roman, dont l'intrigue est contemporaine de l'auteur, fait partie de la collection des *Voyages extraordinaires*.
- Le parcours associé invite à étudier comment la science est fictionnalisée dans cette œuvre. Les personnages principaux, le professeur Lidenbrock et son neveu Axel, sont des scientifiques ; un lexique spécialisé et des exposés scientifiques parcourent le roman. Mais ici, la science ouvre surtout sur l'imaginaire et le merveilleux : sorte de conte, *Voyage au centre de la Terre* est un roman mythique et symbolique.

Thèmes

– Les sciences et les découvertes – Un roman d'apprentissage – Un roman d'aventures

Passages clés et thèmes abordés

Chapitre XVII **La descente vers le centre du globe commence.**	1. La multiplicité des voyages dans le roman : « Le véritable voyage commençait. » 2. Le caractère inquiétant de l'expédition : « l'obscurité se faisait peu à peu. Cependant, nous descendions toujours. » 3. Le mélange du rationnel et de l'irrationnel : « La disposition de ces terrains volcaniques donne absolument raison à la théorie de Davy » / « on recommencerait cet exercice *ad infinitum.* »
Chapitre XXXIX **Dans une forêt de l'époque tertiaire, les voyageurs rencontrent un troupeau d'éléphants géants et leur berger.**	1. L'atmosphère fantastique : « Nous ressemblions à ce personnage d'Hoffmann qui a perdu son ombre. » 2. La science et le merveilleux : « Un tapis de mousses et d'hépatiques revêtait moelleusement le sol. » 3. Une expédition épique sur les traces des origines : « c'était un géant capable de commander à ces monstres ! »

S'ENTRAÎNER

Compléter la frise *p. 56*

ÉPREUVE ORALE (première partie) ➡ MÉTHODE n° 6

1 Préparer l'explication linéaire

Chapitre XXXIX

En effet, à moins d'un quart de mille, appuyé au tronc d'un kauris[1] **énorme**, un être humain, **un Protée[2] de ces contrées souterraines, un nouveau fils de Neptune**, gardait cet **innombrable** troupeau de Mastodontes[3] !

Immanis pecoris custos, immanior ipse[4] !

Oui ! ***immanior ipse*** ! Ce n'était plus l'être fossile dont nous avions relevé le cadavre dans l'ossuaire, c'était un **géant** capable de commander à ces **monstres**. Sa taille dépassait douze pieds. Sa tête **grosse comme la tête d'un buffle**, disparaissait dans les broussailles d'une chevelure inculte. On eût dit une véritable crinière, **semblable à celle de l'éléphant des premiers âges.** Il brandissait de la main une branche **énorme**, digne houlette de ce berger antédiluvien.

Nous étions restés **immobiles, stupéfaits**. Mais nous pouvions être aperçus. Il fallait **fuir**.

« **Venez, venez !** » **m'écriai-je**, en entraînant mon oncle, qui pour la première fois se laissa faire !

Un quart d'heure plus tard, nous étions hors de la vue de **ce redoutable ennemi**.

Et **maintenant que j'y songe tranquillement, maintenant** que le **calme** s'est refait dans mon esprit, que **des mois se sont écoulés** depuis cette **étrange et surnaturelle rencontre, que penser, que croire ?** **Non** ! c'est **impossible** ! Nos sens ont été **abusés**, nos yeux **n'**ont **pas** vu ce qu'ils voyaient ! **Nulle** créature humaine n'existe dans ce **monde subterrestre** ! **Nulle** génération d'hommes n'habite ces **cavernes inférieures du globe, sans** se soucier des habitants de sa **surface, sans** communication avec eux **!** C'est **insensé, profondément insensé !**

1. Grand conifère. 2. Fils du dieu de la Mer Poséidon-Neptune, il en gardait les troupeaux et pouvait changer d'apparence. 3. Pachydermes de l'ère glaciaire. 4. Vers imité des *Bucoliques* de Virgile et signifiant : « *Gardien d'un troupeau monstrueux, et lui-même encore plus monstrueux !* »

ÉTAPE 1 Identifier la structure du texte

a. Situez le passage en quelques lignes.

....

....

....

....

b. Repérez les différentes parties du texte et résumez-les.

....

....

....

....

....

....

ÉTAPE 2 Analyser l'écriture au service du sens.
Complétez le tableau en vous aidant des mots en gras dans le texte.

Texte	Procédés littéraires	Interprétation, effets produits
PARTIE 1 : – *énorme (× 2), innombrable, géant, monstres.* – *un être humain, un Protée de ces contrées souterraines, un nouveau fils de Neptune.* – *immanior ipse !* – *géant, monstres.* – *grosse comme la tête d'un buffle, semblable à celle de l'éléphant des premiers âges.*	– Hyperboles. – Énumération de périphrases qui désignent le berger. Métaphores qui font référence à la mythologie. – Phrases exclamatives. – Comparaison avec le buffle et avec l'éléphant.	Axel, le narrateur, fait un portrait hyperbolique de l'« être humain » qu'ils rencontrent : il est comparé à des animaux imposants, le buffle et l'éléphant. Plus encore, il est comparé à des dieux de la mythologie antique. Tout chez lui fait donc symboliquement référence aux origines : le voyage au centre de la Terre est bien un voyage dans le temps. Cet être humain, représenté comme un surhomme, provoque l'étonnement et l'effroi des voyageurs. Le texte s'inscrit ainsi dans la tonalité épique.
PARTIE 2 – *Nous* – *immobiles, stupéfaits* – *« Venez, venez ! »* m'écriai-je – *ce redoutable ennemi* – *fuir, redoutable*	....	....
PARTIE 3 – *maintenant que j'y songe [...] maintenant* – *tranquillement, calme* – *des mois se sont écoulés* – *que penser, que croire ?, abusés* – *Non ! impossible ! n'[...] pas, Nulle, Nulle, sans, sans* – *monde subterrestre, cavernes inférieures du globe, surface* – *insensé, profondément insensé !*	....	....

ÉTAPE 3 Préparer l'explication
a. **À partir des étapes 1 et 2, rédigez une introduction sur papier libre et préparez votre explication orale.**
b. **Présentez votre explication à un(e) camarade qui vous évaluera en s'appuyant sur la grille p. 143.**

ÉPREUVE ORALE (seconde partie) ➥ MÉTHODE n° 5

2 Préparer la présentation de l'œuvre

Pour enrichir votre propos d'un regard personnel sur l'œuvre :
a. **Inspirez-vous de cette illustration du roman de Jules Verne pour énumérer les découvertes des voyageurs qui peuvent susciter l'émerveillement du lecteur.**
b. **Relisez le paragraphe du chapitre XXXII de « Cependant mon imagination » à « voûte granitique » : dites ce que provoque en vous cette accumulation de mots inconnus.**
c. **Appuyez-vous sur les références mythologiques du roman (par exemple, « Pluton et Proserpine » au chapitre XXX). Expliquez pourquoi, selon vous, l'auteur y fait référence et à quels héros qui descendent aux Enfers on pourrait comparer Axel. Décrivez l'étape symbolique qu'il franchit ainsi.**

46 OBJET D'ÉTUDE : Le roman et le récit du Moyen Âge au XXIe siècle

Marguerite Yourcenar, *Mémoires d'Hadrien*, 1951

Parcours : Soi-même comme un autre

RETENIR

Thèmes

L'homme public	L'homme intime
– L'histoire antique – L'homme politique *versus* l'homme intime – La nécessité de se salir les mains en politique – La violence – La magie et la superstition – L'approche de la mort	– Se dire (les Mémoires fictifs, la lettre à Marc) – L'amour, l'homosexualité – Le deuil de l'être aimé – La dégradation du corps – La philosophie stoïcienne (une philosophie fondée sur une grande fermeté d'âme dans la douleur ou le malheur, incarnée par des philosophes comme Sénèque, Épictète ou l'empereur Marc Aurèle, successeur d'Hadrien) – L'amour des lettres et des arts

Passages clés

Incipit « *Animula vagula blandula* »

Sujet de l'extrait	Dans cet incipit, Hadrien adresse une lettre à son successeur Marc Aurèle, l'empereur philosophe stoïcien.
Thèmes abordés	**1. L'annonce de la mort d'Hadrien, paradoxale en début de récit :** « un homme qui avance en âge et s'apprête à mourir ». **2. L'acceptation de la mort :** « Je n'en suis pas moins arrivé à l'âge où la vie, pour chaque homme, est une défaite acceptée ». **3. Hadrien ou la naissance d'un roi philosophe :** « Dire que mes jours sont comptés ne signifie rien, il en fut toujours ainsi ; il en est ainsi pour nous tous ».

« *Patientia* »

Sujet de l'extrait	Dans cet excipit, Hadrien s'apprête à mourir et propose une réflexion philosophique sur la mort.
Thèmes abordés	**1. Le travail sur soi :** « Ma patience porte ses fruits ; je souffre moins ; la vie redevient presque douce », « Tâchons d'entrer dans la mort les yeux ouverts ». **2. Réflexions philosophiques :** Hadrien souligne l'atrocité de la vie et comprend que le bonheur, furtif et magique, compense les périodes de malheur de l'existence.

S'ENTRAÎNER

Compléter la frise *p. 56*

ÉPREUVE ORALE (première partie) ➡ MÉTHODE n° 6

1 Préparer l'explication linéaire

Varius multiplex multiformis[1]

Hadrien propose ici un portrait de lui-même.

Des personnages divers **régnaient en moi tour à tour**, aucun pour très longtemps, mais le **tyran** tombé regagnait vite le **pouvoir**. J'hébergeai ainsi l'**officier méticuleux, fanatique de discipline**, mais partageant gaiement avec ses hommes les privations de la guerre ; le **mélancolique rêveur des dieux** ; l'**amant prêt à tout** pour un moment de vertige ; le **jeune lieutenant hautain** qui se retire sous sa tente, étudie ses cartes à la lueur d'une lampe, et ne cache pas à ses amis son mépris pour la manière dont va le monde ; l'homme d'État futur. **Mais** n'oublions pas non plus l'**ignoble complaisant**, qui, pour ne pas déplaire, acceptait de s'enivrer à la table impériale ; le **petit jeune homme tranchant de haut** toutes les questions avec une **assurance ridicule** ; le **beau parleur frivole**, capable pour un bon mot de perdre un bon ami ; le **soldat** accomplissant avec une **précision machinale** ses **basses besognes**[2] **de gladiateur.** Et mentionnons aussi ce **personnage vacant**, sans nom, sans place dans l'histoire, mais **aussi moi que tous les autres, simple jouet** des choses, pas plus et pas moins qu'**un corps**, couché sur son lit de camp, distrait par une senteur, occupé d'un souffle, vaguement attentif à quelque éternel bruit d'abeille. **Mais, peu à peu**, un nouveau venu entrait en fonctions, un **directeur de troupe**, un metteur en scène. Je connaissais le nom de **mes acteurs** ; je leur ménageais **des entrées et des sorties** plausibles ; je coupais les **répliques** inutiles ; j'évitais par degrés les effets vulgaires. J'apprenais enfin à ne pas abuser du **monologue**. À la longue, **mes actes me formaient**.

1. Varié, multiple, multiforme. 2. Ici, besognes du soldat, c'est-à-dire meurtres sur le champ de bataille, pillages, incendies, etc.

ÉTAPE 1 Identifier la structure du texte

De combien de parties est composé cet extrait ? Résumez chacune en quelques lignes.

....

....

ÉTAPE 2 Analyser l'écriture au service du sens

Complétez le tableau en vous aidant des mots en gras du texte.

Texte	Procédés	Interprétation, effets produits
1re PARTIE – *régnaient en moi tour à tour, tyran, pouvoir, officier méticuleux, fanatique de discipline.* – *mélancolique rêveur des dieux, amant prêt à tout, jeune lieutenant hautain.*	– 1re personne du singulier, verbes au passé. – Champ lexical du pouvoir. – Champ lexical de la violence. – Locution adverbiale « tour à tour » : début d'une énumération. – Locution adverbiale « prêt à tout », adjectif « hautain » soulignant la part d'ardeur d'Hadrien.	Hadrien fait un portrait de lui-même peu flatteur, complexe et multiple. Il montre divers aspects de sa personnalité à travers des personnages dominants.
2e PARTIE – *Mais* – *ignoble complaisant, petit jeune homme tranchant de haut, assurance ridicule...* – *soldat, précision, machinale, besognes...* – *personnage vacant, simple jouet, corps...*		
3e PARTIE – *Mais, peu à peu, directeur de troupe, mes acteurs, des entrées et des sorties, répliques, monologue.* – *À la longue, mes actes me formaient.*		

ÉTAPE 3 Préparer l'explication

a. **À partir des étapes 1 et 2, rédigez une introduction sur papier libre et préparez votre explication orale.**

b. **Présentez votre explication à un(e) camarade qui vous évaluera en s'appuyant sur la grille p. 143.**

ÉPREUVE ORALE (seconde partie) MÉTHODE n° 5

2 Préparer la présentation de l'œuvre

Pour enrichir votre propos d'un regard personnel sur l'œuvre :

a. **Choisissez une représentation antique d'un des personnages du roman (bustes ou statues d'Hadrien ou d'Antinoüs) et réfléchissez à la façon dont ces personnages sont décrits dans le roman. Quels sont les points communs entre les statues et les portraits ?**

b. **Recherchez la vidéo (entretien de Marguerite Yourcenar et Bernard Pivot, archive INA) et présentez l'œuvre vue par son auteure.**

Hadrien

Antinoüs

ÉPREUVE ÉCRITE : la dissertation ➡ MÉTHODE n° 1

3 Élaborer une problématique à partir d'un sujet

SUJET : *Le personnage d'Hadrien est-il une figure emblématique ?*

a. **À votre avis, que signifie « figure emblématique » dans le cas d'Hadrien ?**

……

b. **Rédigez ici votre problématique.**

……

c. **Voici deux plans. Lequel serait le plus adapté à votre problématique ?**

PLAN 1 : Hadrien est une figure emblématique :
I. un empereur pacifiste. **II.** un empereur humaniste.
III. Mais aussi : un tyran.

PLAN 2 : **I.** Oui, Hadrien est une figure emblématique : un empereur pacifiste.
II. Non, Hadrien est un tyran qui a massacré les révoltés en Judée.
III. Il est à l'image d'un homme moderne, avec ses forces et ses faiblesses.

……

4 Retrouver un plan

SUJET : *Le but que recherche Marguerite Yourcenar en écrivant* Mémoires d'Hadrien *est-il de nous instruire sur l'Antiquité ?*

Les deux grands axes du plan vous sont donnés. Indiquez à quel axe et dans quel ordre vous attribuez les sous-parties proposées (I. a, I. b, II. a, II. b).

Axe I : Un roman historique. **Axe II** : Un récit intime.

Sous-parties :

– La vie précise d'un homme d'État de l'Antiquité qui interroge toutes les époques historiques. ……
– Une écriture intimiste du moi qui se dévoile. ……
– Une fresque historique de l'Antiquité, entre Trajan et Marc Aurèle. ……
– Une réflexion humaine intemporelle. ……

5 Proposer un plan et y associer des exemples

SUJET : *En quoi peut-on dire que la vie d'Hadrien est exemplaire ?*

Pour chaque grand axe ci-dessous, proposez deux sous-parties. Précisez leur contenu avec des exemples tirés de l'œuvre.

Axe I. La vie exemplaire d'un grand homme	Axe II. Un exemple pour l'homme du XXe siècle
Sous-partie a. : ……	Sous-partie a. : ……
Contenu et exemples : ……	Contenu et exemples : ……
Sous-partie b. : ……	Sous-partie b. : ……
Contenu et exemples : ……	Contenu et exemples : ……

Nathalie Sarraute, *Enfance*, 1983

RETENIR

Caractéristiques de l'œuvre

- Nathalie Sarraute **remet en question le genre autobiographique** (le fait de raconter sa vie) et la capacité du langage à rendre compte de ce qui s'est passé et de ce dont on peut se souvenir.
- Elle cherche cependant à **raconter sa vie en toute sincérité** et spontanéité sans céder aux pièges des codes établis. D'où le choix du **dédoublement** : le dialogue entre les deux personnages (l'auteur et son « double ») lui permet de raconter, d'une manière très originale, ses souvenirs et ses émotions d'enfant.
- Le premier personnage (le narrateur) raconte ; le second (le double) interroge, remet en question, critique, empêchant ainsi le premier de tomber dans les formules toutes faites et superficielles. Ce récit dialogué est donc aussi une **enquête sur le travail de la mémoire**.

Enjeux

- L'écriture de soi
- Le dialogue sur soi à deux voix
- Le rapport entre les mots et le réel
- La manière de raconter une histoire
- La fragmentation des souvenirs
- Les figures de personnes ou de personnages

Thèmes

L'enfance, l'exil, la parole, les parents, la mémoire, les rencontres.

Passages clés

Incipit	« Alors tu vas vraiment faire ça ? "Évoquer tes souvenirs d'enfance" »...	(Éd. Folio) p. 7-8
Une interrogation sur le langage	« Pourquoi faire revenir cela sans mots qui puissent parvenir à capter... »	(Éd. Folio) p. 66-67
Les souvenirs des parents et de l'exil de Russie	« Je me souviens parfaitement d'une petite gare... »	(Éd. Folio) p. 109-110
Un souvenir d'école	« Vous raconterez votre premier chagrin. "Mon premier chagrin" sera le titre de votre premier devoir de français... »	(Éd. Folio) p. 207-208
La dernière page	« Rassure-toi, j'ai fini, je ne t'entraînerai pas plus loin... »	(Éd. Folio) p. 276-277

S'ENTRAÎNER

Compléter la frise *p. 56*

ÉPREUVE ORALE (première partie) MÉTHODE n° 6

1 Préparer l'explication linéaire

Incipit

Alors, tu vas vraiment faire ça ? « Évoquer tes souvenirs d'enfance »... Comme ces mots te gênent, tu ne les aimes pas. Mais reconnais que ce sont les seuls mots qui conviennent. Tu veux « évoquer tes souvenirs »... il n'y a pas à tortiller, c'est bien ça.

— Oui, je n'y peux rien, ça me tente, **je ne sais pas pourquoi...**

— **C'est peut-être...** est-ce que ce ne serait pas... on ne s'en rend parfois pas compte... c'est peut-être que **tes forces déclinent...**

— Non, je ne crois pas... du moins **je ne le sens pas...**

— Et pourtant ce que tu veux faire... « évoquer tes souvenirs »... **est-ce que ce ne serait pas...**

— **Oh, je t'en prie...**

— Si, il faut se le demander : est-ce que ce ne serait **pas prendre ta retraite ? te ranger ? quitter ton élément**, où jusqu'ici, tant bien que mal...

— Oui, comme tu dis, tant bien que mal.

— Peut-être, mais c'est le seul où tu aies jamais pu vivre... celui...

— Oh, à quoi bon ? je le connais.

— Est-ce vrai ? Tu n'as vraiment pas oublié comment c'était là-bas ? comme là-bas **tout fluctue, se transforme, s'échappe...** tu avances **à tâtons, toujours cherchant, te tendant... vers quoi ? qu'est-ce que c'est ? ça ne ressemble à rien...** personne n'en parle... ça se dérobe, tu l'agrippes comme tu peux, tu le pousses... où ? n'importe où, pourvu que ça trouve un milieu propice où ça se développe, où ça parvienne peut-être à vivre... Tiens, rien que d'y penser...

ÉTAPE 1 Situer le passage en quelques lignes

....

....

....

....

....

....

....

ÉTAPE 2 Analyser l'écriture au service du sens

Complétez le tableau en vous aidant des mots en gras dans le texte.

Texte	Procédés littéraires	Interprétation, effets produits
	– Jeux de questions-réponses, phrases interrompues, formules toutes faites. – Tirets de dialogue.	L'auteure se dédouble et dialogue à deux voix : la voix qui pose des questions sceptiques et celle qui essaie d'y répondre sans arriver à le faire (pourquoi raconter ses souvenirs d'enfance?), pour mimer le fil d'une pensée qui ne trouve ni ses mots ni le sens de sa recherche.
Lignes 1, 8 *Alors, tu vas vraiment faire ça ?* *C'est peut-être...* *Est-ce que ce ne serait pas...*	....	....
Lignes 6, 11, 14 *Je ne sais pas pourquoi...* *Je ne le sens pas...* *Oh, je t'en prie...*	....	....
Lignes 10 et 16 *Tes forces déclinent* *prendre ta retraite ? te ranger ?* *quitter ton élément*	....	....
Lignes 23 à 26 *tout fluctue, se transforme, s'échappe...* *à tâtons, toujours cherchant, te tendant... vers quoi ? qu'est-ce que c'est ? ça ne ressemble à rien...*	....	....

ÉTAPE 3 Préparer l'explication

a. À partir des étapes 1 et 2, rédigez une introduction sur papier libre et préparez votre explication orale.

b. Présentez votre explication à un(e) camarade qui vous évaluera en s'appuyant sur la grille p. 143.

ÉPREUVE ORALE (seconde partie) ➡ MÉTHODE n° 5

2 Préparer la présentation de l'œuvre

Pour enrichir votre propos d'un regard personnel sur l'œuvre :

a. Sachez définir ce qu'est un « tropisme » pour Nathalie Sarraute.

b. Faites une recherche sur le nouveau roman et montrez le lien entre Nathalie Sarraute et les autres auteurs de ce mouvement : Robbe-Grillet, Butor, Simon. Précisez les caractéristiques d'écriture qui les relient.

c. Faites un lien avec d'autres autobiographies (ou autobiographies romancées) que vous avez lues : Rousseau (*Les Confessions*), Chateaubriand (*Mémoires d'outre-tombe*), A. Ernaux (*Les Années*), M. Duras (*L'Amant*)... Comparez ce qui les rapproche ou les oppose. Expliquez ce qui vous touche particulièrement chez Nathalie Sarraute.

d. Regardez les vidéos des entretiens accordés par Nathalie Sarraute. Dites en quoi la manière d'être de l'auteure vous surprend ou, au contraire, renforce vos impressions sur le récit.

Le genre et ses caractéristiques

RETENIR

- Le **théâtre** est un **genre littéraire singulier** puisque la majorité des **pièces sont écrites pour être jouées**. Elles sont, le plus souvent, divisées en **actes** et en **scènes**.

Le langage théâtral

- Le texte théâtral est composé de **deux types de texte** : les **didascalies** (indications scéniques) et les **répliques** (discours prononcés par les comédiens).
- **Les didascalies**

Externes	Internes
Présentées en italique ou entre parenthèses, elles donnent des indications sur le ton, les déplacements, le décor, les costumes, les accessoires, la lumière, le son… *Scène comme au premier acte. Willie invisible.* (Beckett, *Fin de partie*, II).	Elles sont contenues dans les répliques des personnages et peuvent porter sur les mêmes éléments que les didascalies externes. Phèdre – Que ces vains ornements, que ces voiles me pèsent ! (Racine, *Phèdre*, I, 3). → La réplique prononcée par Phèdre donne des indications sur les gestes et les expressions de la comédienne.

- **Les répliques**

Types	Définitions	Fonctions et effets
Réplique	Propos échangés entre plusieurs personnages.	Demande d'informations ; confrontation d'idées ; confidences.
Stichomythie	Échange rapide de brèves répliques (quelques mots ou un hémistiche) entre plusieurs personnages.	Accélère le rythme ; intensifie une tension dramatique ; effet comique.
Tirade	Longue réplique prononcée sans interruption par un personnage à destination d'un autre.	Développement d'une argumentation ou d'un sentiment ; révélation.
Monologue	Longue réplique prononcée par un personnage seul sur scène. Procédé de double énonciation (le personnage s'adresse à lui-même et au public).	Introspection d'un personnage qui délibère avec lui-même et fournit des informations au public (pensées, sentiments) ; expression d'un dilemme.
Aparté	Réplique d'un personnage qui n'est pas destinée aux autres personnages. Toujours précédée de la didascalie « *à part* ».	Création d'une complicité personnage / public ; effet comique.

- **Les principaux genres**

Comédie	Genre issu de l'Antiquité qui vise à divertir le spectateur en mettant en scène des personnages issus du peuple ou de la bourgeoisie. Les sujets abordés sont ceux de la vie quotidienne. Le dénouement est heureux. Le comique peut être rendu par les mots (jeux de mots, niveaux de langue…), les situations (quiproquo…), les caractères (stéréotypes), les gestes (coups…). Molière, *L'École des femmes*.
Tragédie	Genre inventé dans l'Antiquité qui vise la purgation des passions (*catharsis*) et suscite la compassion des spectateurs. En mettant en scène des situations tragiques, l'auteur cherche à faire réfléchir le public sur les conséquences d'actes passionnels. Les sujets sont issus de la mythologie ou de l'Histoire. Les personnages sont nobles et illustres. Le dénouement est généralement funeste. Racine, *Phèdre*.
Tragi-comédie	Genre en vogue aux XVIIe et XVIIIe siècles en France, mettant en scène des personnages nobles. Pièce qui mélange les tons (comique, tragique et pathétique) et dont le dénouement est souvent heureux. Corneille, *L'Illusion comique*.
Drame	Forme populaire au XVIIIe siècle traitant de sujets liés à la vie des bourgeois. Au XIXe siècle, le drame romantique remet en question les règles classiques et les statuts des personnages. Le sublime est associé au grotesque. Hugo, *Hernani*.

- **Les règles du théâtre classique (XVIIe siècle)**

Elles se fondent sur la *Poétique* d'Aristote (IVe s. av. J.-C.) et sont théorisées au XVIIe siècle par les dramaturges classiques.

Trois unités	Une seule action (1) doit se dérouler en un lieu (1), en une journée (1).
Bienséance	Les actions triviales et violentes sont interdites sur scène.
Vraisemblance	L'action doit être proche de la réalité.

S'ENTRAÎNER

1 Comprendre le vocabulaire théâtral

a. Dans les extraits suivants, surlignez les didascalies externes, soulignez les didascalies internes. b. Identifiez chaque type de réplique. Expliquez l'intention du dramaturge.

EXTRAIT 1 : **Corneille, *Le Cid*, I, 5, 1637.**

DON DIÈGUE – Viens, mon fils, viens, mon sang, viens réparer ma honte ;
Viens me venger.
DON RODRIGUE – De quoi ?
DON DIÈGUE – D'un affront si cruel,
Qu'à l'honneur de tous deux il porte un coup mortel :
D'un soufflet. L'insolent en eût perdu la vie ;
Mais mon âge a trompé ma généreuse envie ;
Et ce fer que mon bras ne peut plus soutenir,
Je le remets au tien pour venger et punir.
Va contre un arrogant éprouver ton courage :
Ce n'est que dans le sang qu'on lave un tel outrage ;
Meurs, ou tue. Au surplus, pour ne point te flatter,
Je te donne à combattre un homme à redouter ;
Je l'ai vu, tout couvert de sang et de poussière,
Porter partout l'effroi dans une armée entière.

EXTRAIT 2 : **Vigny, *Chatterton*, III, 7, 1835.**

CHATTERTON, *seul, se promenant.* – Allez, mes bons amis. – Il est bien étonnant que ma destinée change ainsi tout à coup. J'ai peine à m'y fier ; pourtant les apparences y sont. – Je tiens là ma fortune. – Qu'a voulu dire cet homme en parlant de mes ruses ?

2 Identifier les genres théâtraux

À quels genres appartiennent ces extraits ? Surlignez les éléments qui vous ont permis de répondre et justifiez.

EXTRAIT 1 : **Racine, *Bérénice*, IV, 5, 1670.**

TITUS
– Je sens bien que sans vous je ne saurais plus vivre,
Que mon cœur de moi-même est prêt à s'éloigner ;
Mais il ne s'agit plus de vivre, il faut régner.

EXTRAIT 2 : **Hugo, *Ruy Blas*, V, 4, 1838.**

LA REINE, *l'entourant de ses bras*
Ruy Blas, je vous pardonne !
Mais qu'avez-vous fait là ? Parle, je te l'ordonne !
Ce n'est pas du poison, cette affreuse liqueur ?
Dis ?

3 Comprendre les enjeux du théâtre

EXTRAIT 1 : **Molière, préface de *Tartuffe*, 1664.**

Si l'emploi de la comédie est de corriger les vices des hommes, je ne vois pas par quelle raison il y en aura de privilégiés. [...] Les plus beaux traits d'une sérieuse morale sont moins puissants, le plus souvent, que ceux de la satire ; et rien ne reprend mieux la plupart des hommes que la peinture de leurs défauts. C'est une grande atteinte aux vices, que de les exposer à la risée de tout le monde. On souffre aisément des répréhensions : mais on ne souffre point la raillerie. On veut bien être méchants : mais on ne veut point être ridicule.

EXTRAIT 2 : **Racine, préface de *Bérénice*, 1671.**

Ce n'est point une nécessité qu'il y ait du sang et des morts dans une tragédie ; il suffit que l'action en soit grande, que les acteurs en soient héroïques, que les passions y soient excitées, et que tout s'y ressente de cette tristesse majestueuse qui fait tout le plaisir de la tragédie.

a. À partir des extraits de Molière et de Racine, indiquez ce qui distingue la comédie de la tragédie.

EXTRAIT 3 : **Hugo, préface de *Cromwell*, 1827.**

Toute action a sa durée propre comme son lieu particulier. Verser la même dose de temps à tous les événements ! Appliquer la même mesure sur tout ! On rirait d'un cordonnier qui voudrait mettre le même soulier à tous les pieds. Croiser l'unité de temps à l'unité de lieu [...] c'est mutiler hommes et choses, c'est faire grimacer l'histoire.

b. Soulignez la thèse de l'auteur. c. Quelle image utilise-t-il pour illustrer sa thèse ? Que signifie-t-elle ?

EXTRAIT 4 : **Ionesco, *Notes et contre-notes*, 1966.**

Le théâtre a une façon propre d'utiliser la parole, c'est le dialogue, c'est la parole de combat, de conflit. Si elle n'est que discussion chez certains auteurs, c'est une grande faute de leur part. Il existe d'autres moyens de théâtraliser la parole : en la portant à son paroxysme, pour donner au théâtre sa vraie mesure, qui est dans la démesure ; le verbe lui-même doit être tendu jusqu'à ses limites ultimes, le langage doit presque exploser, ou se détruire, dans son impossibilité de contenir les significations. [...] Le théâtre est autant visuel qu'auditif. [...] Il est donc non seulement permis, mais recommandé, de faire jouer les accessoires, faire vivre les objets, animer les décors, concrétiser les symboles.

d. Comment se caractérise la parole dans le théâtre de l'absurde ?

49 OBJET D'ÉTUDE : Le théâtre du XVIIe au XXIe siècle

Les écrits d'appropriation

RETENIR

■ Les **écrits d'appropriation** sont des **écrits littéraires personnels** en lien avec les lectures effectuées : œuvre intégrale, lecture cursive ou texte complémentaire du parcours. Ils vous permettent de **traduire votre propre vision** de l'œuvre. Ils sont une aide dans votre préparation de la seconde partie de l'oral du bac. ➡ MÉTHODE n° 5

Comparaison de deux mises en scène d'une scène ou d'un acte	Cette comparaison oppose les choix de deux metteurs en scène (décor, costumes…) : mise en scène classique d'un côté, transposition de l'autre.
Note d'intention de mise en scène	Cette note présente les axes d'orientation du spectacle et décrit les partis pris adoptés (genre, ton, respect de l'époque du texte initial, déplacements, types de costumes…). Chaque choix est justifié.
Écriture d'invention ou d'intervention	Il s'agit de créer une œuvre personnelle à partir de celle qui est étudiée en classe. On peut développer un passage (poursuivre une scène), le modifier par transposition, en changeant de registre ou de genre (passer du vers à la prose), ou par imitation, en rédigeant « à la manière de l'auteur » (en respectant la forme et le ton).
Transposition narrative	C'est la réécriture d'une scène, d'un acte ou du dénouement d'une pièce sous une forme narrative. On distinguera ce qui relève de la narration (lieu, temps, atmosphère) de ce qui pourra être évoqué sous la forme d'un dialogue.
Résumé d'un acte	Pour résumer un acte, il faut conserver les éléments indispensables à sa compréhension (cadre, intrigue, relations entre les personnages) et condenser les événements. ➡ MÉTHODE n° 3
Compte rendu d'une sortie au théâtre	Il présente un résumé de la pièce, décrit les éléments déterminants du spectacle (jeu des acteurs, mise en scène), analyse les différences avec le texte écrit et se conclut par un avis personnel. Les idées sont justifiées à l'aide d'exemples précis.
Comparaison de deux pièces, dont l'une est à la source de l'autre	Il s'agit de comparer deux pièces écrites sur le même sujet, à deux époques différentes (par exemple la version d'*Antigone* de Sophocle au Ve s. av. J.-C., et celle d'Anouilh en 1944). On étudiera la construction de l'action, le système des personnages, la tonalité dominante, la visée des œuvres, les différences et les similitudes de traitement, l'évolution des personnages, le changement de ton.

S'ENTRAÎNER

1 Rédiger une note d'intention

Vous souhaitez mettre en scène un extrait du *Mariage de Figaro* en montrant que cette pièce défend les idéaux des Lumières. Rédigez une note d'intention dans laquelle vous aborderez les thématiques suivantes : le rayonnement de la raison, la défense des libertés et la remise en question (politique, sociale…). Vos choix scéniques devront être en lien avec ces éléments.

2 Intervenir sur un texte

Corneille, *Médée*, I, 4, 1635.

Médée
Souverains protecteurs des lois de **l'hyménée**[1],
Dieux garants de la foi que Jason m'a donnée,
Vous qu'il prit à témoin d'une immortelle ardeur[2]
Quand par un faux serment il vainquit ma pudeur,
Voyez de quel mépris vous traite son **parjure**,
Et m'aidez à venger cette commune injure :
S'il me peut aujourd'hui chasser impunément[3],
Vous êtes sans pouvoir ou sans ressentiment.
Et vous, troupe savante en noires barbaries,
Filles de l'Achéron[4], pestes, larves, furies[5],
Fières sœurs, si jamais notre commerce étroit
Sur vous et vos serpents me donna quelque droit,
Sortez de vos cachots avec les mêmes flammes
Et les mêmes tourments dont vous gênez les âmes ;

Laissez-les quelque temps reposer dans leurs fers,
Pour mieux agir pour moi faites trêve aux enfers.

1. Mariage. 2. Passion éternelle. 3. Sans être puni. 4. Fleuve des Enfers. 5. Divinités infernales qui punissent les criminels et vengent les victimes.

a. Relevez dans le tableau les procédés exploités par Corneille en vous appuyant sur les éléments en gras puis envisagez comment les métamorphoser dans une perspective comique.

Procédés	Texte de Corneille	Nouveau texte comique
Niveau de langue	Exemples :	
Nombre de syllabes Type de vers	Exemple :	
Registres		
Type de personnages		

b. À partir des éléments relevés, transformez le texte tragique en texte comique.

3 Transposer un texte de façon narrative

Beckett, *Oh les beaux jours*, acte 1, 1961.

Étendue d'herbe brûlée s'enflant au centre en petit mamelon. Pentes douces à gauche et à droite et côté avant-scène. Derrière, une chute plus abrupte au niveau de la scène. Maximum de simplicité et de symétrie.

Lumière aveuglante.

Une toile de fond en trompe-l'œil très pompier représente la fuite et la rencontre au loin d'un ciel sans nuages et d'une plaine dénudée.

Enterrée jusqu'au-dessus de la taille dans le mamelon, au centre précis de celui-ci, WINNIE. La cinquantaine, de beaux restes, blonde de préférence, grassouillette, bras et épaules nus, corsage très décolleté, poitrine plantureuse, collier de perles. Elle dort, les bras sur le mamelon, la tête sur les bras. À côté d'elle, à sa gauche, un grand sac noir, genre cabas, et à sa droite une ombrelle à manche rentrant (et rentré) dont on ne voit que la poignée en bec-de-cane. À sa droite et derrière elle, allongé par terre, endormi, caché par le mamelon, WILLIE.

Un temps long. Une sonnerie perçante se déclenche, cinq secondes, s'arrête.

Proposez une transposition narrative de cette didascalie.

4 Rédiger le compte rendu d'une sortie au théâtre

De quels éléments devez-vous parler pour analyser les éléments déterminants du spectacle ?

50

OBJET D'ÉTUDE : Le théâtre du XVIIe au XXIe siècle

Le commentaire à l'écrit

RETENIR

Commentaire un texte théâtral ➡ MÉTHODE n° 2

- Pour commenter un texte théâtral, il convient d'accorder une attention particulière aux **procédés spécifiques** de ce genre : ➡ FICHE 47
  - les types de répliques ;
  - les didascalies ;
  - les règles du théâtre classique.
- Revoyez également les éléments d'analyse communs à tous les genres : figures de style, champs lexicaux, registres... ➡ FICHES 20 et 21

S'ENTRAÎNER

1 Analyser un extrait de manière détaillée

Ionesco, *La Cantatrice chauve*, 1950.

Intérieur bourgeois ***anglais****, avec des fauteuils* ***anglais****. Soirée* ***anglaise****. M. Smith,* ***Anglais****, dans son fauteuil et ses pantoufles* ***anglais****, fume sa pipe* ***anglaise*** *et lit un journal* ***anglais****, près d'un feu* ***anglais****. Il a des lunettes* ***anglaises****, une petite moustache grise,* ***anglaise****. À côté de lui, dans un autre fauteuil* ***anglais****, Mme Smith,* ***Anglaise****, raccommode des chaussettes* ***anglaises****. Un long moment de silence* ***anglais****. La pendule* ***anglaise*** *frappe dix-sept coups* ***anglais****.*

Mme Smith – Tiens, il est neuf heures. Nous avons mangé de la soupe, du poisson, des pommes de terre au lard, de la salade anglaise. Les enfants ont bu de l'eau anglaise. Nous avons bien mangé, ce soir. C'est parce que nous habitons dans les environs de Londres et que notre nom est Smith.

M. Smith, *continuant sa lecture, fait claquer sa langue.*

Mme Smith – Les pommes de terre sont très bonnes avec le lard, l'huile de la salade n'était pas rance. L'huile de l'épicier du coin est de bien meilleure qualité que l'huile de l'épicier d'en face, elle est même meilleure que l'huile de l'épicier du bas de la côte. Mais je ne veux pas dire que leur huile à eux soit mauvaise...

M. Smith, *continuant sa lecture, fait claquer sa langue.*

En vous appuyant sur le texte, distinguez les éléments communs à tous les textes et les éléments spécifiques au genre théâtral.

Éléments communs à tous les textes

Citations	Procédés	Interprétation, effets produits
Soupe, poisson, pommes de terre...		
Pipe, journal, lunettes, chaussettes, pendule		
Intérieur bourgeois, pantoufles, près d'un feu...		

Éléments spécifiques au genre théâtral

Citations	Procédés	Interprétation, effets produits
anglais (× 16)		
continuant sa lecture, fait claquer sa langue		
C'est parce que nous habitons dans les environs de Londres et que notre nom est Smith.		

2 Élaborer une problématique

Corneille, *Horace*, III, 1, 1640.

Sabine –
Revoyons les vainqueurs, sans penser qu'à la gloire
Que toute leur maison reçoit de leur victoire ;
Et sans considérer aux dépens de quel sang
Leur vertu les élève en cet illustre rang,
En l'une je suis femme, en l'autre je suis fille,
Faisons nos intérêts de ceux de leur famille :
Et tiens à toutes deux par de si forts liens,
Qu'on ne peut triompher que par les bras des miens.
Fortune, quelques maux que ta rigueur m'envoie,
J'ai trouvé les moyens d'en tirer de la joie,
Et puis voir aujourd'hui le combat sans terreur,
Les morts sans désespoir, les vainqueurs sans horreur.
Flatteuse illusion, erreur douce et grossière,
Vain effort de mon âme, impuissante lumière,
De qui le faux brillant prend droit de m'éblouir,
Que tu sais peu durer, et tôt t'évanouir !
Pareille à ces éclairs qui dans le fort des ombres
Poussent un jour qui fuit et rend les nuits plus sombres,
Tu n'as frappé mes yeux d'un moment de clarté
Que pour les abîmer dans plus d'obscurité.
Tu charmais trop ma peine, et le ciel, qui s'en fâche,
Me vend déjà bien cher ce moment de relâche.

a. Quels sont les thèmes clés de ce monologue ?

Les champs lexicaux du texte sont ceux de la tristesse et de la fatalité, du devoir et de l'amour. Cette réplique montre Sabine déchirée entre son mari et son frère. En elle, s'affrontent la conscience du devoir familial et celle de la certitude du malheur.

b. À quel genre et à quel mouvement littéraire appartient cet extrait ?

....

c. En vous appuyant sur vos réponses précédentes et en vous demandant quels sont les enjeux de cet extrait, concevez la problématique de votre commentaire.

....

....

3 Construire un plan et rédiger une sous-partie

Hugo, *Ruy Blas*, IV, 2, 1838.

DON CÉSAR
Effaré, essoufflé, décoiffé, étourdi, avec une expression joyeuse et inquiète en même temps.
Tant pis ! c'est moi !
Il se relève en se frottant la jambe sur laquelle il est tombé, et s'avance dans la chambre avec force révérences et chapeau bas.
Pardon ! ne faites pas attention, je passe.
Vous parliez entre vous. Continuez, de grâce.
J'entre un peu brusquement, messieurs, j'en suis fâché !
Il s'arrête au milieu de la chambre et s'aperçoit qu'il est seul.
— Personne ! — sur le toit tout à l'heure perché,
J'ai cru pourtant ouïr un bruit de voix. — Personne ! [...]
Il jette le manteau vert sur ses épaules et met le sien à la place dans le coffre, après l'avoir soigneusement plié ; il y ajoute son chapeau qu'il enfonce sous le manteau d'un coup de poing ; puis il referme le tiroir. Il se promène fièrement, drapé dans le beau manteau brodé d'or.
C'est égal, me voilà revenu. Tout va bien.
Ah ! mon très-cher cousin, vous voulez que j'émigre
Dans cette Afrique où l'homme est la souris du tigre !
Mais je vais me venger de vous, cousin damné,
Épouvantablement, quand j'aurai déjeuné.
J'irai, sous mon vrai nom, chez vous, traînant ma queue,
D'affreux vauriens sentant le gibet d'une lieue,
Et je vous livrerai vivant aux appétits
De tous mes créanciers — suivis de leurs petits.
Il aperçoit dans un coin une magnifique paire de bottines à canons de dentelles. Il jette lestement ses vieux souliers, et chausse sans façon les bottines neuves.
Voyons d'abord où m'ont jeté ses perfidies.
Après avoir examiné la chambre de tous côtés.
Maison mystérieuse et propre aux tragédies.
Portes closes, volets barrés, un vrai cachot.
Dans ce charmant logis on entre par en haut,
Juste comme le vin entre dans les bouteilles.
Avec un soupir.
— C'est bien bon, du bon vin ! —

a. Organisez le plan : retrouvez les intitulés des deux axes (I. et II.) et répartissez les sous-parties dans chacun d'eux (I. a, I. b, II. a, II. b).

Axes et sous-parties :

– Des thèmes triviaux et matérialistes : nourriture, argent… ....

– Un rôle important accordé aux objets qui nuisent à la vraisemblance. ....

– Hugo fait preuve de modernité en mélangeant les genres et les registres. ....

– De nombreux procédés comiques, source d'une tension tragique. ....

– Hugo donne une place de choix au grotesque. ....

– Don César, un personnage ridicule. ....

b. Rédigez la sous-partie suivante : « Don César, un personnage ridicule. »

....

OBJET D'ÉTUDE : Le théâtre du XVIIe au XXIe siècle

Molière, *Le Malade imaginaire*, 1673

PARCOURS : Spectacle et comédie

RETENIR

Enjeux

- Tombé trop tôt malade, Molière observe sans illusion les médecins de son siècle : *Le Médecin malgré lui, L'Amour médecin, Monsieur de Pourceaugnac, Dom Juan* sont autant de pièces qui mettent en scène les **dérives d'une médecine mal maîtrisée et souvent meurtrière.** Dans sa dernière comédie, *Le Malade imaginaire,* Molière ajoute à la satire des **médecins-charlatans**, la figure ridicule de l'**hypocondriaque**.
- Initialement vouée au divertissement du roi, cette **comédie-ballet**, qui allie au spectacle le chant, la musique et la danse, propose finalement une sombre méditation sur **la peur de la mort**. Après avoir joué le rôle d'Argan pour la quatrième fois, Molière meurt en coulisses le 17 février 1673.

Thèmes

- La satire du charlatanisme médical.
- Le bon sens de la servante de comédie.
- La question du mariage comme contrat social au XVIIe siècle.
- Les règles et principes de la comédie classique.
- Une comédie-ballet créée par Molière et Charpentier.

Passages clés

Prologue	L'ouverture champêtre (à la mode au XVIIe siècle).
Acte I	Argan vit égoïstement refermé sur ses petits maux, entouré de sa fille qu'il compte marier à un médecin pour se garantir un suivi médical, de sa femme qui joue les gardes-malades en espérant la mort de son mari, de sa servante Toinette qui tente de le raisonner.
Premier intermède	Chanson de Polichinelle, valet de la *commedia dell'arte*.
Acte II	Cherchant à défendre Angélique et son jeune amoureux, la joyeuse et effrontée Toinette se moque ouvertement de son maître lorsqu'il introduit le futur mari de sa fille, idiot et laid.
Deuxième intermède	Danse orientale (à la mode au XVIIe siècle).
Acte III	Béralde, frère d'Argan, tente de dissuader le malade de marier sa fille. Toinette prend le relais : déguisée, elle rejoint le défilé des médecins qui visitent Argan. Réconcilié avec sa fille, Argan décide de devenir lui-même médecin.
Troisième intermède	Chœur final de docteurs.

S'ENTRAÎNER

Compléter la frise *p. 54*

ÉPREUVE ORALE (première partie) ➡ MÉTHODE n° 5

1 Préparer l'explication linéaire

TOINETTE. – Je suis médecin **passager**, qui **vais de ville en ville, de province en province, de royaume en royaume**, pour **chercher** d'**illustres** matières à **ma capacité**, pour **trouver** des malades **dignes** de **m'**occuper, capables d'exercer les **grands**, et **beaux** secrets que j'ai **trouvés** dans la médecine. **Je dédaigne** de **m'amuser** à **ce menu fatras** de maladies **ordinaires**, à **ces bagatelles** de rhumatismes et de **fluxions**, à **ces fiévrottes**, à **ces** vapeurs, et à **ces** migraines. **Je veux** des maladies d'importance, de **bonnes fièvres** continues, avec des **transports** au cerveau, de **bonnes** fièvres pourprées, de **bonnes pestes**, de **bonnes hydropisies** formées, de **bonnes pleurésies**, avec des **inflammations** de poitrine, **c'est là** que **je me plais**, **c'est là** que **je** triomphe ; et je voudrais, Monsieur, que vous eussiez **toutes les maladies** que je viens de dire, que vous fussiez **abandonné** de tous les médecins, **désespéré**, à l'**agonie**, pour vous montrer l'excellence de mes remèdes, et l'envie que j'aurais de vous rendre service.

ARGAN. – **Je vous suis obligé**, Monsieur, des **bontés** que vous avez pour moi.

ÉTAPE 1 Identifier la structure du texte

a. Situez le passage en quelques lignes.

b. De combien de parties est composé cet extrait ? Donnez un titre à chacune.

ÉTAPE 2 **Analyser l'écriture au service du sens**

Complétez le tableau en vous aidant des mots en gras dans le texte.

Texte	Procédés littéraires	Interprétation, effets produits
PARTIE 1 L. 2-3 *ville, province, royaume*	Gradation.	Survalorisation du médecin par lui-même. Insistance sur la mégalomanie des médecins.
L. 1-3 *passager, de... en...* (× 3)	....	....
L. 3-5 *illustres, dignes, grands, beaux*	....	....
L. 1-3 *vais, chercher*	....	....
PARTIE 2 L. 6-9 *dédaigne, menu, fatras, bagatelles, fiévr***otte**	....	....
L. 9 *ces vapeurs, ces migraines, etc.*	....	....
L. 3-10 *je dédaigne, m'amuser, je veux, ma capacité, etc.*	....	....
L. 5-6 *bonnes* (× 4) + *bonnes pestes*	....	....
L. 8-14 *fluxions, hydropisies, pleurésies, inflammations*	....	....
L. 11-16 *fièvres, transports, maladies, pestes, etc.*	....	....
L. 14-15 *c'est là que je me plais, c'est là que je triomphe*	....	....
PARTIE 3 L. 15 *je voudrais*	....	....
L. 17-18 *abandonné, désespéré, à l'agonie*	....	....
L. 16 *toutes les maladies*	....	....
L. 21-22 *Je vous suis obligé, bontés, Monsieur*	....	....

ÉTAPE 3 **Préparer l'explication**

a. **À partir des étapes 1 et 2, rédigez une introduction sur papier libre et préparez votre explication orale.**

b. **Présentez votre explication à un(e) camarade qui vous évaluera en s'appuyant sur la grille p. 143.**

ÉPREUVE ORALE (seconde partie) ➥ MÉTHODE n° 6

2 Préparer la présentation de l'œuvre

Pour enrichir votre propos d'un regard personnel sur l'œuvre :

a. **Lisez *Le Médecin malgré lui*, Acte I, scène 5 ; *Dom Juan*, Acte III, scène 1 ; *Monsieur de Pourceaugnac*, Acte I, scène 8. Listez tous les outils et procédés que Molière réutilise d'une pièce à l'autre pour caricaturer la médecine.**

b. **Écoutez ce podcast : https://www.canalacademie.com/ida6125-La-mort-de-Moliere-a-la-quatrieme-representation-du-Malade-imaginaire.html, et constituez-vous une fiche sur les circonstances de la mort de Molière.**

ÉPREUVE ÉCRITE : la dissertation ➥ MÉTHODE n° 1

3 Proposer une problématique à partir d'un sujet

SUJET : Le Malade imaginaire *est, selon André Gide, de toutes les pièces de Molière, « la plus neuve, la plus hardie, la plus belle ». En vous appuyant sur votre lecture de la pièce, sur les textes étudiés et sur vos lectures personnelles, vous expliquerez ce qui fait de cette comédie un spectacle unique.*

a. **Quels sont les mots-clés du sujet ? Proposez une définition pour chacun d'eux.**

....

....

....

b. **À partir de l'affirmation du sujet, formulez une problématique.**

....

....

....

....

c. **Quel type de plan pensez-vous adopter : dialectique ou analytique ? Proposez trois grands axes.**

....

....

....

....

....

....

....

....

....

....

4 Organiser un plan

SUJET : *En 1673,* Le Malade imaginaire *est créé pour le divertissement du roi. En vous appuyant sur votre lecture de la pièce, les textes étudiés et vos lectures personnelles, vous discuterez en quoi la dernière comédie de Molière se résume à un spectacle divertissant.*

Indiquez dans quel grand axe de la dissertation vous classeriez les sous-parties proposées (I. a, I. b, II. a, II. b, III. a et III. b).

Axe I : Une comédie-ballet qui épate le spectateur.

Axe II : Une réflexion satirique sur les dérives médicales.

Axe III : Un spectacle vivant au service d'une réflexion critique.

Sous-parties :

– Une critique amère de la médecine. ....

– Montrer les charlatans et les hypocrites. ....

– Une pièce enrichie par la musique, le chant et la danse. ....

– Une remise en cause de l'autorité des médecins. ....

– Faire parler les charlatans et les hypocrites. ....

– Un défilé rythmé de scènes comiques. ....

5 Proposer un plan et y associer des exemples

SUJET : « La dernière pièce de Molière commence dans les teintes d'une journée finissante. C'est une comédie crépusculaire. » *Vous montrerez dans quelle mesure cette affirmation du metteur en scène contemporain Claude Stratz éclaire votre lecture du* Malade imaginaire *de Molière. Vous pouvez également nourrir votre réflexion des textes étudiés dans le cadre du parcours « Spectacle et comédie » et de vos lectures personnelles.*

Proposez un plan en trois grands axes composés de deux sous-parties. Incluez des exemples tirés de l'œuvre intégrale et/ou du parcours associé.

Axe I :	Axe II :	Axe III : ....
Sous-partie a. : .... Exemples :	Sous-partie a. : .... Exemples :	Sous-partie a. : .... Exemples : ....
Sous-partie b. : .... Exemple :	Sous-partie b. : .... Exemples :	Sous-partie b. : .... Exemple : ....

6 Améliorer une conclusion

Dites en quoi cette conclusion (du sujet de l'exercice 5) est correcte et comment elle peut être améliorée.

Au final, Claude Stratz voit dans *Le Malade imaginaire* une œuvre « crépusculaire ». Le sujet omniprésent de la mort qui hante Argan tout au long de la pièce. Cette tristesse n'apparaît que par petites touches. Le personnage sympathique de Toinette accompagné des médecins-charlatans maintient une grande part de comique surtout lorsqu'elle se déguise en médecin dans l'acte III, scène 10. L'œuvre marque la fin de la vie de Molière. En tant que comédien, Molière n'a pas droit à des funérailles chrétiennes, mais Louis XIV accorde malgré tout des obsèques au plus grand auteur de comédies de son siècle.

Points positifs : ....

....

Points à améliorer : ....

....

OBJET D'ÉTUDE : Le théâtre du XVIIe au XXIe siècle

Marivaux, *L'Île des esclaves*, 1725

RETENIR

Enjeux

- *L'île des esclaves* est une courte comédie en un acte qui propose une réflexion sur les **inégalités sociales**. Deux couples de maîtres et d'esclaves (esclaves derrière lesquels transparaissent les serviteurs du XVIIIe siècle) échouent sur une île utopique dans laquelle **les rôles s'inversent**. Cette situation permet aux valets (Arlequin et Cléanthis) de critiquer les maîtres (Iphicrate et Euphrosine), et à ces derniers de s'amender. Au dénouement, chacun retrouve sa condition initiale : l'ordre social est maintenu.

Thèmes

– Des valets qui prennent le pouvoir sur les maîtres : le renversement de situation autorisé par l'utopie, et ses limites.
– Des valets qui jouent aux maîtres : la mise en abyme du théâtre.
– Des valets qui se moquent des maîtres pour les corriger : satire et critique.
– Des valets et des maîtres qui se réconcilient : émotion et pathétique dans la comédie.

Passages clés

Scène 1	L'inversion des rôles : l'esclave Arlequin est désormais le maître.
Scène 3 Depuis « TRIVELIN. – J'espère, Euphrosine, que vous perdrez votre ressentiment » jusqu'à « En voilà donc assez pour à présent. »	Le portrait caustique d'Euphrosine brossé par sa suivante, Cléanthis.
Scène 6 Depuis « ARLEQUIN. – *(À Iphicrate.)* Arlequin, vite des sièges pour moi » jusqu'à « CLÉANTHIS. – Oh ! Vous riez, vous gâtez tout. »	Le théâtre dans le théâtre : l'imitation comique et parodique d'une scène de séduction par les valets.
Scène 9	La réconciliation entre Arlequin et Iphicrate.

S'ENTRAÎNER

Compléter la frise *p. 55*

ÉPREUVE ORALE (première partie) ➡ MÉTHODE n° 5

1 Préparer l'explication linéaire

Scène 6 (extrait)

CLÉANTHIS. – Tenez, tenez, **promenons-nous** plutôt **de cette manière-là**, et tout en **conversant vous ferez adroitement tomber l'entretien** sur **le penchant** que **mes yeux** vous ont inspiré pour moi. Car encore une fois nous sommes **d'honnêtes gens** à cette heure, il faut songer à cela ; il **n'est plus** question de **familiarité domestique**. Allons, **procédons noblement, n'épargnez ni compliment ni révérences.**

ARLEQUIN. – Et vous, **n'épargnez point les mines.** Courage, quand ce ne serait que pour nous moquer de nos patrons. Garderons-nous **nos gens** ?

CLÉANTHIS. – Sans difficulté ; pouvons-nous être sans **eux** ? c'est **notre suite** ; **qu'ils s'éloignent** seulement.

ARLEQUIN, *à Iphicrate*. – **Qu'on se retire** à dix pas.

Iphicrate et Euphrosine ***s'éloignent*** *en faisant des* ***gestes d'étonnement et de douleur****. Cléanthis* ***regarde*** *aller Iphicrate, et Arlequin, Euphrosine.*

ARLEQUIN, ***se promenant sur le théâtre*** *avec Cléanthis*. – Remarquez-vous, **Madame**, la **clarté du jour** ?

CLÉANTHIS. – Il fait **le plus beau temps du monde** ; on appelle cela un jour **tendre.**

ARLEQUIN. – Un jour tendre ? Je ressemble donc au jour, **Madame.**

CLÉANTHIS. – Comment ! Vous lui ressemblez ?

ARLEQUIN. – Eh **palsambleu** ! le moyen de n'être pas tendre, quand on se trouve en tête à tête avec **vos grâces** ? ***(À ce mot, il saute de joie.)*** **Oh ! oh ! oh ! oh !**

CLÉANTHIS. – Qu'avez-vous donc ? Vous défigurez notre conversation.

ARLEQUIN. – Oh ! ce n'est rien : c'est que **je m'applaudis.**

CLÉANTHIS. – Rayez ces **applaudissements**, ils nous **dérangent**.

ÉTAPE 1 Identifier la structure du texte

a. Situez le passage en quelques lignes.

....
....
....
....
....

b. De combien de parties est composé cet extrait ? Donnez un titre à chacune.

....

....

....

....

ÉTAPE 2 Analyser l'écriture au service du sens

Rédigez l'analyse linéaire en vous aidant des mots en gras dans le texte.

Partie 1

– Cléanthis se fait metteur en scène et dramaturge

....

– Une inversion des rôles : les valets deviennent les maîtres…

....

– … et les maîtres deviennent les valets.

....

Partie 2

– Une fausse scène de théâtre

....

– Une conversation vaine

....

– Une rupture du jeu théâtral

....

ÉTAPE 3 Préparer l'explication

a. À partir des étapes 1 et 2, rédigez l'introduction et la conclusion sur papier libre.

b. Présentez votre explication à un(e) camarade qui vous évaluera en s'appuyant sur la grille p. 143.

ÉPREUVE ORALE (seconde partie) ➥ MÉTHODE n° 6

2 Préparer la présentation de l'œuvre

Pour enrichir votre propos d'un regard personnel sur l'œuvre :

a. Cherchez d'où vient le personnage d'Arlequin, ainsi que ses caractéristiques, puis confrontez le résultat de vos recherches avec l'Arlequin de la pièce de Marivaux. Est-il différent de son image traditionnelle et, si oui, en quoi ?

b. Pourquoi est-il intéressant de lire cette pièce aujourd'hui ? Vous vous demanderez notamment dans quelle mesure les rapports de pouvoir qu'elle met en place sont encore d'actualité.

53 OBJET D'ÉTUDE : Le théâtre du XVIIe au XXIe siècle

Marivaux, *Les Fausses Confidences*, 1737

PARCOURS : Théâtre et stratagème

RETENIR

Enjeux

- Lorsque la comédie *Les Fausses Confidences* est représentée pour la première fois en 1737, Marivaux est déjà un dramaturge reconnu. Le succès n'est pas immédiat mais aujourd'hui, cette œuvre constitue une de ses pièces les plus appréciées et illustre à elle seule le concept du « **marivaudage** » : jeu amoureux tantôt plaisant, tantôt cruel.
- Alors qu'ils luttent contre leurs propres sentiments, les personnages sont pris au piège de subtils stratagèmes qui révèlent leurs faiblesses. Les variations entre amour et vérité permettent alors d'explorer les mécanismes du cœur.

Thèmes

- La comédie comme laboratoire d'observation.
- L'amour face aux normes sociales.
- La comédie dans la comédie.

Passages clés

Acte I	Jeune veuve, Araminte accepte l'arrivée chez elle de Dorante en tant qu'intendant. Celui-ci, fou amoureux d'elle, s'en remet à son ancien valet Dubois, qui prétend pouvoir tout arranger en sa faveur (I, 2). Dubois révèle à Araminte que son maître est transi d'amour mais que, par respect, il ne se déclarera pas (I, 14).
Acte II	Alors qu'Araminte est supposée épouser un comte, on apporte un portrait, celui d'Araminte elle-même (II, 9). Araminte suspecte que Dorante en est l'auteur. Elle le met à l'épreuve en lui demandant d'écrire pour elle une lettre au comte (II, 13) annonçant qu'elle accepte de l'épouser. Dorante finit par lui avouer son amour (II, 15 et 16).
Acte III	Le comte et Mme Argante (mère d'Araminte) cherchent à éloigner Dorante. Celui-ci avoue finalement à Araminte toutes *les fausses confidences* imaginées par Dubois (III, 12) après qu'Araminte a elle-même reconnu ses sentiments pour Dorante.

S'ENTRAÎNER

Compléter la frise *p. 55*

ÉPREUVE ORALE (première partie) MÉTHODE n° 5

1 Préparer l'explication linéaire

Acte I, scène 14

ARAMINTE. – [...] Explique-toi : est-ce que tu le connais ?

DUBOIS. – Si je le connais, Madame ! Si je le connais ! Ah, vraiment oui ; et il me connaît bien aussi. N'avez-vous pas vu comme il se détournait de peur que je ne le visse ?

ARAMINTE. – Il est vrai ; et tu me surprends à mon tour. Serait-il capable de quelque mauvaise action, que tu saches ? Est-ce que ce n'est pas un honnête homme ?

DUBOIS. – Lui ! Il n'y a point de plus brave homme dans toute la terre ; il a, peut-être, plus d'honneur à lui tout seul que cinquante honnêtes gens ensemble. Oh ! c'est une probité merveilleuse ; il n'a, peut-être, pas son pareil.

ARAMINTE. – Eh ! de quoi peut-il donc être question ? D'où vient que tu m'alarmes ? En vérité, j'en suis tout émue.

DUBOIS. – Son défaut, c'est là. *(Il se touche le front.)* C'est à la tête que le mal le tient.

ARAMINTE. – À la tête ?

DUBOIS. – Oui, il est timbré ; mais timbré comme cent.

ARAMINTE. – Dorante ! Il m'a paru de très bon sens. Quelle preuve as-tu de sa folie ?

DUBOIS. – Quelle preuve ? Il y a six mois qu'il est tombé fou ; il y a six mois qu'il extravague d'amour, qu'il en a la cervelle brûlée, qu'il en est comme un perdu ; je dois bien le savoir, car j'étais à lui, je le servais ; et c'est ce qui m'a obligé de le quitter, et c'est ce qui me force de m'en aller encore. Ôtez cela, c'est un homme incomparable.

ARAMINTE, *un peu boudant.* – Oh bien, il fera ce qu'il voudra mais je ne le garderai pas. On a bien affaire d'un esprit renversé et peut-être encore, je gage, pour quelque objet qui n'en vaut pas la peine, car les hommes ont des fantaisies...

DUBOIS. – Ah ! vous m'excuserez : pour ce qui est de l'objet, il n'y a rien à dire. Malepeste ! Sa folie est de bon goût.

ARAMINTE. – N'importe, je veux le congédier. Est-ce que tu la connais, cette personne ?

DUBOIS. – J'ai l'honneur de la voir tous les jours : c'est vous, Madame.

ARAMINTE. – Moi, dis-tu !

ÉTAPE 1 Identifier la structure du texte

a. Situez le passage en quelques lignes.

....

....

....

....

b. **De combien de parties est composé cet extrait ? Présentez-les en quelques mots.**

ÉTAPE 2 **Analyser l'écriture au service du sens**

Le plan de l'extrait vous est donné ci-dessous. Rédigez votre analyse pour chaque partie en associant les procédés utilisés par l'auteur et votre interprétation du texte. Appuyez-vous sur des citations.

Partie 1 : éveiller l'intérêt d'Araminte pour Dorante

– L'inquiétude d'Araminte

– Naissance des sentiments

Partie 2 : donner le coup de grâce

– Dubois manipule Araminte

– Un portrait contradictoire de Dorante

– Vers la révélation finale

ÉTAPE 3 **Préparer l'explication**

a. **À partir des étapes 1 et 2, rédigez une introduction et une conclusion sur papier libre.**

b. **Présentez votre explication à un(e) camarade qui vous évaluera en s'appuyant sur la grille p. 143.**

ÉPREUVE ORALE (seconde partie) ➡ MÉTHODE n° 6

2 Préparer la présentation de l'œuvre

Pour enrichir votre propos d'un regard personnel sur l'œuvre :

a. **Commentez les citations suivantes :**

– « Tu crois qu'elle fera attention à moi, que je l'épouserai, moi qui ne suis rien, moi qui n'ai point de bien ? »

– « Il est permis à un amant de chercher les moyens de plaire, et on doit lui pardonner lorsqu'il a réussi. »

b. **Réfléchissez à une mise en scène de cette pièce et présentez-la.**

ÉPREUVE ÉCRITE : la dissertation ➡ MÉTHODE n° 1

3 Proposer une problématique à partir d'un sujet

SUJET : « Quand l'amour parle, il est le maître, et il parlera. » *nous dit Marivaux (Acte I, scène 2). Comment peut s'exprimer l'amour sur la scène théâtrale ? Vous répondrez à cette question en vous appuyant sur l'œuvre et des textes du parcours associé.*

a. **Quels sont les mots-clés du sujet ? Proposez une définition pour chacun d'eux.**

b. **À partir de l'affirmation du sujet, formulez une problématique.**

....

....

c. **Quel type de plan pensez-vous adopter : dialectique ou analytique ? Proposez trois grands axes.**

....

....

....

....

....

....

....

....

....

....

4 Organiser un plan

SUJET : *Araminte, Dorante et, surtout, Dubois : les personnages créés par Marivaux dans* Les Fausses Confidences *ont différentes facettes. Mais qu'est-ce qu'un personnage de théâtre, selon vous ? Vous répondrez à cette question en vous appuyant sur l'œuvre et des textes du parcours associé.*

Indiquez dans quel grand axe de la dissertation vous classez les sous-parties proposées (I. a, I. b, II. a, II. b, III. a, III. b).

Axe 1 : Un être sensible. **Axe 2 :** Une marionnette. **Axe 3 :** Un miroir.

Sous-parties :

– Le personnage de théâtre n'a aucune existence réelle : il est la création artificielle d'un dramaturge. ....

– Le personnage de théâtre n'est que le reflet du spectateur, son double théâtral. ....

– Le personnage de théâtre est un être sensible et doué de sentiments qu'il exprime grâce à des mots. ....

– Certains personnages pourraient même être perçus comme le double du dramaturge. ....

– Le personnage de théâtre peut être le jouet d'autres personnages qui le manipulent. ....

– Par ses gestes et par sa voix, le comédien donne vie et corps à son personnage. ....

5 Proposer un plan et y associer des exemples

SUJET : *Mensonges, faux-semblants, tromperies sont au cœur de l'intrigue des* Fausses Confidences. *Ne servent-ils, au théâtre, qu'à masquer la vérité ?*

Proposez un plan en trois grands axes et deux sous-parties pour chacun d'eux. Incluez des exemples tirés de l'œuvre intégrale et/ou du parcours associé.

Axe I :	**Axe II :**	**Axe III :** ....
Sous-partie a. :	**Sous-partie a. :**	**Sous-partie a. :** ....
Exemples :	**Exemples :**	**Exemples :** ....
Sous-partie b. :	**Sous-partie b. :**	**Sous-partie b. :** ....
Exemples :	**Exemples :**	**Exemple :** ....

6 Améliorer une introduction

Dites en quoi cette introduction (du sujet de l'exercice 5) est correcte et comment elle peut être améliorée.

> Quand on pense à la comédie, on pense aux tromperies qui empêchent de connaître la vérité. Mais les mensonges ne masquent pas seulement la vérité : ils peuvent aussi la révéler. On peut donc se demander pourquoi les mensonges sont si fréquents. On commencera par montrer que tous les personnages mentent et ensuite que ces mensonges sont nécessaires pour faire éclore la vérité.

Points positifs : ....

....

Points à améliorer : ....

....

54

OBJET D'ÉTUDE : Le théâtre du XVIIe au XXIe siècle

Jean-Luc Lagarce, *Juste la fin du monde*, 1990

PARCOURS : Crise personnelle, crise familiale

RETENIR

Enjeux

- Louis, condamné à mort, vient retrouver les siens mais ne parvient jamais à leur révéler son secret, tel un messager voué à l'échec. Cette crise personnelle, d'un homme face à la mort, révèle une crise familiale : la parole, au centre de la pièce, se déploie dans un huis clos où les rapports humains ont valeur universelle.
- Tragique mais aussi comique, l'œuvre repose sur une langue dramatique singulière, prosaïque et poétique, et renouvelle la notion de personnage théâtral.

Thèmes

- La pièce se fonde sur deux thèmes théâtraux traditionnels : le retour du héros et les retrouvailles familiales, et la révélation d'un secret. Elle questionne le rapport des êtres humains au monde à travers une série de paradoxes : vie et mort, solitude et famille/société, présence et absence, parole et silence, vérité et mensonge, rêve et réalité.

Passages clés

Prologue	1. L'annonce de l'action de la pièce : « *seulement dire / ma mort prochaine et irrémédiable* ». Référence à la tragédie antique. 2. Le registre tragique brouillant les repères temporels : « *Plus tard, l'année d'après / – j'allais mourir à mon tour – / j'ai près de trente-quatre ans maintenant* ». 3. La parole au cœur de la pièce : thèmes de la révélation et de l'illusion (réflexion sur le théâtre).
Monologues : **– Prologue, épilogue** **– 1re partie, sc. 3, 5, 8, 10** **– 2e partie, sc. 1**	1. La récurrence de monologues ambigus : véritables monologues ou tirades adressées à des personnages silencieux ? 2. Des conflits intérieurs, entre rêves et déceptions, des tentatives de règlement de compte → Les personnages se construisent dans et par la parole.
2e partie, sc. 2	1. Une scène dramatique, un conflit ouvert (« *Tu me touches, je te tue* ») 2. Une étape cruciale de la crise familiale et de la crise personnelle d'Antoine qui ouvre l'espace d'une parole authentique.

S'ENTRAÎNER

Compléter la frise *p. 57*

ÉPREUVE ORALE (première partie) → MÉTHODE n° 5

1 Préparer l'explication linéaire

Première partie, scène 3.

Je pensais, lorsque **tu** es parti
(ce que **j'ai pensé** lorsque **tu** es parti),
lorsque j'étais enfant et lorsque tu **nous** as faussé compagnie (là que ça commence),
je pensais que ton métier, ce que tu faisais ou allais faire dans la vie,
ce que tu souhaitais faire dans la vie, **je pensais** que ton métier était d'**écrire** (serait d'écrire) ou que, de toute façon
— et **nous éprouvons** les uns et les autres, ici, tu le sais, tu ne peux pas ne pas le savoir, **une certaine forme** d'admiration, c'est le **terme exact,** une certaine forme d'admiration pour toi à cause de ça —
ou que, de toute façon,
si tu en avais la nécessité,
si tu en éprouvais la nécessité,
si tu en avais, soudain, l'obligation ou le désir, tu saurais écrire,
te servir de ça pour te **sortir** d'un mauvais pas ou **avancer** plus encore.
Mais jamais, nous concernant
jamais tu ne te sers de cette possibilité, de ce don (on dit comme ça, c'est une sorte de don, je crois, tu ris)
jamais, nous concernant, tu ne te sers de cette qualité
— c'est le mot et un drôle de mot puisqu'il s'agit de toi —
jamais tu ne te sers de cette qualité que tu possèdes, avec nous, pour nous.
Tu ne nous en donnes pas la preuve, tu ne nous en juges pas dignes.
C'est pour **les autres**.

ÉTAPE 1 Identifier la structure du texte

a. Situez le passage en quelques lignes.

....

....

....

....

b. De combien de parties est composé cet extrait ? Donnez un titre à chacune.

....

....

....

....

....

ÉTAPE 2 Analyser l'écriture au service du sens

Complétez le tableau en vous aidant des mots en gras et surlignés dans le texte.

Texte	Procédés littéraires	Interprétation, effets produits
PARTIE 1 Propositions des v. 1-5		
Je, tu, nous		
Je pensais (× 3), *j'ai pensé*		
Répétitions avec variations (texte en jaune), parenthèses	Épanorthose (figure de style qui consiste à revenir sur ce que l'on a dit pour préciser, nuancer, corriger).	
PARTIE 2 *nous*		
une certaine forme/ terme exact		
éprouvons		
Répétitions et variations (*ou que..., si..., si...*), tirets		
Texte en vert	Polyptote (répétition d'un mot de même racine).	
sortir, avancer		
PARTIE 3 *mais*		
jamais (× 4)		
nous concernant		
tu, nous		
Répétitions et variations (texte en jaune), tirets, parenthèses	Épanorthose.	
nous / les autres		

ÉTAPE 3 Préparer l'explication

a. À partir des étapes 1 et 2, rédigez une introduction sur papier libre et préparez votre explication orale.

b. Présentez votre explication à un(e) camarade qui vous évaluera en s'appuyant sur la grille p. 143.

ÉPREUVE ORALE (seconde partie) ➥ MÉTHODE n° 6

2 Préparer la présentation de l'œuvre

Pour enrichir votre propos d'un regard personnel sur l'œuvre :

a. Demandez-vous si Louis aime sa famille et développez une argumentation autour de cette idée.

b. Expliquez en quoi le style de l'auteur est si particulier. Pour vous aider, faites l'expérience d'écrire des didascalies, par exemple dans les scènes 1 et 3 de l'intermède.

c. Visionnez une représentation théâtrale ainsi que le film de X. Dolan et analysez comment le metteur en scène et le réalisateur ont choisi d'interpréter la pièce.

ÉPREUVE ÉCRITE : la dissertation ➥ MÉTHODE n° 1

3 Proposer une problématique à partir d'un sujet

SUJET : *La pièce* Juste la fin du monde *est-elle une tragédie ? Vous répondrez à cette question en vous appuyant sur l'œuvre et des textes du parcours associé.*

a. Quel est le mot-clé du sujet ? Proposez une définition.

....

b. À partir de la formulation du sujet, écrivez une problématique.

....

c. Quel type de plan pensez-vous adopter : dialectique ou analytique ? Proposez trois grands axes.

....

....

....

....

4 Organiser un plan

SUJET : *Quelles crises les personnages traversent-ils dans* Juste la fin du monde *? Vous répondrez à cette question en vous appuyant sur l'œuvre et des textes du parcours associé.*

Indiquez dans quel grand axe de la dissertation vous classeriez les sous-parties proposées.

Axe 1 : Une crise familiale. **Axe 2 :** Des crises personnelles. **Axe 3 :** Une crise du langage.

Sous-parties :

– Les dialogues reposent sur de nombreux non-dits. ....

– Les personnages évoquent des souvenirs familiaux. ....

– Le personnage de Suzanne cherche à trouver sa place et son identité. ....

– Les frères aîné et cadet se déchirent. ....

– Les personnages expriment leurs déchirements intérieurs au sein de monologues. ....

– L'écriture de J.-L. Lagarce travaille le rythme et la figure de l'épanorthose. ....

5 Proposer un plan et y associer des exemples

SUJET : *La pièce* Juste la fin du monde *raconte-t-elle une dispute familiale ? Vous répondrez à cette question en vous appuyant sur l'œuvre et des textes du parcours associé.*

Proposez un plan en trois grands axes et deux sous-parties pour chacun d'eux. Incluez des exemples tirés de l'œuvre intégrale et/ou du parcours associé.

Axe I :	Axe II :	Axe III : ....
Sous-partie a. : .... Exemples :	Sous-partie a. : .... Exemples :	Sous-partie a. : .... Exemples : ....
Sous-partie b. : .... Exemples :	Sous-partie b. : .... Exemple :	Sous-partie b. : .... Exemple : ....

6 Améliorer une conclusion

Dites en quoi cette conclusion (du sujet de l'exercice 5) est correcte et comment elle peut être améliorée.

Jean-Luc Lagarce a écrit plusieurs pièces qui traitent du thème du retour : *Retour à la citadelle*, *Le Pays lointain*. Plus qu'une dispute familiale de comédie, *Juste la fin du monde* nous fait entendre de multiples conflits entre personnages et en chaque personnage. Le héros, Louis, fait face à la mort : sa crise personnelle le conduit à revenir vers les siens et toute la pièce interroge la possibilité, pour tous les êtres humains, de faire partie « des siens ». Parfois l'on peut sourire de ces conflits, mais c'est un sourire de malaise, comme celui de Louis dans la pièce. Les auteurs de théâtre du XXe siècle ont souvent écrit des pièces qui mêlent les tonalités pour questionner la condition humaine, comme Beckett.

Points positifs :

....

....

....

....

Points à améliorer :

....

....

....

....

....

FICHE MÉTHODE 1

La dissertation

BAC

Définition

La dissertation est une **réflexion argumentée**. Il s'agit de proposer une **réponse** à une question (problématique) ou à une **citation**, elle-même accompagnée d'une question.
La dissertation porte sur l'**analyse d'une œuvre au programme** et de son **parcours**.

ÉTAPE 1 Analyser le sujet *(au brouillon)*

1. Relevez et définissez les **mots-clés**. **2.** Repérez les **relations logiques** qui les unissent ou les opposent.

ÉTAPE 2 Trouver la problématique *(au brouillon)*

Transformez, avec vos propres mots, le sujet **en question en montrant les grands enjeux soulevés.** Cette question constituera la **problématique** de votre devoir.

ÉTAPE 3 Trouver les arguments et les exemples *(au brouillon)*

Sous la forme d'un tableau, notez toutes vos idées : ce sont les éléments qui vous permettront de rédiger le développement. Chaque argument doit être accompagné d'un exemple.

SUJET : *L'objectif de La Fontaine, à travers ses Fables, se réduit-il au simple divertissement ?*

Argument	Exemple
La Fontaine réalise une critique satirique et polémique.	« L'Huître et les Plaideurs » (IX, 9) : une remise en question de la justice associée à une dénonciation de l'avidité et de l'égoïsme.

ÉTAPE 4 Élaborer le plan *(au brouillon)* ➡ MÉTHODE n° 4

Classez les **arguments** : le plan doit être constitué de **deux ou trois axes**, eux-mêmes **divisés en deux ou trois sous-parties**. Les différentes idées doivent être organisées de la plus simple à la plus compliquée.

ÉTAPE 5 Rédiger l'introduction en 15 lignes environ *(au brouillon)*

1. Préambule	Écrivez une phrase de portée générale et présentez l'œuvre (auteur, siècle, mouvement, genre…).
2. Mention du sujet	Recopiez le sujet à l'identique.
3. Reformulation grâce à la problématique	Reprenez l'étape 2. ➡ MÉTHODE n° 2
4. Annonce du plan	Énoncez uniquement les axes.

ÉTAPE 6 Rédiger la conclusion en 10 lignes environ *(au brouillon)*

1. Bilan	Utilisez un connecteur de conclusion *(Pour conclure, Enfin, Pour finir…)* et synthétisez vos idées-clés pour répondre à la question.
2. Ouverture	Mettez en lien le sujet avec une autre œuvre, un fait d'actualité…

ÉTAPE 7 Rédiger le développement *(directement sur la copie)*

Après avoir recopié l'introduction, introduisez l'axe par une ou deux phrases. Puis rédigez les **sous-parties** en respectant deux étapes :

1. Argument	Expliquez l'idée de votre sous-partie.	Environ 5 lignes.
2. Exemple(s)	Illustrez votre idée avec 1 ou 2 exemples précis issus d'une œuvre.	Environ 10 lignes.

Chaque sous-partie (argument + exemple) constitue un paragraphe. Sautez une ligne d'un paragraphe à l'autre. Chaque axe se termine par une phrase de transition. Elle résume ce qui précède et annonce ce qui va suivre.

ÉTAPE 8 Recopier la conclusion, relire et corriger

Après avoir recopié votre conclusion, relisez-vous attentivement et corrigez vos erreurs. Pour vérifier que vous n'avez rien oublié dans votre devoir, appuyez-vous sur la grille d'autoévaluation p. 142.

FICHE MÉTHODE 2

Le commentaire à l'écrit

BAC

Définition

Le commentaire est une **analyse détaillée d'un texte**. Il doit expliquer ce que dit un auteur (**fond** = sujet / idées) et comment il le dit (**forme** du texte = procédés), sans jamais séparer ces deux éléments.

ÉTAPE 1 Réaliser la carte d'identité du texte *(au brouillon)*

Pour pouvoir présenter rapidement l'œuvre, aidez-vous du tableau ci-dessous.

Titre					
Nom de l'auteur					
Date et mouvement littéraire					
Texte en :	Prose		Vers		
Type	Narratif	Descriptif	Argumentatif	Explicatif	
Genre	Roman	Théâtre	Poésie	Litt. d'idées	
Principaux registres	Tragique	Comique	Satirique	Ironique	Merveilleux…
Bref résumé (3 à 5 lignes)					

ÉTAPE 2 Analyser le texte de manière détaillée *(au brouillon)*

– Relevez les citations (C). Analysez les procédés (P) et les intentions (I). ➥ MÉTHODE n° 6

Citations	Procédé	Intention, Interprétation
Ex. : « massacre » (l. 2), « coups » (l. 10), « sang » (l. 7).	Ex. : Utilisation du champ lexical de la violence.	Ex. : Dénoncer la violence de la guerre. Faire réagir le lecteur.

– Une fois le tableau complété, choisissez un code couleur et surlignez les intentions identiques. Ce regroupement vous permettra de repérer les étapes du plan à adopter (voir étape 4).

ÉTAPE 3 Élaborer la problématique *(au brouillon)*

La problématique est la **question** à laquelle votre commentaire va répondre. Pour la trouver, demandez-vous quels sont les **enjeux du texte** (social, historique, politique…) et appuyez-vous sur le mouvement de l'artiste (Ex. : un roman naturaliste s'appuie toujours sur une observation de la réalité. Cet aspect, s'il est présent dans le texte à commenter, peut constituer une piste pour élaborer votre problématique).

Exemple de sujet : *En vous appuyant sur vos connaissances de la littérature du XVIIe siècle, vous proposerez un commentaire de la fable « Le Loup et le Chien » de La Fontaine.*
Problématique possible : Par quels moyens ce texte parvient-il à plaire et à instruire ?

ÉTAPE 4 Construire le plan du commentaire *(au brouillon)*

– Le plan du commentaire est composé de **deux ou trois grands axes**, eux-mêmes divisés en **deux ou trois sous-parties**.
– Les intentions relevées à l'étape 2 vous permettent de construire votre plan. À partir de cette étape et du repérage avec le code couleur, agencez vos idées de la plus évidente à la plus complexe.

ÉTAPE 5 Rédiger l'introduction *(au brouillon)*

Rédigez l'introduction du commentaire en 10 lignes environ.

1. Préambule	Synthétisez l'étape 1.
2. Problématique	Recopiez la question trouvée (étape 3).
3. Annonce du plan	Énoncez les axes uniquement (étape 4).

ÉTAPE 6 Rédiger la conclusion *(au brouillon)*

Rédigez la conclusion du commentaire en 10 lignes environ.

1. Bilan	Introduisez un connecteur de conclusion *(Pour conclure, Enfin, Pour finir...)*. Faites la synthèse des différentes idées qui apportent une réponse à la problématique.
2. Ouverture	Mettez en perspective le commentaire avec une autre œuvre, un fait d'actualité...

ÉTAPE 7 Rédiger le développement *(directement sur la copie)*

- Après avoir recopié votre introduction, **écrivez directement au propre chaque sous-partie** (10 lignes environ par sous-partie) :

1. 1re phrase d'une sous-partie	Commencez par un connecteur et donnez le titre de votre sous-partie.
2. Suite de la sous-partie	Développez chaque idée en intégrant deux ou trois exemples précis issus du texte (citation, procédé, intention). C'est la rédaction de **l'étape 2**. **Attention !** Variez les procédés d'une même sous-partie et veillez à intégrer des procédés spécifiques au genre commenté. Ex. : 1 champ lexical + 1 registre + 1 type de raisonnement (pour un texte argumentatif).
3. Une transition de 1 à 2 lignes	**Entre les axes** du développement, récapitulez ce qui précède et annoncez ce qui va suivre.

- Évitez un défaut majeur : la **paraphrase**. Celle-ci consiste à **répéter dans d'autres termes ce que dit l'auteur**. Pour éviter ce travers, il convient de **ne jamais séparer le fond (sujet, idées) de la forme (style et procédés d'écriture)**.

Exemple de texte à analyser : « Gervaise n'avait que vingt-deux ans. Elle était grande, un peu mince, avec des traits fins, déjà tirés par les rudesses de la vie. Dépeignée, en savates, grelottant sous sa camisole blanche où les meubles avaient laissé de leur poussière et de leur graisse, elle semblait vieillie de dix ans par les heures d'angoisse et de larmes qu'elle venait de passer. » Zola, *L'Assommoir*, 1877.

Texte (citations)	Procédé	Intention / Interprétation
Ligne 2 : *dépeignée, en savates* Ligne 3 : *vieillie*	Portrait physique	L'auteur exprime la misère et la souffrance de Gervaise

Exemple de paraphrase, sans procédé/intention/citation (à bannir)
Zola décrit ici Gervaise, une jeune fille de 22 ans, en réalisant son portrait physique. Elle est marquée par les difficultés de la vie et la pauvreté qui l'a frappée.

Exemple d'analyse avec procédé/intention/citation (à faire)
En faisant le portrait physique de Gervaise (= **P**), à l'aide des termes « dépeignée, en savates », « vieillie », lignes 2-3 (= **C**), Zola s'inscrit dans l'esthétique naturaliste qui lui est chère. À travers cette esquisse, l'auteur souhaite suggérer que le destin de son personnage est déterminé par ses conditions de vie. Avec cette évocation rapide l'auteur laisse présager la chute du personnage (= **I**).

ÉTAPE 8 Recopier la conclusion, relire et corriger

Après avoir recopié votre conclusion, relisez-vous attentivement et corrigez vos erreurs.
Pour vérifier que vous n'avez rien oublié dans votre devoir, appuyez-vous sur la grille d'autoévaluation p. 142.

FICHE MÉTHODE 3 La contraction de texte

BAC

Définition

La contraction de texte consiste à résumer un texte donné en restant proche du style (ton) du texte initial. Pour l'épreuve du Bac, il vous est demandé de résumer un texte de 1 000 mots environ en 250 mots environ (réduction au quart).

ÉTAPE 1 Étudier le document support

1. Dégagez le **thème** (sujet) et la **situation d'énonciation** (qui parle ? à qui ?...).
2. Identifiez la **thèse** (idée défendue) et les **principaux arguments**.
3. Analysez la **construction** du texte (paragraphes, connecteurs...).

ÉTAPE 2 Rédiger la contraction *(au brouillon)*

- **Suivez l'ordre du texte**, en rendant compte de la trame des idées principales.
  Les proportions du document support (longueur des paragraphes...) ne doivent pas systématiquement être conservées.
- Présentez votre contraction en reprenant le **plan** et l'**énonciation** du texte (personne employée, temps verbaux, destinataire...).
- Synthétisez **objectivement** et en les reformulant les propos de l'auteur, utilisez des synonymes.
- **Ne recopiez pas d'extraits du texte**, supprimez les redites, les détours et les exemples du texte support.

ÉTAPE 3 Relire et améliorer son brouillon

- Retravaillez la première version du texte (en reformulant, en complétant, en réaménageant, en supprimant).
  Veillez à ne pas dépasser le nombre de mots autorisé (environ 250).
- Vérifiez que la thèse de l'auteur et ses principaux arguments sont bien présentés afin d'éviter le hors sujet.
- Vérifiez l'emploi des connecteurs logiques qui mettent en valeur la progression de la pensée. ➥ FICHE 9

ÉTAPE 4 Rédiger sur la copie

Avant de recopier la contraction sur votre copie, pensez à respecter les critères de notation suivants :

- ☐ Écriture soignée (copie propre, absence de ratures).
- ☐ Mise en page correcte (sauts de ligne, paragraphes, alinéas).
- ☐ Formulation correcte (orthographe, conjugaison, ponctuation, niveaux de langue...).

N'oubliez pas d'indiquer entre parenthèses, à la fin de votre contraction, le nombre de mots utilisés.

ÉTAPE 5 Relire sa copie et corriger

Relisez-vous attentivement et corrigez vos fautes d'orthographe.
Pour vérifier que vous n'avez rien oublié dans votre devoir, appuyez-vous sur la grille d'autoévaluation p. 142.

FICHE MÉTHODE 4

L'essai

BAC

Définition

L'essai est un **exercice de réflexion** et de **rédaction**. Il prend appui sur le thème ou la question que le texte (objet de la contraction) partage avec l'œuvre intégrale et le parcours étudiés durant l'année, dans le cadre de l'objet d'étude « La littérature d'idées du XVIe au XVIIIe siècle ».

Un essai est **argumentatif** : vous devez prendre position par rapport au sujet afin de **convaincre** et / ou **persuader** votre correcteur. ➥ FICHE 32

ÉTAPE 1 Analyser le sujet *(au brouillon)* ➥ MÉTHODE n° 1

1. Recopiez le sujet.

2. Repérez les **mots-clés**. Interrogez-vous sur ce qui les **unit** ou les **oppose**.

3. Notez vos premières idées (arguments et exemples) sans les rédiger.

ÉTAPE 2 Élaborer le plan *(au brouillon)*

1. Ordonnez vos idées en choisissant une **progression logique** : plan analytique ou dialectique.

Le **plan analytique** présente les **différentes perspectives du thème interrogé**.

Exemple de sujet : *Quelles sont les fonctions de la presse au XXIe siècle ?*
Vous développerez de façon argumentée votre réponse en prenant appui sur le texte de l'exercice de la contraction, l'œuvre étudiée et des textes lus pendant l'année dans le cadre de l'objet d'étude « La littérature d'idées du XVIe au XVIIIe siècle ».

Plan analytique possible : I. Caractéristiques de la presse : décrire et informer.
II. Ses fonctions et enjeux : interroger et critiquer.

Le **plan dialectique** développe des **points de vue différents** : la première partie explique un point de vue possible par rapport au sujet (la thèse), la seconde montre un point de vue différent voire opposé (l'antithèse). Une troisième partie peut dépasser la contradiction et poser différemment le problème analysé (synthèse).

Exemple de sujet : *Dans quelle mesure les réseaux sociaux comportent-ils à la fois des avantages et des risques ?*
Vous développerez de façon argumentée votre réponse en prenant appui sur le texte de l'exercice de la contraction, l'œuvre étudiée et des textes lus pendant l'année dans le cadre de l'objet d'étude « La littérature d'idées du XVIe au XVIIIe siècle ».

Plan dialectique possible :
I. Les réseaux sociaux améliorent notre relation avec autrui.
II. Les dangers de la communication virtuelle : isolement et confusion par rapport au réel.
III. Il faut faire preuve de bon sens : combiner liberté d'expression et respect d'autrui.

2. Ordonnez les arguments et les exemples (tirés du texte résumé et des œuvres lues pendant l'année) en respectant la règle de l'ordre croissant (du plus simple au plus complexe).

ÉTAPE 3 Rédiger *(directement sur la copie)*

1. Rédigez l'introduction *(5 à 6 lignes).*
L'introduction amène le **sujet** (accroche), le présente, en propose une **reformulation** et annonce le **plan**. ➥ MÉTHODES n° 1 et 2

2. Rédigez le développement *(environ une page recto/verso).*
Chaque paragraphe commence par un **connecteur** logique. La première phrase indique **l'idée** à défendre, puis vient **l'explication** qui s'appuie sur un **argument** et un ou deux **exemples**.

3. Rédigez la conclusion *(5 à 6 lignes).*
La conclusion présente le bilan de la réflexion en en résumant les grandes étapes.

4. Remarque de présentation
N'oubliez pas les **sauts de ligne** entre l'introduction et le développement ; entre chaque partie du développement ; entre le dernier paragraphe du développement et la conclusion.

ÉTAPE 4 Relire sa copie et corriger

Relisez-vous attentivement et corrigez vos erreurs. Pour vérifier que vous n'avez rien oublié, appuyez-vous sur la grille d'autoévaluation p. 143.

FICHE MÉTHODE 5 L'épreuve orale : déroulement

3 tutoriels vidéo d'entraînement à l'oral
https://bordas.media/733824_017

BAC

PREMIÈRE PARTIE Explication linéaire et question de grammaire *(12 mn = 12 pts)*

– La première partie concerne les **explications linéaires réalisées en classe au cours de l'année** à partir des **œuvres intégrales** ou des **parcours associés**.
– Au début de l'entretien, le jury choisit un texte parmi le descriptif donné par l'élève. Il remet également au candidat la question de grammaire à laquelle celui-ci devra répondre après avoir présenté son exposé.

ÉTAPE 1 Faire l'explication linéaire *(10 mn = 10 pts dont 2 pts de lecture).* ➥ MÉTHODES n° 6 et 7

Votre exposé doit être composé de **quatre temps** :

1. Introduction	Présentez la **carte d'identité** du texte : titre, auteur, genre, date…
2. Lecture expressive de l'extrait	Votre lecture doit mettre en valeur votre **compréhension** du texte. Veillez à articuler, adopter un volume sonore correct, mettre le ton pour représenter les états d'âme des personnages, respecter la ponctuation…
3. Explication linéaire	Présentez la **problématique du texte.** Expliquez linéairement le texte en utilisant des **procédés littéraires** et des **éléments grammaticaux.**
4. Conclusion en deux parties	**Bilan :** reprenez la problématique et synthétisez les idées-clés. **Ouverture :** élargissez le sujet de manière brève et justifiée.

ÉTAPE 2 Répondre à la question de grammaire *(2 mn = 2 pts)*

Cette question porte sur l'analyse syntaxique **d'une phrase ou d'un morceau de phrase issu du texte**. *Pour vous y préparer, reportez-vous aux fiches 1 à 22 de ce cahier, et en particulier à la rubrique « Pour préparer l'oral ».*

DEUXIÈME PARTIE Présentation de l'œuvre choisie et dialogue *(8 mn= 8 pts)*

Durant l'année, l'élève choisit une œuvre à présenter en 2ᵉ partie de l'oral. Cette œuvre figurera sur le descriptif remis au jury au début de l'épreuve. Cela peut être **une œuvre intégrale analysée en classe, une lecture cursive obligatoire, une lecture suggérée…**

ÉTAPE 1 Introduire

Présentez l'auteur, l'œuvre, sa date de parution. (voir la carte d'identité d'un texte ➥ MÉTHODE n° 2)

ÉTAPE 2 Justifier son choix

Sélectionnez **deux ou trois arguments détaillés** qui seront illustrés par des **exemples précis.**
– Indiquez ce qui vous a plu, interpellé, choqué…
– Pensez à aborder différents aspects de l'œuvre : structure, intrigue, cadre, personnages…
– Mettez l'œuvre en relation avec d'autres œuvres (films, œuvres picturales ou musicales, représentations théâtrales…) et travaux menés dans l'année (écrits d'appropriation, exposés, réalisations graphiques, lectures cursives ➥ MÉTHODE n° 8).
– Développez et expliquez votre point de vue tout en veillant à rendre votre présentation personnelle pour répondre aux attentes du jury.

ÉTAPE 3 Dialoguer

Le jury peut vous demander un approfondissement des points que vous avez évoqués.

Critères d'évaluation
– capacité d'expression et de dialogue (nuances, argumentation, réflexion) ;
– connaissances ;
– capacités d'analyse.

FICHE MÉTHODE 6

L'épreuve orale : l'explication linéaire

3 tutoriels vidéo d'entraînement à l'oral
https://bordas.media/733824_018

BAC

Définition

L'explication linéaire consiste à **analyser un texte en suivant sa progression**. Cette analyse doit permettre d'éclairer le sens du texte et de répondre à la question centrale qu'il pose.

ÉTAPE 1 Introduire et analyser la structure du texte

1. Préambule	Présentez l'œuvre en quelques mots.
2. Structure du texte	Repérez les différentes parties du texte pour en saisir le mouvement général.
3. Annonce de la progression	Résumez les parties brièvement et indiquez leurs enjeux.

ÉTAPE 2 Analyser l'écriture au service du sens

- L'explication linéaire vise à **expliquer** les intentions de l'auteur ou l'interprétation que l'on peut faire de son texte. Pour cela, il faut en permanence **articuler trois éléments** :

1. Les **Procédés**.

Procédés à analyser systématiquement	Procédés à analyser en fonction du genre du texte
– les champs lexicaux – l'énonciation / la modalisation – les figures de style – le rythme / la ponctuation – les types et formes de phrase – les temps et modes verbaux – la forme : prose ou vers – les niveaux de langue	**Pour les textes argumentatifs :** thèse, arguments, types de raisonnement, connecteurs logiques… **Pour les textes théâtraux :** didascalies externes / internes… **Pour les textes narratifs :** point de vue narratif / focalisation ; descriptions, portraits… **Pour les textes poétiques :** vers, rimes, strophes…

2. Les **Intentions** de l'auteur qui justifient l'emploi des procédés relevés : faire rire, émouvoir, attrister, bouleverser, terrifier, informer, sensibiliser, faire réfléchir, convaincre, persuader, critiquer, dénoncer…

3. Les **Citations** qui permettent de justifier les deux points précédents.

- Faites l'explication linéaire en respectant l'ordre du texte (ligne par ligne), sans vous interdire le commentaire d'effets d'écho (ex. : les champs lexicaux).

ÉTAPE 3 Donner du sens à l'analyse

- Entraînez-vous à relier, à l'oral, les 3 éléments : citation, procédé, intention/interprétation.
- Pour vous aider, appuyez-vous sur les grilles d'autoévaluation p. 143.

ÉTAPE 4 Conclure

1. Bilan	Résumez les grands mouvements du texte et la problématique.
2. Ouverture	Faites une ouverture sur un mouvement, un genre…

FICHE MÉTHODE 7

L'épreuve orale : soigner son expression

BAC

Lors de la première partie de l'épreuve orale, votre **expression** sera également évaluée.
Voici quelques exemples de formulations que vous pourrez utiliser le jour de votre présentation.

ÉTAPE 1 Introduire l'œuvre

Objectif	Présenter la carte d'identité de l'œuvre.
Exemple	*Le Mariage de Figaro* (titre) est une comédie (genre) écrite par Beaumarchais (auteur) en 1778 (date) pour dénoncer les privilèges de la noblesse (thème général) + bref résumé.

ÉTAPE 2 Annoncer la lecture et lire le texte

Objectif	Marquer la **transition** entre l'introduction et la lecture de l'extrait.
Exemples	*Je vais à présent vous lire le texte / Je vais à présent procéder à la lecture de l'extrait…*
Conseils pour une lecture expressive	La lecture doit mettre en valeur votre **compréhension** du texte. Veillez à articuler, adopter un volume sonore correct, mettre le ton pour représenter les états d'âme des personnages, respecter la ponctuation, parler lentement…

ÉTAPE 3 Introduire la problématique

Objectif	Présenter la problématique du texte (le projet de lecture).
Exemples	Dans cet extrait, l'auteur cherche à montrer que… / L'analyse de l'extrait nous amènera à répondre à la question suivante… / L'auteur s'intéresse à l'analyse de…

ÉTAPE 4 Procéder à l'explication linéaire

Objectif	Présenter une analyse cohérente de l'extrait **en articulant trois éléments** : les **procédés** (P), les **intentions** (I) et les **citations** (C). **Varier leur présentation.**
Exemples **a.** Si vous commencez par une **citation** :	– L'expression « Demain dès l'aube », au vers 1, associe deux indications de temps. La première est un adverbe (demain). La seconde est un nom (l'aube).
b. Si vous commencez par les **procédés** :	– La présence de deux indications de temps (un adverbe et un nom) au vers 1, « Demain dès l'aube », met en valeur le projet de l'auteur dès le début du poème.
c. Si vous commencez par les **intentions** :	– La décision du poète, partir pour rejoindre un être cher, est annoncée dès le premier vers grâce à une expression sur le temps : « Demain dès l'aube ».

ÉTAPE 5 Conclure

Objectifs	Clore l'analyse et répondre à la problématique (le projet de lecture).
Exemples	**a.** Le **bilan** : *Pour conclure* + reprise du projet à la forme affirmative + résumé des idées principales. **b.** L'**ouverture** : *Cette analyse peut être mise en lien avec… dans la mesure où…*

ÉTAPE 6 Passer à la question de grammaire

Objectif	Réaliser une **transition** entre l'explication linéaire et la réponse à la question de grammaire.
Exemples	– *Je vais à présent réaliser l'analyse syntaxique de la / des proposition(s) suivante(s) :* (lecture du passage à analyser) + début de l'analyse. – *À présent, je vais procéder à l'analyse grammaticale de la / des proposition(s) suivante(s) :* (lecture du passage à analyser) + début de l'analyse.

Conseils généraux
Évitez si possible les répétitions. Veillez à employer des connecteurs logiques variés.
Employez un niveau de langue courant ou soutenu. Articulez et employez un volume sonore adapté.

Entraînez-vous !
Présenter une explication ne s'improvise pas : préparez votre texte, entraînez-vous à haute voix, présentez-le à un camarade qui vous évaluera en fonction des critères rappelés dans la grille p. 143.

FICHE MÉTHODE 8 La lecture cursive

BAC

- Une **lecture cursive** est une œuvre que vous **lisez** et **travaillez en autonomie.** Elle est en lien avec le programme.
- Elle répond à **trois objectifs** :
  - mieux **comprendre l'œuvre au programme** et le **parcours** associé ;
  - enrichir vos **dissertations** avec des exemples tirés d'autres œuvres ;
  - réussir la **deuxième partie de l'épreuve orale**, pour laquelle vous pouvez choisir de présenter une œuvre différente des œuvres intégrales étudiées en classe.

Réaliser la fiche de lecture d'une lecture cursive

Cet exercice consiste à **rendre compte d'une œuvre** de manière synthétique pour en garder la trace écrite, ce qui vous aidera à mieux la mémoriser.

Reportez-vous à vos fiches de lecture avant chaque épreuve écrite (dissertation, essai) ou orale pour utiliser ces œuvres dans votre argumentation.

1. Titre et date	Titre du livre et date d'écriture.
2. Auteur	Présentation des grands événements de la vie de l'auteur (5 à 10 lignes) : dates-clés, enfance, études et formation, genre(s) artistique(s), mouvement et inscription dans l'histoire littéraire, défenseurs / détracteurs, engagement, quelques titres d'œuvres, prix reçus, réception de l'œuvre…
3. Histoire ou thème du texte	Résumé de l'intrigue (15 lignes) ou thèmes abordés dans le texte (poésie).
4. Structure de l'œuvre	Construction de l'œuvre (parties, chapitres, durée de la narration…).
5. Enjeux	Grandes problématiques soulevées (enjeu social, politique, historique…).
6. Thèmes	Principaux sujets abordés (amour, voyage, nature…).
7. Personnages principaux	Portraits physique et psychologique, liens entre ces personnages.
8. Cadre	Lieux importants à décrire brièvement.
9. Tonalité et atmosphère	Identification des principaux registres. Justification par des exemples précis.
10. Style	Repérage des principales caractéristiques d'écriture de l'auteur : **Pour tous les genres :** types de phrases (simple, complexe…), figures de style, niveaux de langue employés, personnes employées, temps et modes verbaux… **Poésie :** types de poèmes (ode, sonnet, forme libre…), types de vers (alexandrins, octosyllabes…), types de strophes (quatrain, distique…), vers libres, poème en prose…, jeux sur les sons (allitérations, « e » muet, rejet, contre-rejet…). **Théâtre :** construction (actes, scènes), types de répliques (tirade, monologue, aparté…), didascalies (internes, externes), règles en lien avec l'histoire littéraire… **Argumentation :** thèse, types de raisonnements, forme de l'argumentation (directe / indirecte), stratégies (persuasion, délibération, conviction)… **Narration :** focalisation ou point de vue, alternance narration / discours, paroles rapportées, jugements de valeur, ordre de la narration (chronologique, analepse)…
11. Place de l'œuvre	Identification de la place de l'œuvre dans la production de son auteur et dans son siècle.
12. Avis personnel	Préparation de 3 à 4 arguments et justification par des citations ou des passages précis.

Corrigés

Test pp. 4-5

FICHE 1 1. Subjonctif présent, souhait. 2. Conditionnel, présent, à valeur temporelle de futur dans le passé. 3. Indicatif imparfait qui marque une action de 2nd plan prise dans sa durée. / Indicatif passé simple qui marque une action de 1er plan. 4. Indicatif présent d'habitude.

FICHE 2 1. a mis. 2. aimerais / voies. 3. pourrai. 4. remerciiez. b. rangea, revit, reçut, retint, redit.

FICHE 3 1. Subordination [Même si elle vient d'arriver] : prop. conjonctive, CC concession. 2. Coordination. 3. Juxtaposition. 4. Juxtaposition.

FICHE 4 1. Prop. sub. conjonctive, COD de *pense*. 2. Adjectifs épithètes de *déesse*. 3. GIP, attribut du sujet *Le mieux*. 4. Prop. sub. relative, complément de l'antécédent *idée*. 5. G.N.P, CC concession de *réussir*.

FICHE 5 1. Dans le roman *La Curée* de Zola, on retrouve l'atmosphère de l'époque du baron Haussmann. 2. Tu te demandes où tes clés sont passées/où sont passées tes clés. 3. Je cache ma carte pour que tu ne devines pas la solution. 4. Après que tu as fait la sieste, on ira à la patinoire. 5. Zola a écrit le cycle des *Rougon-Macquart*, formé d'une vingtaine de romans.

FICHE 6 1. connus : pp masc pluriel / auxiliaire être / accord sujet. 2. refusé : pas d'accord / auxiliaire *avoir* / COD derrière. 3. Irrités : pp masc pluriel / pp employé seul, accord avec *les rois*. 4. défendues : pp fém pluriel / auxiliaire *avoir* / COD devant = accord. 5. a écrit : pas d'accord / auxiliaire *avoir* / COD derrière, -*t* s'explique par son féminin écrite.

FICHE 7 Écriture correcte : On n'a pas / tels que / tout / patiemment / Quant à / leur escapade / c'est presque / publique / Quelquefois / leur / éternité.

FICHE 8 1. Type impératif, formes négative et exclamative. 2. Type interrogatif, forme négative. 3. Type déclaratif, forme emphatique. 4. La dinde avait été découpée par ma mère. 5. Ta candidature sera retenue par le jury.

FICHE 9 1. Conséquence. 2. Cause. 3. Concession. 4. Opposition. 5. Hypothèse.

FICHE 10 1. Conjonctive, COD de *vouloir*. 2. Conjonctive, attribut du sujet *intuition*. 3. Infinitive, COD de *voir*. 4. Interrogative indirecte, COD de *se demander*. 5. Conjonctive, sujet réel de **être**.

FICHE 11 1. Interrogative directe partielle. 2. Interrog. indirecte partielle. 3. Interrog. indirecte totale. 4. Interrog. directe totale. 5. Interrog. indirecte partielle.

FICHE 12 1. Relative, compl. de l'antécédent. 2. Participiale, CC cause. 3. Conjonctive, compl. de l'adjectif *fiers*. 4. Conjonctive, CC temps. 5. Conjonctive, CC condition.

FICHES 13/14/15 1. Conséquence. 2. Condition. 3. But. 4. Cause. 5. Concession. 6. Conséquence. 7. Condition. 8. Opposition. 9. Concession. 10. Cause.

FICHE 16 1. nulle : déterminant indéfini. 2. Personne : pronom indéfini. 3. ne se tait que : *Que* conjonction. 4. jamais : adverbe négatif. 5. ne : employé seul.

FICHE 17 Champ lexical : le bonheur. Mot et son antonyme : joie / tristesse. Mot mélioratif : aimable. Mot pris dans son sens figuré : croquer. François croque la vie à pleines dents, sa joie fait plaisir à voir. Il est si aimable que sa présence chasse la tristesse d'autrui. Il est gai comme un pinson et chantonne sans cesse.

FICHE 20 1. Euphémisme. 2. Synecdoque. 3. Oxymore. 4. Allégorie. 5. Chiasme.

FICHE 21 La tonalité est héroï-comique. La Fontaine traite d'un sujet bas (les amours de basse-cour) avec un style noble (métaphore filée de la guerre de Troie qui commença par l'enlèvement d'Hélène, épouse de Ménélas, par Pâris).

1 pp. 6-7

1 a. Système du présent. b. *a commencé, est devenu, s'est marié* : 3 verbes au p. composé marquent l'antériorité des actions. *Recueillera, restera* : 2 verbes au futur simple marquent la postériorité des actions.

2 a. devint / avait commencé / était devenu / s'était marié / se sépara / partit / fréquenta / fit / suivirent / connurent / recueillit / ignorait / resterait. b. Le présent du conditionnel est employé pour exprimer le futur dans le passé.

3 1. Conditionnel, présent, fait soumis à une condition. 2. Subjonctif, présent, souhait. 3. Impératif, présent, ordre. 4. Conditionnel, présent, à valeur temporelle de futur dans le passé. 5. Indicatif, p. composé, antériorité.

4 a. 1. commençait, apprit. 2. se réjouit, régla, prépara. 3. fut, sentait, traînait. b. 1. Imparfait, marque une action de 2nd plan prise dans sa durée / passé simple, action de 1er plan. 2. Passé simple, actions de 1er plan qui s'enchaînent. 3. Passé simple, action de 1er plan / imparfaits descriptifs.

5 1. Futur simple de l'indicatif à valeur injonctive. 2. Présent de narration. 3. Présent du conditionnel à valeur d'hypothèse. 4. Imparfait d'habitude. 5. Passé proche.

7 *était, faisait, diminuait* : imparfait descriptif. *acheva, s'assit, demeura, gardèrent* : passé simple, actions de 1er plan. *n'était* : imparfait, action de 2nd plan. *donnent* : présent de vérité générale.

2 pp. 8-9

1 1. Conditionnel présent. 2. Imparfait de l'indicatif. 3. Présent du subjonctif. 4. Futur antérieur de l'indicatif. 5. Présent de l'impératif.

2 relie, dit, colorie. / boit, envoie, doit. / fond, craint, rend. / rejette, rappelle, s'inquiète, règle.

3 a. c. réalisa / travailla / apportés / furent / réjouit / vint / retrouver / firent / nagèrent / découvrirent / put partager / se promit. b. réalise / travaille / sont / réjouit / vient / font / nagent / découvrent / peut / promet.

4 1. *nous remercions* : seule forme au présent de l'indicatif. Les autres sont à l'imparfait de l'indicatif ou au présent du subj. 2. *il prit* : seule forme uniquement au passé simple. Les autres sont soit au présent soit au passé simple de l'indicatif. 3. *il croie* : seule forme uniquement au présent du subj. Les autres sont au présent soit du subj. soit de l'indicatif.

5 1. *il subit* : indicatif présent OU indicatif passé simple. / *il oublie* : indicatif présent OU subj. présent. / *il fit* : indicatif passé simple. 2. *je courais* : indicatif imparfait / *je courrais* : conditionnel présent / *je courus* : indicatif passé simple. 3. *il choisit* : indicatif présent OU indicatif passé simple. / *il choisît* : subj. imparfait / *il choisisse* : subj. présent.

6 *rencontrai, interrogeai, suppliai* : passé simple, action de 1er plan. *pourrais* : conditionnel présent, futur dans le passé. *aimer* : infinitif après un verbe conjugué. *revoies* : subj. présent, action soumise à une obligation.

8 *veut, vient, est présenté* (forme passive) : indicatif, les actions sont certaines. *aille, fasse* : subj., action soumise à une volonté, ici celle du Prince.

3 pp. 10-11

1 a. 8 phrases. b. Toutes les phrases sont simples et verbales, à l'exception des 3 phrases nominales du télégramme. Les 8 phrases sont très courtes. Leur juxtaposition saccadée semble mimer l'oral et crée un sentiment de malaise chez le lecteur car il y a un décalage entre l'hésitation, la pensée factuelle de Meursault et la gravité du moment.

2 1. Phrase complexe avec une sub. conjonctive. 2. Ph. simple (un même sujet). 3. Ph. simple (un même sujet). 4. Ph. complexe avec une proposition infinitive (2 sujets différents).

3 1. Prop. principale et subordonnée (*que*). 2. Prop. indépendante et juxtaposition (:) et coordination (*mais*). 3. Prop. principale et sub. (*tandis que*). 4. Prop. principale et sub. (interrogative indirecte). 5. Prop. principale et sub. (*plus… que*).

4 Surligner : 2. le philosophe en aimer d'autres qu'elle. 5. ses mots raisonner dans mon esprit. Souligner : 3. La Seconde Guerre mondiale achevée.

5 1. Prop. sub. interrogative indirecte, COD de *se demander* (*comment* = adverbe interrogatif). 2. Prop. sub. conj., CC concession de *partir* (*même si* = locution conjonctive). 3. Prop. sub. relative, compl. de l'antécédent *livre* (*dont* = pronom relatif). 4. Prop. sub. participiale, CCT (*nés* = verbe au participe avec un sujet propre : *chatons*). 5. Prop. sub. conj., COD. de *penser* (*que* = conjonction).

6 À l'exception de la première, toutes les phrases sont complexes et de plus en plus amples. Écrites au conditionnel, elles semblent

mimer le jeu d'une caméra qui s'arrêterait progressivement sur tous les détails de l'appartement.
8 La phrase est très longue et semble ne plus finir. Elle est construite sur un enchaînement de propositions variées coordonnées (*et*), subordonnées (*comme si/qui*) juxtaposées (;) et mime toute l'ampleur qu'Arrias, personnage pédant, donne à son propos en monopolisant la parole.

4 pp. 12-13

1 **Mots variables** : noms : Anna / rencontre / glace / serviette / inconnu. Déterminants : quelle / une / sa / un. Verbes : savourait / surgit. Adjectifs : étonnante / curieux / sympathique. Pronom : elle. **Mots invariables** : adverbe : vraiment. Prépositions : sur, devant. Conj. de coordination : mais. Conj. de subordination : lorsqu'. Interjection : ah.
2 1. *moraux* : adjectif, épithète du nom *contes*. 2. *contente* : adjectif, attribut du sujet *je* / *que j'ignorais* : prop. sub. relative, complément de l'antécédent *morale*. 3. *du petit chaperon rouge* : GNP, complément du nom *histoire*. / *une adorable petite fille* : GN, apposé au nom *chaperon* / *doucereux, dangereux* : adjectifs, épithètes du nom *inconnus*.
3 Les compléments essentiels sont pronominalisables et les CC supprimables ou déplaçables. 1. S'il réussit son examen : CC condition / son examen : COD (pronominalisation *le*) / une fête : COD (pronomin. *la*). 2. toujours : CC temps / à Paris : compl. essentiel de lieu de *aller* (pronomin. *y*). / pour découvrir de nouvelles expositions : CC but / de nouvelles expositions : COD de *découvrir*. 3. En ce moment : CC temps / un nouveau départ : COD de *construire* (pronomin. *le*) / parce qu'elle est optimiste : CC cause / optimiste : attribut du sujet *elle* (pronomin. *l'*). 4. Malgré ta peur : CC concession / courageusement : CC manière / dans le vide : CC lieu. 5. se : COI / où il ira : COD de *se demander* (pron. *se le*) / où : compl. essentiel de lieu de *aller*.
4 1. *un jour* : GN., sujet réel de *se passer*. / *d'Usbek* : GNP, compl. de *sérail*. / *par les eunuques* : compl. d'agent de *surveiller* au passif. 2. *Chacune* : pronom indéfini, sujet de *se distinguer*. / *se* : pronom personnel, COD de *se distinguer*. / *par sa personnalité* : GNP, CC manière de *se distinguer*. / *la plus rebelle* : attribut du COD *Roxane*. 3. *le temps* : GN, COD de *passer*. / *se* : pronom, COI de *raconter*. / *leurs vies* : GN, COD de *raconter*. 4. *fériques* : adjectif, épithète de *histoires*. / *capitale de la France* : GN, apposé à *Paris*. / *qu'elles ne verraient jamais* : prop. sub. relative, complément de l'antécédent *Paris*.
6 Au début, on observe que le pronom *tu*, substitut d'Iphicrate, est en position de sujet du verbe ; ce dernier est maître des décisions. À l'inverse, dans la dernière occurrence, il subit l'action et devient COD du verbe *faire*. De même, le mot *esclave*, d'abord attribut du sujet *je*, puis du COD *te*, désigne successivement Arlequin puis son maître.

5 pp. 14-15

1 Rimbaud écrit le sonnet « Ma Bohème » à la fin du XIXe siècle quand il est encore très jeune. Il dépeint ses fugues. Le jeune poète fuyait alors la rudesse de la maison familiale ; il partait sur les routes de Belgique. Dans son poème, il évoque son amour pour la poésie, une autre forme d'évasion de son univers trop conformiste.
2 la mère de Suzanne / un homme laid / très riche / Parfois, j'ai aimé / grâce à l'histoire d'amour / d'emblée certains moments m'ont semblé sordides / dont je me souviens / très lourde / manque toujours d'argent.
3 1. Dans le discours de V. Hugo sur la misère, on relève de nombreuses répétitions du pronom *vous*. 2. Après qu'il a fini de parler, tous les députés l'applaudissent. 3. L'assemblée unanime était conquise : tous ses membres ont félicité l'orateur/chacun a félicité l'orateur. 4. J'ai tellement aimé ce discours que je l'ai appris par cœur. 5. Je me demande si le manuscrit de ce texte existe encore.
4 1. Problème de sujets des propositions : *Molière ayant attaqué les abus de la religion, l'Église le dénonça….* 2. Problème de mode : *J'ai discuté / qu'il croie.* 3. Problème de sujets des propositions : *Arrivés les derniers, ils ne purent prendre les meilleures places…* 4. Utilisation de *malgré que* : *Malgré ton manque d'argent/Bien que tu n'aies pas d'argent, tu peux…*

5 1. Sujet des verbes de la principale et de la participiale différents : *Profitant d'un beau dimanche d'été, les deux amis discutent.* 2. Conjonctive seule, sans principale : *Soudain, des rhinocéros débarquent en ville.* 3. Si + conditionnel : *Si la rhinocérite n'était pas une affabulation…* 5. Construction de la proposition interrogative indirecte : *pourquoi Bérenger n'est pas malade.* 7. Ordre des mots : *pour qu'il ne reste pas sans défense.*
7 Le niveau de langage familier qu'il emploie et les incorrections qu'il commet montrent que le puisatier n'est pas très éduqué.

6 pp. 16-17

1 a. Les écrivains engagés / sont / ils contestent / remettent / prônent / des peuples /Les philosophes des Lumières inventent / différents stratagèmes / Leurs différents personnages viennent / Leurs textes que chacun nomme contes philosophiques sont originaux. b. *nomme* est au singulier car il est conjugué avec le pronom indéfini *chacun*, à la 3e personne du singulier. c. Faire une flèche de *originaux* (attribut) vers *textes* (sujet), et de *contes philosophiques* (attribut) vers *textes* (COD).
2 jouissent / certaines / tous / quelques / accompagnent – celles / celles / jolies / unes / tendres / modestes / gaies / enjouées.
3 Le soleil réchauffe / d'innombrables nuages filent / Une rafale de pluie, le vent glacé traversent / des éclairs surgissent / Un peu d'écume de mer se dépose / Beaucoup de bateaux rentrent.
4 Écriture correcte : bien / construits / tel / pleurent / partie / arrive / tente / acceptent / épris / pu / écrites / compris et soutenu / emprisonner / fait / trahit.
5 écrit / restées / fallu / distingués / fait / révélée / incarnée / joué / eu / inventée / discuté / rencontrés.
7 a. Le destinataire est un homme car *trompé* est employé avec l'auxiliaire *avoir* et le COD = *t'* est ici devant. La terminaison -é marque l'accord au masc. singulier. *Jouée*, pp du verbe pronominal *se jouer* : accord avec le COD *se* placé devant. Le narrateur est une femme. b. Les deux participes sont employés avec l'auxiliaire *avoir* et leur COD respectif est ici placés après le verbe donc on ne fait pas l'accord. Le p. passé reste à la forme neutre, masculin singulier. Le *-t* de *séduit* s'explique par son féminin *séduite*.

7 pp. 18-19

1 impatient (patienter) / maladroit (maladroite) / permis (permission) / rabais (rabaisser) / accès (accessible) / étroit (étroitement) / confus (confusion) / embarras (embarrasser).
2 volontiers / notamment / davantage / liberté / parmi / astucieusement / d'ailleurs / courageusement / amitié / fraternité / égalité / communauté / malgré / progressivement / quelquefois / prudemment / voire / sinon.
3 1. pratique, optique, bac. 2. gigantesque, colossal, sales, infernal, fantastique. 3. biopic, critique, internationale, emblématique, public.
4 Écritures correctes : C'est / qu'on a appris / tous / abhorraient / tout / Leurs / tels / tels que / prodige / s'enchaînent / quant / s'est / personnifie / De toute façon / eux-mêmes / leur / originale / Quand / même / ce.
5 1. Quelque, quelques, quelques, Quel que. 2. Quand, quand, Quant, qu'en, Quant. 3. Quoique, Quoi que, quoi que.
7 Le poète crée un rapprochement entre l'amour et la mer notamment par le jeu sur les sons, l'emploi d'homophones (mer/amer), l'emploi de paronymes (la mer/l'amour).

8 pp. 20-21

1 a. Phrase 1 déclarative. Ph. 2 déclarative. Ph. 3 interrogative. Ph. 4 déclarative. b. Forme impersonnelle.
2 a. Phrase déclarative. b. Ph. exclamative : *Formidable, l'équipe de France a remporté un match capital !* Ph. emphatique : *C'est l'équipe de France qui a remporté un match capital.* Ph. passive : *Un match capital a été remporté par l'équipe de France.* Ph. impersonnelle : *Il a été remporté un match capital par l'équipe de France.*
3 1. Ce sont les comédies de Molière qu'elle préfère. 2. Dans l'acte II de *Britannicus*, Néron, quant à lui, espionne Junie et Britannicus. 3. Tais-toi, voici Alceste qui va prendre la parole.
4 Les deux phrases déclaratives semblent établir de simples constats. Mais la deuxième, par sa forme emphatique, souligne

le scandale du lien logique indigne de toute humanité qui existe entre les deux phrases : pour manger du sucre, les Européens de l'époque mutilent et maltraitent des hommes dont ils font leurs esclaves.

5 1. En 2014. le prix du festival de Cannes fut attribué à X. Dolan pour son film *Mommy*. 2. En classe, des extraits de *Mommy* sont étudiés par notre professeur. 3. Le film sera projeté jeudi par le ciné-club du lycée. 4. Ce film a été unanimement aimé de tous les élèves.

6 étaient enlevés (imparfait passif) / par des négriers cupides / furent réduits (passé simple passif) / ai été humiliée, ai été battue (2 passés composés passifs) / par mes maîtres successifs.

8 La première phrase à l'impératif présente une Bérénice désespérée et un Titus qui agit en maître. Bérénice reconnaît sa capitulation à travers les 2 phrases déclaratives qui suivent. La ponctuation expressive (forme exclamative et phrase interrogative) souligne son indignation et sa douleur.

9 pp. 22-23

1 1. *donc* (conséquence). 2. *puisqu'il* (cause). 3. *pourtant* (opposition). 4. *pour que* (but) / *ainsi les voleurs n'entrent-ils pas* (conséquence).

2 1. Cause. 2. Comparaison. 3. Simultanéité.

3 *ou* : disjonction / *car* : cause / *et* : addition / *mais* : opposition. Figaro insiste sur la nuance entre addition et disjonction car, dans le cadre notarial, les conséquences sont, pour lui, très différentes.

4 *car* (cause) / *Mais* (opposition) / *donc* (conséquence) / *et* (addition) / *pour* (but) / *Malgré* (concession).

5 Le père Goriot est riche parce qu'il a fait fortune en vendant des vermicelles. Cependant, ses deux filles veulent faire un beau mariage, de sorte que leur père décide de se retirer de son négoce peu glorieux. En outre, il met sa fortune à leur disposition afin que leur entrée dans le monde aristocratique soit facilitée. Bien que leur père soit très généreux avec elles, les deux filles l'abandonnent quand il n'a plus d'argent.

6 a. C'est un faux argument économique construit sur un rapport logique en trois temps : 1. cause : parce que les Européens ont tué les Indiens d'Amérique. 2. conséquences en deux temps : il n'y a plus d'esclave local et l'on doit faire venir des esclaves d'Afrique. 3. but : afin de faire ce travail. b. Le lien logique proposé entre la cause et les conséquences est erroné. En effet, ce n'est pas parce qu'il n'y a plus d'esclave autochtone qu'on doit faire venir des esclaves d'Afrique. Si l'on veut bannir l'esclavage, il faut payer des ouvriers et vendre les récoltes plus cher aux consommateurs.

8 a. Les deux premières phrases sont construites sur un rapport logique de concession explicité par les connecteurs *quoi que* et *bien que*. b. Les deux dernières phrases sont construites sur un rapport logique de cause et d'addition. En effet, avec son marteau, sa pointe d'acier, […] c'était un homme très fort. De plus, à la cassure, à l'aspect, […] d'un minéral quelconque, il le classait sans hésiter parmi les six cents espèces que la science compte aujourd'hui.

10 pp. 24-25

1 1. Vrai. 2. Faux. 3. Faux. 4. Vrai.

2 Surligner : [que ses fables plaisent et instruisent] / [que le fabuliste est aussi un libre penseur] / [que la morale de La Cigale et la Fourmi soit implicite].

3 1. [que la vie … savoir]. 2. [parce qu'il était sauvage] / [parce qu'il était laid]. 3. [que tu me suives] 4. [que Ravaillac n'eût pas de complices]. 5. [qui lui tombait … bras]. 6. [qu'il y avait … cet édifice].

4 [que c'est Dampippe … des Mystères] / [combien de colonnes … musique] / [quel est le quantième du mois] / [qu'il a eu la veille une indigestion] / [que les Mystères … d'août].

5 1. Nous prévoyons le remplacement de la clôture avant la fin de la semaine. 2. Les économistes prédisent une prochaine amélioration de la situation. 3. Ta réussite/Ton succès à ces épreuves prouve tes compétences. 4. Rien ne s'oppose à l'adoption de cette nouvelle mesure. 5. Personne ne doute de la complexité de la conjoncture internationale.

6 Par exemple : 1. que le calme revienne. 2. s'ils auront cours demain. 3. que j'aie tout compris. 4. le voleur entrer par la fenêtre ? 5. Pourquoi les dinosaures ont disparu.

7 Par exemple : 1. Nous nous demanderons [si l'auteur a voulu décrire la réalité]. 2. Il faudra [que tu arrives un peu en avance]. 3. L'alpiniste sentait [ses doigts s'engourdir]. 4. L'essentiel est [que tout se soit bien terminé]. 5. Je ne m'attendais pas [à ce qu'il accepte le projet]. 6. [Comment je me suis sorti d'affaire] n'intéresse personne.

8 1. si ce beau lit […] aura bonne grâce ici : subordonnée interrogative indirecte, COD de *regarde*. 2. pourquoi, m'ayant nommé … ambassade : sub. interrog. indirecte, COD de *cherchais*. 3. qu'il mourra … insolent : sub. conjonctive, COD de *prédis*. 4. quelle crainte … billet : sub. interrog. indirecte, COD de *sais*. 5. qu'elle ne soit pas des vôtres : sub. conjonctive, sujet réel de *est*.

10 a. [que ce soit tout de suite] / [que je le voie] / [que je lui parle] / [qu'il me pardonne] / [que je répare tout]. Fonction : sujets réels de *il faut*. b. L'accumulation de ces propositions très courtes traduit l'état de nervosité et d'impatience dans lequel se trouve Augustin.

11 pp. 26-27

1 a. b. Qui peut-ce être ? / Qu'est-il devenu ? / Où est-il ? / Où se cache-t-il ? / Que ferai-je pour le trouver ? / Où courir ? / Où ne pas courir ? N'est-il point là ? n'est-il point ici ? Qui est-ce ? où je suis / qui je suis / ce que je fais. c. N'est-il point là ? n'est-il point ici ?

2 1. Ordre. 2. Question rhétorique. 3. Demande d'information.

3 a. qu'il était impossible / davantage. / Il finirait par … effrayer le monde. / Attendons encore. b. Mme Josserand, exaspérée, expliqua toutes les raisons pour lesquelles elle ne voulait pas garder Saturnin.

4 1. Je me demande où le poète a trouvé son inspiration. 2. Nous nous appliquerons à expliquer ce que le poète a voulu exprimer. 3. Il faut se demander à qui le poète s'adresse/s'adresse le poète.

5 1. Sais-tu si tous les participants à la réunion ont bien été convoqués ? 2. Dis-moi quel jour nous sommes et quelle heure il est. 3. J'ignore ce qui l'a poussé à agir ainsi.

6 Catherine affirma qu'elle ne se lèverait pas avant le jour. Il en déduit qu'il lui restait plus de deux heures à l'attendre et lui demanda si elle ne dormirait pas du tout. Catherine lui expliqua qu'elle dormait un peu le jour sur sa chaise ou dans la grange sur la paille, pendant qu'elle faisait manger ses vaches.

8 « Comment cela m'est-il arrivé ? », « Pourquoi ces choses et non pas d'autres ? », « Qui les a fixées sur ma tête ? » : 3 interrogations directes introduites respectivement par *comment*, *pourquoi* et *qui*. / « si elle est à moi plus que le reste » : interrogation indirecte totale introduite par la conjonction *si*. / « quel est ce moi dont je m'occupe » : interrogation indirecte introduite par *quel*. Les 2 interrog. indirectes sont COD de *savoir*.

12 pp. 28-29

1 1. Faux 2. Vrai. 3. Vrai. 4. Faux.

2 [puisque c'est notre sort à tous] / [parce que d'autres sont morts] / [que vous vous secouiez] / [que vous l'oubliez].

3 1. [qui va construire le deuxième chant]. 2. [dès que je commence mon travail]. 3. [si j'en juge … blessé]. 4. [que je ne t'aime pas] / [qu'au contraire je te hais] 5. [qui salit le parquet]. 6. [Une fois le parquet lavé].

4 1. [qu'il peut … et autrui]. 2. [quand il veut]. 3. [Si certaines places … fermées] 4. [dont seront … un mollusque]. 5. [que la circonstance lui présente].

5 1. COI de *répondre*. → On m'a posé une question à laquelle j'ai tout de suite su répondre. 2. Complément de *main*. → Elle parlait avec beaucoup de tendresse à l'enfant dont elle tenait fermement la main. 3. CC moyen. → Le candidat compte de nombreux soutiens sans lesquels rien ne lui serait possible. 4. Sujet de *est projeté*. → Le film qui est projeté cette semaine au ciné-club aborde le thème de l'environnement. 5. COI de *bénéficie*. → Les avantages dont il bénéficie du fait de sa situation sont considérables.

6 Par exemple : 1. qui s'est inspiré des fabulistes de l'Antiquité. 2. quand il fait paraître *Rhinocéros*. 3. La censure sévissant en France… 4. Bien qu'il soit d'un naturel timide… 5. que l'empereur vieillissant adresse au jeune Marc-Aurèle.

7 1. où s'exploite la pension bourgeoise : relative, compl. de l'antécédent *maison* / *où* : CC lieu de *s'exploite*. 2. en sorte que la maison … Neuve-Sainte-Geneviève : conjonctive, CC conséquence de *donne*. 3. qui mène à un couvert de tilleuls : relative, compl. de l'antécédent *allée / qui* : sujet de *mène*. 4. s'il n'avait pas … méridionale : conjonctive, CC condition de *s'en serait allé*. 5. sous lequel pend … mal mis : relative, compl. de l'antécédent *bonnet / sous lequel* : CC lieu de *pend*.

9 Les quatre derniers vers correspondent chacun à une proposition subordonnée conjonctive, complément circonstanciel de temps. Leur accumulation et leur longueur s'opposent à la brièveté de la proposition principale « Moi, ranger un État sous ma loi » et montrent ainsi l'impossibilité pour Phèdre de gouverner un pays alors qu'elle ne peut se gouverner elle-même.

13 pp. 30-31

1 1. Toutes les conjonctions expriment le but, sauf *puisque* (cause). 2. Toutes les conjonctions expriment la cause, sauf *de sorte que* (conséquence). 3. Toutes les conjonctions expriment la conséquence, sauf *attendu que* (cause).

2 [qu'on désespéra d'allumer le feu] / [parce qu'on ne put mieux faire] / [pour qu'il l'exorcise].

3 1. But. 2. But. 3. Cause. 4. Conséquence. 5. Cause.

4 1. [de peur que son secret soit connu de tous]. But. 2. [au point qu'il est difficile aujourd'hui d'en sortir]. Conséquence. 3. [Afin que les résultats soient meilleurs]. But. 4. [qu'il ne supportait pas de la voir souffrir]. Conséquence. 5. [non que je n'aime pas nager]. Cause. 6. [Comme vous étiez absents]. Cause.

5 Par exemple : 1. de sorte que l'on pourra déjeuner ensemble. 2. pour que tu saches à quelle heure j'arriverai. 3. étant donné qu'il s'était déjà exprimé à ce sujet. 4. de crainte qu'on ne l'entende. 5. parce que tu t'étais bien entraîné. 6. pour que nous réussissions du premier coup.

6 1. (cause) Comme elle avait beaucoup travaillé, elle s'accorda une petite pause. 2. (but) Elle ne lui fit aucune remarque pour qu'il ne soit pas contrarié/de crainte qu'il ne soit contrarié. 3. (cause) C'est parce qu'il est étourdi qu'il a commis cette erreur. 4. (conséquence) Les stocks sont épuisés de sorte que je ne peux pas commander le livre. 5. (conséquence) Nous avons trop ri pour que l'on nous prenne au sérieux. 6. (cause) La situation s'arrange du fait que la population se mobilise fortement.

8 « que le peuple en conclue naturellement que les lois sont bien saintes » : circonstancielle de conséquence introduite par *que* et annoncée dans la principale par *tant* (2 fois). / « puisqu'il faut tant de formalités pour les abroger » : circonstancielle de cause introduite par *puisque*, dépendant de la proposition *les lois sont bien saintes*. Montesquieu joue ici avec les liens de cause et de conséquence pour montrer comment les législateurs jouent avec les lois et le peuple.

14 pp. 32-33

1 a. 1. Si tu le souhaites 2. si c'est possible 4. s'ils sont mûrs. 7. s'il n'avait pas renoncé à l'écriture si jeune b. Les 3 subordonnées sont des sub. interrogatives indirectes. 3. COD de *se demande*. 5. COD de *savez*. 6. COD de *vérifie*.

2 [Si je l'étais en effet] / [si je n'avais … ordinaire] / [pourvu qu'ils … succès] / [si je vous disais … ami].

3 1. avait vécu. 2. sont. 3. soit. 4. obteniez/ayez obtenu. 5. fasse. 6. viendrais.

4 Par exemple : 1. pourvu qu'il réponde aux objectifs fixés. 2. Au cas où vous auriez besoin d'aide, 3. à condition que la source soit clairement indiquée. 4. dans la mesure où elle n'aura pas été recopiée sur Internet. 5. À supposer qu'il mette sa maison en vente. 6. Pour peu que vous y mettiez du vôtre.

5 1. En cas d'incendie / Si un incendie se déclare. 2. En s'y prenant à l'avance / S'ils s'y prenaient à l'avance 3. à moins d'accepter … disparaisse / sauf si l'on accepte que l'espèce humaine disparaisse. 4. Sans ses connaissances scientifiques / S'il n'avait pas eu ses connaissances scientifiques 5. On viendrait lui reprocher sa conduite / Si l'on venait lui reprocher sa conduite 6. Avec un peu de chance / Si nous avons un peu de chance.

6 1. [si le concert est annulé] → en cas d'annulation du concert. 2. [si vous acceptiez mon invitation] → en acceptant mon invitation. 3. [À moins qu'une erreur … calcul] → À moins d'une erreur commise lors du calcul. 4. [à condition que j'aie vaincu ma timidité] → à condition d'avoir vaincu ma timidité. 5. [si nous avions pris le train] → Nous aurions pris le train.

8 a. [Si tu m'as souri] / [Si, Madame, … « Je t'aime ! »] / [Si tu m'as caressé de ton regard suprême]. Ce sont des sub. circonstancielles de condition. b. L'accumulation des sub. de condition souligne l'intensité de l'amour de V. Hugo, sensible au moindre geste de l'aimée. De même, la dernière hypothèse déclenche une gradation de réactions chez le poète (4 verbes en un vers qui révèlent une fois encore l'importance de cet amour pour V. Hugo).

15 pp. 34-35

1 2. alors que les baleines … mammifères. 3. Alors même que je n'y croyais plus. 4. Tandis qu'il neige en hiver.

2 Par exemple : 1. Aussi puissant que soit ce dirigeant. 2. sans que les amants se retrouvent/retrouvassent en secret. 3. Quelques déconvenues qu'il puisse connaître. 4. Où qu'il aille se cacher. 5. alors même qu'on lui avait tout expliqué une heure plus tôt. 6. Quoique le procureur ait requis la peine maximale.

3 1. [tandis que la terre … si noble]. 2. [quoique la chose parût plus difficile encore]. 3. [quelque chose que je fasse]. 4. [sans qu'on daignât l'entendre]. 5. [Tout riche qu'il était].

4 1. Malgré le temps menaçant → Quoique/Bien que le temps soit menaçant. 2. au lieu d'éluder la question → au lieu que l'on élude la question. 3. en revanche, il prenait … artistiques → alors qu'il prenait de plus en plus goût aux disciplines artistiques. 4. pourtant, ils sont similaires → Tout similaires qu'ils sont/Aussi similaires qu'ils soient. 5. En dépit de votre avis → Quel que soit votre avis. 6. Il a beau faire tous les efforts nécessaires → Quoiqu'/Bien qu'il fasse tous les efforts nécessaires.

5 1. [Bien que … vaccin] → Malgré la découverte d'un nouveau vaccin. 2. [Si âgée qu'elle soit] → elle est pourtant âgée. 3. [Sans qu'il en ait vraiment conscience] → Sans en avoir vraiment conscience. 4. [encore qu'il faille que le proviseur l'accepte] → mais il faut que le proviseur l'accepte. 5. [Bien qu'il … l'accompagne] → Il eut beau insister pour que sa femme l'accompagne. 6. [tandis que … tristesse] → les deux suivants sont en revanche, empreints de tristesse.

7 a. « Quelque triste que fût Mme de Clèves » / « quoique l'embarras de cette cérémonie lui en donnât plusieurs moyens » / « quoiqu'il ne lui eût rien dit pour se justifier ». b. Ces trois propositions circonstancielles de concession en deux phrases montrent à quel point les relations entre la princesse et le duc sont complexes et faites en partie de compromis, de renoncements.

16 pp. 36-37

1 1. Préfixe *in,- il-, ir,- im-* : contournable/incontournable, perméable/imperméable, légal/illégal, responsable/irresponsable. 2. Préfixe *mal-* : bienveillant/malveillant. 3. Préfixe *mé-/mes-* : dire/médire, aventure/mésaventure. 4. Préfixe *a-* : normal/anormal. 5. Préfixe *dé-/des-* : maquiller/démaquiller, agréable/désagréable.

2 a. 1. Je ne veux pas que tu partes. 2. Je n'aime ni rire ni chanter. 3. Ta réparation n'est pas visible à l'œil nu. 4. Je ne sais rien ! b. 1. Je refuse que tu partes. 2. Je déteste rire et chanter. 3. Ta réparation est invisible à l'œil nu. 4. J'ignore tout !

3 tu n'as pas peur / personne ne / Il n'y a que moi / Je n'en ai pas encore / Phrase 1 : interro-négative, négation totale. Phrase 2 : déclarative négative, négation partielle. Phrase 3 : déclarative négative, négation exceptive. Phrase 4 : déclarative négative, négation partielle temporelle.

4 1. aucun : déterminant indéfini. 2. Rien : pronom indéfini. 3. ne … qu' : *Que* est une conjonction. 4. pas : adverbe négatif. 5. Ne : *Ne* est employé seul.

5 1. On n'est pas ici pour perdre notre temps. 2. Nathalie n'a été égoïste à aucun moment. 3. N'oublie pas mon petit soulier à Noël ! 4. Et nulle part, le bonheur ne m'attend. 5. Il lui parlait sans cesse à l'oreille pour qu'elle ne s'endorme pas.

6 a. n'ai pas trop /, ni lui / ni lui ni moi ne / N'est-ce pas assez / N'est-ce pas assez / Ne suffit-il pas / sans qu'on. b. Négation partielle portant sur le sujet : *ni lui ni moi ne promîmes d'obéir*. c. Négations lexicales : *incommodités* et *désagréables*. Elles sont construites par ajout du préfixe négatif *in-* ou *dés-*. d. Trois phrases interronégatives employées de manière anaphorique : *N'est-ce pas assez / N'est-ce pas assez / Ne suffit-il pas*. e. Mme la maréchale de Grancey parle d'un ton indigné. Son usage excessif des négations souligne son indignation.

8 La phrase est construite sur une accumulation de propositions négatives grâce aux locutions *ne…plus*, *…ni …ni*. Par jeu de contraste et de retardement, l'ultime vers à la forme affirmative achève le poème en apothéose : le berger voit Dieu.

Tableaux de conjugaison

Le verbe varie en personne, en nombre, en temps et selon cinq modes – **quatre modes personnels** et **deux impersonnels** ; les temps **composés** (deux mots : *j'ai fait*) expriment souvent une action qui s'est déroulée avant une autre action exprimée au temps **simple** correspondant (un mot : *je fais*).

Indicatif (action certaine)	
présent	**passé composé**
Maintenant... je fais Tu fais Il/elle fait Nous faisons Vous faites Ils/elles font	J'ai fait Tu as fait ll/elle a fait Nous avons fait Vous avez fait Ils/elles ont fait
futur	**futur antérieur**
Demain... je ferai Tu feras Il/elle fera Nous ferons Vous ferez Ils/elles feront	J'aurai fait Tu auras fait Il/elle aura fait Nous aurons fait Vous aurez fait Ils/elles auront fait
imparfait	**plus-que-parfait**
Autrefois... je faisais Tu faisais Il/elle faisait Nous faisions Vous faisiez Ils/elles faisaient	J'avais fait Tu avais fait Il/elle avait fait Nous avions fait Vous aviez fait Ils/elles avaient fait
passé simple	**passé antérieur**
Soudain, ce jour-là... je fis Tu fis Il/elle fit Nous fîmes Vous fîtes Ils/elles firent	J'eus fait Tu eus fait Il/elle eut fait Nous eûmes fait Vous eûtes fait Ils/elles eurent fait

Subjonctif (événement non réalisé)	
présent	**passé**
*Il faut...*que je fasse que tu fasses qu'il/elle fasse que nous fassions que vous fassiez qu'ils/elles fassent	que j'aie fait que tu aies fait qu'il/elle ait fait que nous ayons fait que vous ayez fait qu'ils/elles aient fait
Imparfait	**plus-que-parfait**
*l fallait...*que je fisse que tu fisses qu'il/elle fît que nous fissions que vous fissiez qu'ils/elles fissent	que j'eusse fait que tu eusses fait qu'il/elle eût fait que nous eussions fait que vous eussiez fait qu'ils/elles eussent fait

Conditionnel (hypothèse, condition) **Si c'était possible...**	
présent	**passé**
Je ferais Tu ferais Il/elle ferait Nous ferions Vous feriez Ils/elles feraient	J'aurais fait Tu aurais fait Il/elle aurait fait Nous aurions fait Vous auriez fait Ils/elles auraient fait

Impératif (ordre ou interdiction) **Obéis-moi et...**	
présent	**passé**
Fais Faisons Faites	Aie fait Ayons fait Ayez fait

infinitif	
présent	**passé**
faire	avoir fait
participe	
présent	**passé**
faisant	fait

Autoévaluation

La dissertation

Structure	☐ Ma dissertation est composée de 3 parties : introduction, développement, conclusion. ☐ Ces 3 parties sont visibles (sauts de ligne, alinéas…) et j'ai soigné la mise en page. ☐ Mon développement contient 2 ou 3 axes, eux-mêmes composés de 2 ou 3 sous-parties.
Introduction	☐ Mon introduction débute par un préambule ou une accroche : titre de l'œuvre, auteur, date, mouvement, genre. ☐ J'ai recopié au mot près le sujet de la dissertation. ☐ Je propose une reformulation du sujet qui constitue la problématique de mon devoir. ☐ J'ai annoncé le plan de ma dissertation (les axes uniquement).
Développement	☐ Mes sous-parties contiennent des connecteurs logiques et l'idée directrice est clairement présentée. ☐ J'ai réalisé des sous-parties de 15 lignes environ. Elles contiennent un argument développé et un ou deux exemples précis issus de l'œuvre ou du parcours. ☐ À la fin de chaque axe, j'ai inséré une transition.
Conclusion	☐ Ma conclusion commence par un connecteur et reprend la problématique à la forme affirmative. ☐ J'ai résumé les idées-clés de mon développement. ☐ Ma conclusion se termine par une ouverture à la forme affirmative. Elle est brièvement justifiée.
Style	☐ J'ai relu ma copie et corrigé les erreurs. ☐ J'ai vérifié les transitions, supprimé les répétitions et les éléments redondants.

Le commentaire

Structure	☐ Mon commentaire est composé de 3 parties : introduction, développement, conclusion. ☐ Ces 3 parties sont visibles (sauts de ligne, alinéas…) et j'ai soigné la mise en page. ☐ Mon développement contient 2 ou 3 axes, eux-mêmes composés de 2 ou 3 sous-parties.
Introduction	☐ Mon introduction débute par un préambule ou une accroche : titre du texte, auteur, date, mouvement, genre. ☐ La problématique de mon commentaire est clairement énoncée. ☐ J'ai annoncé le plan (les axes uniquement).
Développement	☐ Mes sous-parties contiennent des connecteurs logiques et l'idée directrice est clairement présentée. ☐ Mes sous-parties contiennent des PIC (Procédés, Intentions, Citations). ☐ À la fin de chaque axe, j'ai inséré une transition.
Conclusion	☐ Ma conclusion commence par un connecteur et reprend la problématique à la forme affirmative. ☐ J'ai résumé les idées-clés de mon développement. ☐ Ma conclusion se termine par une ouverture à la forme affirmative. Elle est brièvement justifiée.
Style	☐ J'ai relu ma copie et corrigé les erreurs. ☐ J'ai vérifié les transitions, supprimé les répétitions et les éléments redondants.

La contraction de texte

Structure	☐ Ma contraction est construite de la même manière que le texte support. ☐ Les différentes parties sont visibles (sauts de ligne, alinéas…) et j'ai soigné la mise en page. ☐ À la fin de ma contraction, j'ai indiqué entre parenthèses le nombre de mots utilisés.
Rédaction	☐ Je n'ai pas recopié d'extraits. ☐ J'ai repris l'énonciation du texte (personne employée, temps verbaux, destinataire…). ☐ J'ai bien présenté la thèse de l'auteur. ☐ J'ai reformulé toutes les idées-clés (arguments). ☐ J'ai employé des connecteurs logiques qui mettent en valeur la progression du texte. ☐ J'ai supprimé les redites, les détours et les exemples du texte support.
Style	☐ J'ai relu ma copie et corrigé les erreurs. ☐ J'ai supprimé les répétitions et les éléments redondants.

L'essai

Structure	❑ Mon essai est composé de 3 parties : introduction, développement, conclusion. ❑ Ces 3 parties sont visibles (sauts de ligne, alinéas...) et j'ai soigné la mise en page. ❑ Mon développement contient au moins 2 paragraphes distincts.
Introduction	❑ Mon introduction débute par une accroche qui amène le sujet. ❑ J'ai ensuite recopié au mot près le sujet. ❑ J'ai reformulé le sujet avec mes propres mots. ❑ J'ai annoncé le plan de mon essai.
Développement	❑ Mes différents paragraphes commencent tous par un connecteur logique. ❑ Ma première phrase indique l'idée que je vais défendre.
Conclusion	❑ Ma conclusion commence par un connecteur et reprend la problématique à la forme affirmative. ❑ J'ai résumé les idées-clés de mon développement.
Style	❑ J'ai relu ma copie et corrigé les erreurs. ❑ J'ai vérifié les transitions, supprimé les répétitions et les éléments redondants.

L'explication linéaire (épreuve orale 1re partie)

Structure	❑ Ma présentation comporte deux temps : une présentation de l'œuvre et l'explication linéaire elle-même.
Introduction	❑ J'ai donné le titre, l'auteur, la date de parution. ❑ J'ai situé l'œuvre dans son époque et son genre. ❑ J'ai situé l'extrait dans l'ouvrage. ❑ J'ai présenté les différentes parties du texte.
Analyse	❑ J'ai suivi l'ordre du texte. ❑ Pour chaque élément du texte sélectionné, j'ai donné sa classe et sa fonction. ❑ J'ai expliqué chaque procédé en traduisant la volonté de l'auteur.
Style	❑ J'ai parlé clairement en articulant et en utilisant un niveau de langue courant ou soutenu. ❑ J'ai utilisé des connecteurs logiques. ❑ J'ai évité les répétitions.

Présentation de l'œuvre choisie (épreuve orale 2e partie)

Structure	❑ Ma présentation comporte deux temps : une présentation de l'œuvre et mon argumentation pour le choix de cette œuvre.
Introduction	❑ J'ai donné le titre, l'auteur, la date de parution. ❑ J'ai situé l'œuvre dans son époque et son genre.
Argumentation	❑ J'ai expliqué pourquoi j'appréciais ce texte (intrigue, cadre, personnage...). ❑ Je l'ai mis en relation avec d'autres œuvres (films, œuvres picturales ou musicales, représentations théâtrales, autres textes...). ❑ J'ai trouvé un axe personnel pour donner mon ressenti sur cette œuvre.
Style	❑ J'ai parlé clairement, en articulant et en utilisant un niveau de langue courant ou soutenu. ❑ J'ai utilisé des connecteurs logiques. ❑ J'ai évité les répétitions.

Crédits des textes
Page 10 : A. Camus, *L'Étranger*, © Éditions Gallimard, 1942. **Page 11** : G. Perec, « Les Choses », © Éditions Julliard, 1965, 1977, 2015. **Pages 39, 106** : M. Yourcenar, *Mémoires d'Hadrien*, © Éditions Gallimard, 1951. **Page 39** : V. Maïakovski, « Le poète est un ouvrier », *Écoutez si on allume les étoiles*, trad. S. Pirez et F. Combes © Le Temps des cerises, 2005. **Page 39** : J. Prévert, « Paris at night », *Paroles*, © Éditions Gallimard, 1946. **Pages 41, 125** : J.-L. Lagarce, *Juste la fin du monde*, © Les Solitaires Intempestifs, 1990. **Page 47** : A. Jarry, *Ubu roi*, © Éditions Gallimard, 1986. **Pages 47, 115** : E. Ionesco, *La Cantatrice chauve*, © Éditions Gallimard, 1954. **Page 59** : L.-G. Damas, « Nous les gueux », in *Black-Label*, © Éditions Gallimard, 1956. **Page 59** : A. Chedid, « Liberté », *Visage premier*, © Flammarion, 1972. **Page 82** : A. Bentolila, *Tout sur l'école*, © Édition Odile Jacob, 2004. **Page 88** : T. Gheeraert, « L'homme en éclats : Fixé et déterminé par sa nature », https://labruyere.hypotheses.org/category/lhomme-en-eclats, 2019. **Page 91** : L. Adler, *Les Femmes qui écrivent vivent dangereusement*, © Édition Flammarion, 2006. **Page 93** : A. Cohen, *Les Valeureux*, © Éditions Gallimard, 1969. **Page 96** : B. Vian, *L'Écume des jours*, © Société Nouvelle des Éditions Pauvert 1979, 1996 et 1998 © Librairie Arthème Fayard, 1999 pour l'édition en œuvres complètes. **Page 109** : N. Sarraute, *Enfance*, © Éditions Gallimard, 1983. **Page 112** : E. Ionesco, *Notes et contre-notes*, © Éditions Gallimard, 1966.

Crédits photographiques
Couverture et **2htd** Henri Rousseau (1844-1910), *La Muse inspirant le poète (Marie Laurencin et Guillaume Apollinaire)*, 1909, Musée d'art, Bâle © Erich Lessing/akg-images ; **2basd** et **49htg** Royal Collection, Londres, © 2020. Photo Fine Art Images/Heritage Images/Scala, Florence ; **48** Musée du Petit Palais, Genève, BIS/© Archives Larbor ; **49basg** photo libre de droits, courtesy galerie Dina Vierny © Droits Réservés ; **49d** BIS/Ph. © National Gallery, Londres ; **50basg** BNF, Paris, BIS/Ph. Jeanbor © Archives Larbor ; **50htd** © René Maltete/Gamma-Rapho ; **50md** © Yapaka ; **50basd** Musée des Beaux-Arts, Budapest, © Erich Lessing/akg-images ; **51** Musée d'Orsay, Paris, BIS/© Archives Larbor; **61ht** Musée Fabre, Montpellier, BIS/Ph. O'Sughrue © Archives Larbor; **61m** The Tate Gallery, Londres, © Adagp, Paris, 2020 - Cliché : Adagp images; **61bas** Photo (C) Centre Pompidou, MNAM-CCI, Dist. RMN-Grand Palais/Georges Meguerditchian ; **94htg** Collection Christophel © Cinetel/Silver Films; **94basg** © 2020. Digital image, The Museum of Modern Art, New York/Scala, Florence © Salvador Dalí, Fundació Gala-Salvador Dali/Adagp, Paris 2020; **94mg** Kunsthalle, Hambourg - BIS/Ph. Ralph Kleinhempel © Archives Larbor; **94mm** © BNF; **94md** © Chris Hellier/Alamy/Photo12; **105** BIS / Ph. Jacques Bottet © Archives Larbor ; **107g** Musée des Thermes, Rome - BIS/Ph. Scala © Archives Larbor ; **107d** © Emma Lucek/Shutterstock.

Auteurs des quiz numériques interactifs : Denis Labouret, Catherine Mottet, Sabine Mélone, Guilhem Labouret.

Direction éditoriale : Marion Martin-Suhamy
Direction artistique : Pierre Taillemite
Illustration de couverture : Mélanie Kochert
Mise en pages : CB Defretin
Iconographie : Laurence Vacher
Relecture typographique : Catherine Lainé
Fabrication : Jean-Philippe Dore
Photogravure : Irilys

FSC www.fsc.org MIXTE Papier issu de sources responsables FSC® C022030

Bordas est un éditeur qui s'engage pour la préservation de l'environnement et utilise du papier issu de forêts gérées de manière responsable et d'autres sources contrôlées.

Ce cahier a été imprimé en France en juin 2021 par IPS, imprimeur certifié IMPRIM'VERT®

N° de projet : 10268064 • Dépôt légal : juin 2021